1644

L 20
9.

LES ANTIQVITEZ, FONDATIONS, ET SINGVLARITEZ DES PLVS Celebres Villes, Chasteaux, places remarquables, Eglises, forts, forteresses du Royaume de France : auec les choses plus memorables aduenues en iceluy.

REVEVES, CORRIGEES & augmentees de nouueau, auec vne addition de la Chronologie des Roys de France, Par I. D. F. P.

A PARIS,

Chez IACQVES BESIN, de la Callandre deuant de Palais proche le Heaume.

M. DC. XIV.

Auec Priuilege du Roy.

A TRES-VERTVEVX

TRES-PRVDENT, ET docte Seigneur, Monsieur NICOLAS LE IAY, Conseiller du Roy en ses conseils d'estat & Priué, & Lieutenant Ciuil de la Preuosté & Viconté de Paris.

MONSIEVR,

Ce petit liure se voyant en meilleure conche qu'il n'estoit par cy deuant, & estant augmenté, & accreu de plusieurs choses qui luy

EPISTRE.

manquoient pour sa perfection, c'est laissé emporter à ceste ambition de vouloir paroistre deuant vous, pour se dedier à la gloire de vos merites, presumant qu'en consideration, que c'est l'vn de vos tres-affectionnez seruiteurs, qui vous l'adresse, vous leuerez les yeux de dessus les affaires publiques (où vous les occupez sans cesse) pour le regarder, & ouurirez vostre bouche(ou Suadele & Astree demeuroit) pour luy dire, sois le bien venu. Ce liure sortant de la main de son premier autheur ressembloit à l'or qui na pas receu toutes ses façons, ny son dernier affinagé: mais par vne seconde diligence & redoublé trauail, ie l'ay fait monter au tiltre de son legitime Carrat: de maniere que

EPISTRE.

rien ne luy deffaut à present qu'il a son lustre & sa valeur, qui luy sera de beaucoup augmētée quād il portera vostre illustre nō dessus le front. I'estime encore qu'à cause qu'il delecte & profite tout ensemble, il sera d'autant plus recommandable, pouuant estancher la soif, & l'vtile desir de ceux qui sont curieux de sçauoir l'origine, la fondation, & les singularitez des Eglises, Villes, Chasteaux, places & forteresses du Royaume de France. Ie le depose en vos mains tout tel qu'il est, acceptez-le pour vostre, & approuuez la bonne volonté & affection que desire perpetuer en vostre endroit.

MONSIEVR,

>Vostre tres-affectionné seruiteur,
>I. DE FONTENY.

CATHALOGVE DE TOVS les Rois qui ont regné en France iusques à present 1614. adapté aux ans de nostre Seigneur IESVS CHRIST.

Ans de N.S.
Iesus des
Christ. Rois

420   1   Heramond fils de Marcomir a regné 11. ans.

430   2   Clodion ou Cloyon le Cheuelu a regné 25. ans.

Rois descendus de la race des Merouees.

450   3   Merouee regna 10. ans.

459   4   Chilperic ou Hilperic fils de Merouee regna 24. ans.

484   5   Clouis ou Luduin selon les Alemans regna 30. ans.

514   6   { Childebert Roy de Paris. / Clotaire Roy de Soissons. / Clodamire Roy d'Orleans. } regnerent ensemble 42. ans.

558   7   Theodoric Roy de Mets.

Ans de N.S. Iesus des Christ Roi. Roys de France.

Clotaire a tenu seul la Monarchie de France par l'espace de 8. ans.

564   8
- Cherebert autrement dit Aribert Roy de Paris.
- Chilperic Roy de Soissons.
- Gontrā Roy d'Orleans.
- Sigibert Roy de Mets.

regnerēt ensemble 15. ans.

578   9 Chilperic regna seul par le moyē de Fredegonde sa femme 8. ans.

586   10 Clotaire deuxiesme regna 37. ans

632   11 Dagobert regna 16. ans.

647   12 Clouis ou Louys deuxiesme du nom regna 18. ans.

666   13 Clotaire troisiesme regna 4. ans.

670   14 Childeric deuxiesme du nom
      15 Theodoric.
regnerēt tous deux 19. ans.

689   16 Clouis troisiesme du nom regna 4. ans.

693   17 Childebert 2. du nō regna 5. ans

710   18 Dagobert 2. du nom regna 5. ans.

715   19 Clotaire 4. du nō
      20 Daniel dit depuis Chilperic 2. du nō
regn. ensēble 5. ans & demy.

Chronologie des

720   21   Theodoric ou Thierry regna 20. ans.

740   22   Childeric 3. du nom, dernier de la race des Merouees regna 10. ans.

Ans de neb. Iesus Christ.   *Rois des Rois.*   *Rois descendus de la race des Pepins, autrement des Carlees, à cause de Charles Martel ou Charlemaigne.*

~~741~~   Charles Martel Duc & Prince
730   des François, gouuerna le Royaume 25. ans.

776 ~~765~~   23   Pepin le Bref fils de Charles Martel regna 17. ans.

8~~1~~00   24   Charlemaigne regna 40. ans.

840   25   Louys le Debonnaire Empereur regna 27. ans.

878   26   Charles 2. du nom dit le Chauue regna 38. ans.

879   27   Louys dit le Begue regna 1. an six mois.

      28   Louys & Carloman freres bastards regnerét 1. an quelques mois.

881   29   { Louys dict le fai- { regnerent
              neant, &   { neuf
             { Charles le Gros. { annees.

Roys de France.

889 30 Eudes ou Odon fils de Robert Duc d'Anjou regna de dix a vnze ans.

899 31 Charles le Simple fils de Louys le Begue regna 25. ans.

923 32 Raoul de Bourgõgne fils de Richard nepueu de Louys le Begue de par sa fille regna 13. ans.

936 33 Louys d'outremer fils de Charles le Simple regna 19. ans.

954 34 Lothaire regna 32. ans.

986 35 Louys V. dernier de la race des Carlees regna enuiron 2. ans.

Ans de Nob. Iesu des Christ Roys. Roys descendus de la race des Capets.

988 36 Hugues Capet Comte de Paris regna 8. ans.

996 37 Robert regna 32. ans.

1028 38 Hanry premier du nom regna 33. ans.

1061 39 Philippes premier du nom regno 49. ans.

1109 40 Louys le Gros regna 29. ans.

1137 41 Louys dit le jeune ou le Piteux regna 44. ans.

1181 42 Philippes Auguste dit dieu-dõ

ã v

Chronologie des

né regna 44. ans.
1223 43 Louys VIII. regna 4. ans.
1227 44 Sainct Louys IX. du nom regna 44. ans.
1271 45 Philippes III. du nom surnommé le Hardy regna 15. ans.
1286 46 Philippe IV. du nom dit le Bel regna 29. ans.
1315 47 Louys Hutin X. du nom regna 18. mois.
   Ieã Posthume fils de Louys Hutin.
1317 48 Philippe le Long regna 6. ans.
1322 49 Charles le Bel regna 6. ans.
1328 50 Philipes de Valois regna 23. ans.
1350 51 Iean regna 14. ans.
1364 52 Charle V. dit le Sage regna 17. ans.
1381 53 Charle VI. regna 42. ans
1423 54 Charles VII. regna 39. ans
1462 55 Louys XI. regna 22. ans
1483 56 Charles VIII. regna 15. ans
1498 57 Louys XII. regna 18. ans
1515 58 François de Valois Duc d'Angoulesme, regna 32. ans
1547 59 Henry deuxiesme du nom regna 12. ans
1559 60 François II. du nom regna 1. an tant de mois.

Roys de France.

1560 61 Charles IX. du nom regna quatorze ans.

1574 62 Henry III. du nom regna 15. ans deux mois

1589 63 Henry IV. du nom regna 20. ans 10. mois 14. iours

1610 64 Lovys XIII. du nom, regne à present heureusement.

LE NOMBRE DES FLEV-
ues & rivieres de la France par ordre Alphabetique.

A	Barenion	la Conard
Aitte	le Beuueron	la Couffon
Alier	Bieure	Crault
Ante	Biez	la Creuſe
Aree	Blaiſe	Crouye
Argent	le Blon	D
Arnon	la Boutonne	Dordonne
Aronde	Bouzine	la Dorne
Arq	Braſcbe	le Dou
Ande	la Brune	le Doux
Aulbe	Bulles	le Drac
l'Aultier	Byonne	la Droſme
Aultie	C	le Drot
Aure	Canche	la Durance
Aurette	la Canle	Dyue
Auron	la Charente	E
Ayne	le Cher	Epte
Ayſe	le Chouer	l'Eſcault
B	Clere	Eure
Baiſe	Clery	F
Bapaulme	le Cleyn	Fouſon
Barillon	Collin	G
la Bello	la Connie	Gancartres

Genebiernès
le Gard
le Gardon d'A-
 laiz
le Gardó d'An
 duze
Garonne
Gartampe
Gerande ou Ge-
 ronde
la Grosne
H
Hedin
Hungue
I
le Iard
Indre
Ingon
Isere
Iton.
L
Lanceron
Laulliers
Le grand Lay
Le petit Lay
Laye
Legiere
Le Lez

Lindre
Le Lys
Loing
Lot
Le Loir
Loire
Loyret
M
Mazieuure
Mahon
Marne
Mattougue en
 la description
 d'Arque.
Matte
Mayne
Mesme
Molon
le petit Morin
Moselle
Molon
Moton
Moyure
la Mymer.
N
le Negent
Neere
Nereau ou Noi-

reau
Netaine
Neuuellant
Nibe
O
Ocre
Ocul
Onde
Ore
Orge
Orne
Ostoure
Oulche
Oura
Ourse
Osse
Q
Queurre
R
Rese
le Rif de l'Isre
Remanche
le Rosne
S
Sartie
Sastre
la grande Sau-
 dre

la petite Saudre	Sudou	V
la Saofne	Suyp	le Var
saulsay	Syc	le Vault
Sault	Sysse.	Vele
schelde	T	Verine
scisse	le Tar ou Taru	Vernisson
la Segle	la Tardouere	Verront font
seignenl	Toronne	Vesle
scille	Ther	Vidourle
seine	Therain	Vienne
la Semaigne	There	Vieredique
Seruee	Tille	la Vine
Seueresse	Tonay	Voulzie.
la Seure ou yure	la Touure ou	Y
Syole	Touuenere	Yeuure
Sœuure	le Train	Yonne
Somme	Tresme	Yue.
la Sorgue	le Truer	
Souzmerlan	Trezer	FIN.

Priuilege du Roy.

LOVYS PAR LA GRACE DE DIEV, ROY DE FRANCE ET DE NAVARRE, A nos aymez & feaux Conseilles les gens tenans nos Cours de Parlemēt de Paris, Rouën, Thoioze, Bordeaux, Dijon, Grenoble, Aix & Rennes Bailliſs, Seneſchaux, Preuoſts deſdits lieux où leurs Lieutenans, & à tous nos autres Iuſticiers & Officiers qu'il appartiendra. Salut, Noſtre bien aymé Iacques Beſſin, Imprimeur de noſtre ville de Paris, nous a fait dire & remonſtrer qu'il a recouuert vn liure intitulé. *Deſcription contenant les Antiquitez fondations & ſingularitez des plus celebres villes, chaſteaux, places remarquables du Royaume de France.* Auec pluſſieurs choſes memorables adiouſtees, le tout reueu & augmenté par I. de Fonteny. Lequel liure il deſiroit imprimer ou faire imprimer: & d'autant que nous deſirons gratifier ledit Beſſin pour les grands frais qu'il a ja faits & qu'il luy conuiendra faire pour l'impreſſion dudit liure, & par meſme moyen le faire reſſentir du fruict de ſon labeur, recognoiſſant qu'il trauaille iournellement pour le bien public. Voulons que deffences soyent faittes à toutes personnes de troubler ledit Bessin à l'impression & vente dudit liure, à peine de deux mil liures d'amende, mesmes à celuy qui l'auroit auparauant imprimé auec priuilege ou non : l'ayant, le suppliant faict reuoir, corriger & augmenter. Nous à ces causes desirant la promotion & aduancement de la chose publique en nostre Royaume : & ne voulant permettre que ledit suppliant soit frustré de ses diligences & trauaux. Vous mandons ordonnons & enioignons par ces presentes, que vous ayez à permettre, comme de nostre puissance & auctorité Royale : auons permis & permettons audit Bessin, qu'il puisse imprimer ou faire imprimer vendre & debiter tant de fois que bon luy semblera ledit liure, pendāt le temps & espace de 6. ans entiers & consecutifs, à compter du iour & datte que ledit liure sera acheué d'imprimer. Faisāt pour cest effet tres expresses inhibitiōs & deffences à tous marchands Libraires & Imprimeurs de nostre Royaume, païs & terres de nostre puissance, & toutes autres personnes de quelque condition & nation qu'ils peuſſent eſtre de n'imprimer ou faire imprimer ledit liure, ainſi reueu corrigé & augmété, ny en extraire aucune choſe en quelque maniere que ce ſoit, pour iceux vendre & changer aux foires, ny d'en apporter ou faire amener d'autres villes en ce Royaume ſous noms interpoſez ou auec fauſſes marques, ny d'en tenir aucon exéplaire, tant en priué qu'en public, d'autre impreſſion, que de ceux que ledit Beſſin aura fait imprimer, ou de ceux qui auront droict de luy, ſur peine de deux mil liures d'améde, applicable moitié à nous, & l'autre moitié audit ſuppliant, ſans diminution de tous ſes deſpens dommages & intereſts, & confiſcation des exemplaires qui ſeront trouuez auoir eſté mis en vente contre la teneur des preſentes, & que trouuant deſdits liures ainſi contrefaits, ils ſoient incontinent ſaiſis & mis en noſtre main par le premier de nos Iuges, Officiers, Huiſſiers ou ſergens ſur ce requis, leur monſtrant ces preſentes ou coppies d'icelles deuëment collationnees. Vous donnant & à eux, pouuoir, commiſſion & mandement ſpecial, de proceder à l'encontre de tous ceux qui contreuiendront à ces presentes, par toutes voyes deuës & raisonnables, nonobstant oppositions ou appellations quelconques, clameur de haro, chartre Normande, prise à partie, & toutes autres lettres à ce contraires, ausquelles nous auons derogé & derogeons par ces presentes. Et pource que d'icelles le suppliant pourra auoir affaire en plusieurs & diuers endroits. Nous voulons qu'au vidimus d'icelles faict soubs le sel Royal, ou par l'vn de nos amez & feaux Conseillers, Noraires & Secretaires, foy soit adioustée comme au present original, & que mettant vn brief extrait d'iceluy au commencement ou à la fin de chacun desdits liures, qu'il soit tenu pour bien & deuëment signifié, & comme si c'estoit l'orrginal, afin que aucun n'en pretende cause d'ignorance, CAR TEL EST nostre plaisir. DONNÉ à Paris le vnziesme iour de Iuillet, l'an de grace mil six cens vnze, Et de nostre regne le deuxiesme.

Par le ROY en son Conseil,

ERBRVYER.

DESCRIPTION CONTENANT LES ANTIQVI-
tez, fondations & singularitez des plus celebres Villes,
Chasteaux, forteresses, Eglises, Temples, Abbayes & places remarquables du Royaume de France, auec les cho-
ses plus memorables aduenues en iceluy.

*De l'excellence de la France, & des
victoires des François.*

ENTRE toutes les nations du môde, il n'y en a iamais eu aucune qui se puisse vâter d'auoir esté plus florissante, mieux accópaignée de vertu, plus fauorisee de la fortune, qui aye eu des choses plus admirables, des succez plus signa-

A

lez, & qui aye esté mieux vnie, & mieux fondee que celle de France. Car combien que les Monarchies des Assiriens, des Perses, des Medes, & des Romains, ayent esté de plus grãde estendue que celle des Frãçois: si est-il vray qu'il ne s'est iamais veu Empire plus florissant, mieux vny, mieux fondé & de plus longue duree, plus illustre en beauté & bonté de terre, situation de païs, richesse de peuples & gentillesse d'esprit, soit pour la paix ou pour la guerre, qu'à esté la Monarchie des François.

Loüance des François.

Baptiste Mātuan en son œuure intitulé, *Dionisius*, au secõd liure en parle ainsi.

Gallia terreni pars est non infima mundi
Sed longe lateque patens Hispanica tangit,

Oppida, &c. & peu apres
Igneamens Gallis, & lactea corpora, nomen
A Candore datum populis, muliebria pingit,
Ora Color &c.

Quāt aux personnes illustres qui sont comme la loy viue, & comme l'ame de l'estat, il n'y a nation quelconque, qui puisse mettre en auāt vn si grand nōbre d'excellents personnages, comme la Frāce. Pour le faict de la guerre, celui qui voudra cōsiderer toutes les choses qui ont esté faictes, les conquestes, les batailles, les voyages outre mer, pour la religiō Chrestienne: & comme d'vn petit commencemēt ce Royaume est deuenu si grand, qu'il s'est rendu redoutable à toute l'Europe & à l'Asie: que toutes les nations estrāgeres, tant de l'vne que de l'autre partie de la terre, ont senty ses armes: il verra qu'elle a esté sa grandeur & sa force.

victoires des François.

Les Romains furent chassez par les premiers François: les Huns, qui soubs la conduicte d'Attila, estoyēt entrés en Gaule iusques au nombre de cinq cens mille combattans furent repoussez, les Bourguignōs debellez, les anciens Allemans subiuguez, les Sarrasins descōfits, les Arriās descēdus d'Affrique exterminez, les Gotz Ostrogotz, Visigotz, Alans, Huns, & Sueues deffaicts, l'orgueil des Ducs de Bretaigne r'abbatu, les Saxōs domtez, les Anglois r'encoignez de la l'Ocean, hors de nos limites. Bref il n'y a natiō si barbare, ne peuple si cruel qui n'ait esté vaincu & surmōté par la vaillātise des Frāçoise. De l'origine desquels

DE LA FRANCE. 5

pour ceste cause il ne sera point hors de propos toucher briefnement quelque chose.

De l'origine des François.

LES Autheurs modernes & mieux approuuez, qui ont curieusemēt escrit les histoires de France, & comme allēbiqué les diuerses opinions de ceux qui en ont traitté au passé, tiēnēt que c'est chercher la verité dās la vanité, & suiure vne cōmune erreur, d'imaginer l'origine des François aux masures & cendres de Troye, nous faisās descēdre de ie ne sçay quel Francus fils d'Hector: d'autāt qu'aux plus anciēnes histoires des Troyēs, il ne se lict vn seul mot de ce Frācus, ou Frācion fils d'Hector: Car cestuy n'eut iamais qu'vn fils nōmé Astyanax, lequel en l'aage de 2. ans

Erreur des Anciens sur l'origine des Frāçois.

A iij

Monstre Euripine.

fut precipité par les Grecs du haut d'vne tour, apres la mort de tous les enfans & heritiers de Priam. Ce qui fut faict, afin d'exterminer du tout la race de ceux qui à l'aduenir se pourroient ressentir des iniures à eux faictes par les Grecs.

La veritable origine des Fráçois.

Et asseurent les mesmes autheurs modernes, que nous ne pouuós seuremẽt trouuer l'origine des Frãçois qu'ẽ la basse Allemagne, au pays dict Franconie, lequel porte encor le nó de ses anciens habitans, & les marques de leur anciẽne possessió. D'ou Merouée Roy de ces peuples nommez Fancós, ou Frãcs passa le Rhin & les amena en Gaule enuiró, l'ã quatre cẽs quarante neuf (neãtmoins que ses predecesseurs y eussẽt aupa rauãt faict plusieurs courses) & changea le nó de Gaule en Frãce faisāt des deux peuples Gaulois & Frāçois, vn seul peuple. Or de vouloir rechercher, ou disputer s'ils estoient originaires du pays, ou venus d'ailleurs, la recherche en est du tout inutile estant impossible. Il y a quelques graues historiens, qui ont voulu dire que les François s'appelloient ainsi du mot Franc ou frāchise, parce que iceux ayāt refusé le tribut aux Romains s'affranchirent: & par iceux porterent le nom de Francs, comme gens hardis & courageux: ne voulans estre suiects à la domination des Princes estrangers: Et que de là, seroit venuë la coustume que les Roys françois portent en leurs anciēs tiltres escrits en latin, *Rex Francorum*, cōme qui diroit Roy des Frācs, *& non Rex Franciæ*, veu que les

A iiij

autres Roys & Empereurs se disens Seigneurs des terres, & cestuy Roy des hommes, & iceux francs & libres.

Or d'autant que les peuples estrangers ont tousiours mieux recogneu le lieu & domicile des François sous le premier & ancien nom de Gaule, que sous celuy de France: ie mettray en auant les opinions que i'ay recueillies touchant l'origine du mot de Gaule.

D'ou est venu le nom de Gaule

Plusieurs treuuēt que le nō de Gaule viēt du mot Grec gala, qui signifie laict ou blancheur: à cause de la blancheur naturelle des habitans d'icelle. Le Seigneur G. Postel, grand recercheur de l'antiquité, ne veut receuoir ceste Ethimologie, ains dict quelle s'appelle

In li. de vniuersit.

Gallia, du mot hebreu Galá, qui signifie pluye: comme voulant dire que les Gaulois sont yssus des pluye du deluge: c'est à dire qu'ils tirent leur origine des ce teps là. Et confirme encor sõ opiniõ de ce que le mot Glau, en vieil langage Breton, signifie pluye, & que les Hebrieux nommoyent la Gaule Saraph, c'est à dire repurgée, comme repurgée des eaux du deluge. *Origine du mot de Gaule.*

Les autres la disent Gaule du nom d'vn des fils d'*Italus* nómé *Gallates*: Ce qui demonstre encor l'ãtiquité des Gaulois, pour ce que, selõ plusieurs, *Italus* fut l'vn des enfans de Noé.

Les autres tiẽnẽt qu'elle s'appelle ainsi à cause de Gallatee, amoureuse de Hercule, ou bien de Gallathe, fils d'icelui Hercule. Du cõmencement la Gaule *La Gaule premierement nõmee G...*

B v

s'appella Gomerie du nom, de Gomer, fils aisné de Iaphet & le premier Roy des Gaules fut Samothes, surnômé dis quatriesme fils de Iaphet, qui edifia la ville de Sens en Bourgoigne: les successeurs duquel furent Magus fondateur de Rouën, & Sarrhô: qui edifia la ville d'Angers Namne, qui feist bastir la ville de Nantes, Drijudes, ou Drijus, qui donne le nó, bastit, & le premier policea la ville de Dreux, iadis fort renommée. Apres ceux-cy regna Barduc, & puis Lógo, duquel sót yssus ceux de Lágres, qui sont encor dicts en latin *Lingones*. Et de ces 2. Roys derniers les Lóbards peuple de la Gaule de là les Alpes, se nomment *Lōgobardi*. Par apres fut Celte qui dóna le nó aux Celtes, cóbié que quelques vns tiennent que ce nom de

Samothéis. Roy des Gaules en Bourgoigne.

Celte vient du mot Allemad *Gelten*, qui signifie valoir beaucoup, & *Gelt* signifie argent, ou monnoye, & de la *Geltes*, qui en langage Allemād signifie Gaulois, vaut autant cōme qui diroit excellent de grād prix, robuste & puissant. Ce qui cōferme ceste opinion est que les Gallates (peuples ausquels escriuoit S. Paul) sont yssus des Gaulois, & se disoient Gaulois. Et plusieurs doctes Allemās tournent en leur lāgue ces mots, *ad Galatas, zun Geltern*.

DES LIMITES DE LA *Gaule, ou plustost France, selon qu'elle se contient à present, & comme elle est diuisee.*

LA Gaule à present dicte la France, est limitee, & enclose à l'Occident des monts Pyrenees & de la mer Oceane du costé de Septentrion, elle à la mer Gallique & mer Oceane de la coste d'Angleterre. Deuers Orient le Rhin, la separe depuis les Alpes iusques à la mer Oceane: ainsi que les sus-pites Alpes, depuis la source du Rhin iusques à l'interieure Gallique du costé du Mid, elle est bornee de la mer Mediterrannee vers Narbonne; estant presque de forme ronde en sa circonferécé, ayāt cent quatre vingt sept lieuës de l'argeur, à prēdre depuis le Cōquest, qui est sur la mer Oceane, à l'extremité de Bretaigne, iusques au pōt de Bonuosin, à l'entree de Sauoye: & prenant la longueur depuis Calais, qui est sur la mer Oceane iusques à Narbonne ou Aigues mortes, qui est sur la mer Mediterranee, so

Combiē la France à de lieuds en lōgueur & en largeur.

trouue deux cēts huict lieuës.

Entre plusieurs diuisions de la Gaule en France, la plus cōmune est en Belgique, Celtique & Aquitanique: la Celtique de rechef est diuisee en Gaule Lionnoise, & Gaule Narbonnoise.

Diuisiō de la Gaule.

La Gaule Belgique a pris son appellation d'vn Roy nommé Belge 14. Roy des Gaules, qui iadis commandoit en ce costé, plus de deux cens ans deuant que Troye fust gouuernée par Priam. Il y a quelques vns qui tiennent qu'elle vient du verbe latin *Belligero*, qui signifie batailler: d'autant que ce peuple a esté tousiours fort belliqueux. Le païs Belgique est limité au leuant du Rhin, & au ponent de l'Ocean, comme aussi deuers le Septentrion la mer lui sert de borne, & au

appellation de la gaule belgique.

Limites de gaule belgique

Midy la riuiere de Seine.

La Gaule Celtique eſt ainſi dicte de Iupiter Celte Roy des Gaulois, & fils de Lucus, qui donna le nom aux Luceens ou Luteciens maintenant dits Pariſiens.

Ceſte partie eſt limitee de la Seine au leuant, de l'Ocean au Ponant, de la Garonne au Midy, & de rechef de l'Ocean au Septentrion.

La Gaule Aquitanique prend ce nom, à cauſe de l'abondance des eaux, qui s'eſtendent par toute ceſte prouince.

Les môts d'Auuergne lui ſeruent de borne au leuant, l'Ocean à l'Occident, la Garonne au Septentrion, les monts Pyrenees au Midy, ſelon qu'eſt maintenant ceſte partie de Frãce deſcrite & meſuree.

QVI FVT CELVY QVI planta le premier les lettres en Gaule, & qui estoyent les Druydes.

LE premier qui plaça les lettres en Gaule fust ce mesme Gomer fils aisné de Iapet, duquel nous auons parlé; & de l'escole d'icelui sortirent ces trois sortes de Philosophes, qui estoient iadis en Gaule, sçauoir les Bardes, qui chantoyent des hymnes & estoiët Poëtes, les Vaticinateurs qui presidoient aux sacrifices, & s'arrestoiët à la contëplation de la nature des choses, & les Druydes qui traittoiët des mœurs & bië-seantes actions des hommes. Tous lesquels furent long tëps en Gaule deuant qu'aucús des Poëtes Grecs fussent au monde. D'où il est aisé à voir que les lettres

Anciens Prestres & Philosophes de Gaule.

Que les lettres sont premier en la Gaule qu'en la Grece.

Pagination incorrecte — date incorrecte

NF Z 43-120-12

font en Gaule premier qu'en la Grece, & que les vers Heroïques ne sont point de l'inuentiõ des Grecs, puis que les Bardes s'en seruoiēt. Sous le nom de Druydes l'õ comptēd quelquefois toutes ces trois sortes de Philosophes.

Opinion des Druides pleine d'erreur.

Ces Philosophes auoiēt opinion que les ames estoiēt trāsformees de corps en autres: & par ainsi les Gaulois, qui les suiuoiēt en cette opiniõ, n'apprehendoiēt aucunemēt la mort, lors qu'il estoit besoin de hazarder leur vie en quelques guerres ou entreprises.

Ou s'assēbloiēt les Druides.

L'assemblee des Druydes se faisoit tous les ans à Chartres (d'autāt que ceste ville est presque au milieu de la Gaule) & en ce lieu ils determinoiēt de tº differēts qu'on leur preposoit. A l'imitatiõ desquels furēt anciēnciēnemēt introduicts les Parlemens en France par Charles Martel Maire du Palais, & par le Roy Pepin son fils; lesquels parlemenssōt cōme l'ornemēt, & hōneur du Royaume, & sont ainsi apellez, selon l'opiniō de quelques vns du mot parler, parce que l'on y parle d'affaires grādes & d'importāce. Or tout ainsi que l'assemblee des Druydes se faisoit d'an en an à Chartres: de mesmes s'assembloient les Seigneurs & Cōseillers du Parlement en certaine ville, ordonnee par le Roy, pour y exercer la iustice en la maniere qui s'ensuit.

De toutes parts de la France s'assembloiēt lesplus doctes en droict, & entendans mieux les statuts & coustumes particulieres de chacune prouince, lesquels estoiēt pour ceste fin ga-

Comme furēt instituez les Parlemins de France.

Par qui fut le Parlemēt erigé à Paris.

gez & instituez par le Roy, & là vuidoient tous diffens & proces quelconques, sans aucun appel: Mais d'autāt que le lieu où ils se deuoient assembler, estoit muable & incertain.

Nombre des Parlements.

Le Roy lors, surnómé Hutin, fit eriger la Cour de Parlement sedentaire à Paris en l'an mil trois cens quinze. Et du depuis les autres Parlements ont esté instituez, lesquels sont huict en nombre. Le premier donc & plus ancien est à Paris, au païs proprement dict France: Le second est à Tholose, en Lāguedoc: Le troisiesme est à Bordeaux, en la Guienne; Le quatriesme à Rouën, en Normandie: Le cinquiesme à Dijon en Bourgoigne; Le 6. à Grenoble, en Dauphiné: Le 7. à Aix en Prouence, & l'huictiesme à Rhénes, en Bretaigne. De l'autre, commençât premierement à celui de Paris: en parlât de l'antiquité & fondation de ceste ville, & des bastimens & raretez qui sont en icelle.

De la situation & fondatiō de l'ancienne & tres-fameuse cité de Paris, auec l'erection de plusieurs dignitez de ce lieu.

LA tres-ancienne & renommee ville de Paris, non seulement capitale de ce grand Royaume de France, maior le theatre & abregé de tout l'vniuers, & le grand Caire de la chrestiété le domicile des Roys la retraicte & le rēdez-vous de tous les plus beaux esprits du monde: est situee sur la riuiere de Seine: & a prins son origine non, de Paris Troyen (ainsi qu'ōt escrit quelques autheurs) mais d'vn Paris, Gaulois de natió, 18. Roy des Gaules, lequel estoit descendu de cest ancien Samothes, qui du temps de Noé poliça les Gaules, & les institua en toute vertu, honesteté & doctrine, & feist bastir icelle ville soixante & dix ans apres la premiere fondatió de Troye, quatre cës quatre vingt dixhuict ans deuant Rome bastie, quatorze cës dixsept ans deuant la natiuité de nostre Seigneur.

Ceste ville fut appellee quelque temps Lutece, du mot latin *Lutum*, qui signifie bouë ou fange, ou pour mieux dire Lucotece, selon Strabon, du nom de Lucus, Roy des Celtes: comme aussi ce peuple fut lóg temps appellé Luceens.

La ville de Paris est si grande & spacieuse, qu'elle contiét plus de cinq cës ruës de nombre, toutes habitees, & en plusieurs d'icelles se trouuēt plus de cinq cens maisons & demeures.

Le Roy Clouis y establit son siege à Paris, & la nomma la ville capitale de son Royaume.

Ceste ville est cóme vne borne entre les Gaules Celtique & Belgique, au rapport de ce tresdocte & fameux prelat d'Auranches Robert Cenalis.

Le droict d'Escheuinage fut donné aux Parisiés par le Roy Philippes Auguste, enuirō l'an mil cent quatre vingts & dix: & crea vn Preuost des marcháds, à la differēce du Preuost de la Iustice. Il feit aussi pauer & clorre de meurs la ville de Paris, & commécer le chasteau du bois de Vicénes, & feit faire le parc qui y est. Icelui entreprit le voyage de Hierusalem, auec Ri- *Institution des Escheuins de Paris.*

chard Roy d'Angleterre, & deffeit les Albigeois heretiques & le Comte Raimond de Tholose, qui tenoit leur party.

Armoiries de Paris. Ce mesme Roy donna à la ville les armoiries qu'elle porte à sçauoir, de gueulle à vne nef d'argēt, le champ d'azur semé de fleurs de lys d'or, voulāt dōner à entendre par cela, que Paris est la nef principale, & ville capitale du Royaume.

Office des Escheuins. Les Escheuins esleus, seruēt aux visites des maisons, ruës, cloaques, canaux, aqueducts, fontaines, ports, passages, & chemins, afin d'y pouruoir s'il y suruient quelque necessité.

Obseruation des elections de Preuost & Escheuins. Nul ne peut paruenir à la dignité de preuost des marchās ny d'Escheuin, qui ne soit enfant de la ville: de peur que les estrangers ne fussent instruicts aux secrets de la ville,

L'on espluche de si pres la vie de ceux qui aspirent à ces dignitez, que la moindre tache d'infamie, & mesme la seule opinion de vice les empesche d'y estre receuz : Mesme si on void quelqu'vn sisler en Paris par les ruës, on lui dit par vn commun prouerbe, tu ne seras point preuost des Marchands, pour monstrer combien l'hōneur & ciuilité est requise en tels magistrats.

La quantité des Magistrats de L'Ostel de ville de Paris, est vn Preuost des Marchands, quatre Escheuins, 24. Conseillers, le Greffier, Procureur, Recepueur, Clerc, Quarteniers Cinquanteniers, & Dixiniers, Sergens, Archers, & Harquebuziers, & Arbalestriers, qui sont subiects de marcher auec leur hocton quand il plaist à

Monsieur le Preuost des Marchands & Escheuins, leur commander, soit pour la garde de l'arsenal, & Magazin des Armes, qu'autres lieux ou il leur plaist les employer.

Fondation de l'Vniuersité.

Charlemaigne (le premier des Roys de Frāce appellé tres-chrestiē) fut fondateur de l'Vniuersité de Paris (cōme aussi de celle de Pauie & de Bouloigne) estant induict à ce, par vn tres-docte personnage, nommé Alcuin, Anglois de nation, qui auoit esté son precepteur: & fut le premier qui ouurit l'escole à Paris, l'an sept cens quatre vingts & vnze.

Alcuin precepteur de Charlemaigne.

Cest Alcuin estoit des plus doctes de son tēps, & mesmes aux lettres sainctes: lequel à cōposé plusieurs liures de pieté entre lesquels sont des cōmētaires sur la Bible, plusieurs belles orai-

DE LA FRANCE. 25

oraisons des homelies sur les Euangiles, & autres sermons, qui se lisent encor aux Eglises. Il auoit esté enuoyé du Roy d'Angleterre son maistre, pour traicter la paix auec Charlemaigne lequel esmerueillé de son sçauoir, d'ambassadeur le feist son hoste, & d'hoste son precepteur.

Et quoy que le susdit Charlemaigne fust desia sur ses vieux ans, neátmoins il l'apelloit tousiours son maistre. Il auoit eu du precedent pour precepteur vn autre docte homme nommé Pierre Pisan.

Charlemaigne fut respectueux à son precepteur. Pieté grande en Charlemaigne.

Ce mesme Empereur Charlemaigne estoit fort desireux d'acroistre l'honneur de l'Eglise: car il feit recercher les escritures des saincts peres anciens, & accomplit par P. Lombard les leçons & legédes, qui se chan-
B

tét par chacune feste de l'an, & lui-mesme chátoit ordinairemét aux Eglises auec le clergé.

Institution des douze Pairs de France. Iceluy institua les douze pairs de France à l'exéple des douze Apostres de nostre Seigneur, l'an de nostre salut huict cens, & furent appellez Pairs, c'est à dire pareils en authorité & puissance, pour l'assister en ses plus grandes affaires; & pour cognoistre des cas & crimes que pourroiét cómettre les princes du sang, sans diminuer toutesfois rien de son authorité.

Election des pairs Or de ces douze pairs, il y en a six Ecclesiastiques, dót il y en à trois Ducs, sçauoir l'Archeuesque de Rheims, les Euesques de Langres & de Laon, trois comtes, sçauoir les Euesques de Noyon, Chaalós & Beauuais. Les trois Ducs laics sont les Ducs d'Aquitaine, Normandie, &

Bourgoigne, & les Côtes, sont de Tholose, Flâdres & Champaigne. Il y a des historiens qui attribuēt ceste Institution non à Charlemaigne, mais à Louys le Ieune regnant, l'an mil cent quarante.

Le parlement sedentaire de Paris fut erigé en l'an mil trois cens quinze (comme nous auons dict) par le Roy Louys Hutin, lequel parlement seul, juge des pairs & des Princes. *Erection du Parlmēt sedentaire*

Le Roy Robert, fils de Capet, homme debonnaire, & de grāde erudition, fut celuy qui le premier meist & institua les dignitez de Recteur & procureur en auant: mais les lettres touchant les priuileges & ordonnances en ont esté perdues. *Institution des dignitez de Recteur procureur.*

Ce bon Roy estoit entierement adōné à pieté & deuotiō, il fonda plusieurs Eglises & mo- *Choses notables du Roy Robert.*

B ij

nasteres, & le plus souuết prenoit vne Chappe & chantoit auec le Clergé, estát aux Eglises: car il estoit bon musicien & hõme fort docte. Iceluy cõposa la prose, *Sãcti spiritus adsit nobis gratia*, & vn respons qu'on chãte à Noel. *Iudea & Hierusalẽ*, & aussi le respons, *O constãtia martyrũ*, à la requeste de sõ espouse nõmee Constance. Il composa aussi le respons *Cornelius Centurio*.

Vn iour icelui ayant assiegé vne ville pres Orleans, le iour S. Aignẽ, il quita le siege pour aller aider à celebrer ladicte feste, & aydoit à chanter à vn des Chanoines, & comme il commençoit le troisiesme *Agnus Dei*, à la grande Messe, les murailles de la ville assiegee tomberent par terre sans œuure d'homme. Il feit de grands biens aux Eglises.

Ie reuien à la dignité du Recteur de Paris, lequel és actes publiques de quelque faculté que ce soit, precede tous Princes, Euesques, & Cardinaux; & n'est point tenu d'assister és entrees des Roys, à cause que son authorité ne s'estend seulemēt que dedans Paris. Aux obseques des Roys, il va pres du corps auec l'Euesque de Paris, toutesfois l'Euesque de Beauuais, qui est le conseruateur de l'Vniuersité, marche à main droicte.

De la dignité du Recteur de Paris.

L'vniuersité des Escoliers a eu autresfois telle puissance en ceste ville, qu'elle a faict teste aux Papes, & Princes du sang, qui abusoyent des benefices, comme il aduint du regne de Charle sixiesme contre le Duc d'Anjou, & l'Antipape, seant pour lors en Auignon, qui pil-

Puissance admirable de l'vniuersité des escoliers de Paris.

B iij

loit presque tous les benefices de France.

Ensuiuent les fondations des principaux Colleges de Paris, auec plusieurs choses notables.

Fondation du college de Sorbonne & de l'antiquité du lieu.

DV téps du Roy S. Louys fut fondé le College de Sorbonne, par vn Docteur en Theologie nómé maistre Robert de Sorbonne: lequel donna des rentes pour entretenir les bacheliers, & pour la nourriture des Docteurs de la susdicte faculté; de laquelle tous les Theologiens de paris sont appellez Sorbonnistes; par ce qu'en la Sorbonne se font les actes principaux pour la preuue du sçauoir de ceux qui aspirent à la dignité doctorale. Ce lieu est remarquable pour son antiquité: d'autant que iadis il depédoit du palais Royal, lors que les Romains auoient domination en Gaule: & aussi à cause des hommes illustres & renómez en sçauoir, qui viuẽt ordinairement en vne saincte societé en ceste maison.

Ieanne espouse du Roy Philippes le Bel Cõtesse Palatine de Chãpagne & de Brie, fonda le College de Nauarre en l'an mil trois cens quatre:& y donna deux mille liures de rẽte. En ce College sont gardees les Chartres & tresors de l'Vniuersité: cõme fondatiõs, libertez, immunitez, & priuileges octroyez aux facultez d'icelle.

Le college des Cholets fut fondé par vn Cardinal, nómé Iean Cholet, l'an mil deux cẽs quatre vingts & trois, estant pour lors Legat en France, & y establit des boursiers Theologiens, de la nation de Picardie.

DESCRIPTION

Le college du Cardinal le Moine fut fondé par vn nommé Iean le Moine, Cardinal, Picard, sous le Pape Boniface VIII. l'an mil deux cens quatre-vingts seize.

Le college de Clugny fut fondé en l'an 1200. par vn nómé Iean, premier du nom, Abbé de Clugny: L'Empereur Iulian l'Apostat citoyen de Paris (où il fut aussi proclamé Empereur par les gens de guerre) fit bastir l'hostel de Clugny, pour luy seruir de lieu de plaisance: & pour prendre relasche de ses trauaux, & afin de rédre ce lieu plus commode, il auoit faict dresser des bains chauds, au lieu où est de present le college de Sorbône. Il ne fut Empereur que 2. ans, & fut tué d'vn coup de fleche en vne guerre côtre les Parthes l'an 366. & ne

Iulian l'Apostat citoyen de Paris són regne, & sa mort.

peut-on recognoistre d'où estoit prouenue ladicte fleche.

Le college de Montagu fut fondé l'an 1314. par messire Gilles Esselin Archeuesque de Roüen, de la famille de Montagu, d'où il print son nom: aucuns dient que c'est à cause qu'il est sur la crouppe du môt de Paris. Du depuis vn Euesque de Laon Cardinal, en l'an mil trois cens quatre-vingts dix huict (lequel estoit sorti de la race du premier fondateur) y meit six boursiers, & mourât donna charge à vn sien cousin Euesque d'Eureux, qui feit par des statutz que les boursiers de Montagu dépendent du Chapitre de nostre Dame de Paris.

Depuis Iean Standoncq, Flamand, Docteur en Theologie, seigneur de Villette, institua les pauures de Montagu, qu'on

34 DESCRIPTION

apelle Capettes, qu'il receuoit pour estudier: mais son reuenu ne suffisant pas pour si grand nombre de pauures qui se presentoiët, aduint que l'ã mil quatre cens quatre vingts douze, messire Loys de Graville, Admiral de France, soulagea l'indigence des pauures de Môtagu, faisant bastir le corps du logis, & Chapelle : & donna plusieurs deniers pour renter ledit college, & pour rebastir ce qui estoit en ruine.

Histoire merueilleuse de deux Prestres.

Enuiron ce temps, vn Prestre nommé maistre Iean L'anglois estãt en l'Eglise nostredame de paris, en la chapele S. Crespin, prit aux cheueux vn autre Prestre celebrãt la Messe, le lendemain de la feste Dieu, & le jetta par terre, prenãt la saincte ostie & le calice, & les iettant aussi fort impetueusemẽt par terre,

& si promptement que les assistans n'eurent loisir de l'empescher. Or il auoit faict cela par le cõseil d'vne Iuifue, dont il abusoit, laquelle luy auoit dict qu'il paruiendroit à grande fortune, s'il executoit telle entreprise; pour lequel forfaict il fut degradé & bruslé. Mais le susdict Docteur Standocq, luy remõstra si biẽ sa faute, auparauãt le suplice, qu'il le feist se recognoistre, & deuotement requerir pardon à Dieu de son peché cecy aduint, l'an 1491.

Le college du Plessis fut fondé en la ruë S. Iacques par vn apellé Geffroy du Plessi, notaire du S. Siege Apostolique de Rome & secretaire du Roy Philippes le Long, par apres il se rendit religieux au conuent de l'ordre de Sainct Benoist les Tours. Il fonda aussi le college

36 DESCRIPTION
de Marmonstier.

L'an mil trois cens trente & vn, Ieāne de Bourgoigne Royne de France & de Nauare fonda le college de Bourgoigne, lequel est affecté à ceux de la Franche comté : & y furent establis vingt boursiers.

Le College d'Authū, fut fondé par vn nómé Bertrād euesque d'Authū Cardinal, en l'an mil trois cens quarante & vn, sous le Pontificat de Benoist 12. Philippes de Vallois régnāt en Frāce. Pierre de la Pallu, Archeuesque de Hierusalem, & Guy Archeuesque de Lyon assisterent à ceste fondation. Le susdict Cardinal fondateur estoit natif de Dauphiné, d'vne petite ville nommee Auonay au diocese de Vienne.

Le college de Tours fut fondé l'an mil troiscēs trente trois par Eſtienne de Bourgueil, Archeuefque de Tours.

Le college de Beauuais en la ruë des Carmes, fut fondé par maiſtre Iean des Dormants, Euefque de Beauuais, Chācelier de France, & depuis Cardinal euuiron l'an mil deux cens ſoixante dix ſept.

En meſme temps fut fondé le college de Preſle par Raoul de Preſle confeſſeur du Roy Charles le ſage.

Au temps de ce meſme Roy Charles le ſage, fut fondé le college de Danuille, pres le Conuent des cordeliers par Iean de Danuille, ſecretaire du Roy Ieā & Charles. 5.

Le college de Fortet fut faict baſtir l'an mil trois cens quatre vingts vnze, par Pierre Fortet, Chanoine de Noſtre Dame de Paris, natif de la ville d'Orilac, en Auuergne, Boniface pour lors Pape.

Le college de Becourd (vulgairement dict Boncourt) fut fondé par messire Pierre de Becourd, cheualier du diocese de Terouenne, ledict college à esté faict reedifier par maistre Pierre Galládprofesseur du Roy.

Le college de la Marche fut fondé par vn nómé Guillaume de la Marche Aduocat en la cour de l'Official à Paris, enuiron l'an 1376.

Le college de Laon fut fondé l'an mil trois cens vingt sept, l'onziesme du mois de May par vn nommé Guy de Laon prestre: Thresorier de la saincte Chapelle du Roy, & Chanoine de Paris & de Laon. Ce college tient des boursiers des quatre facultez.

Le college des bós enfans est

des premiers appellez és congregations communes, pour estre l'v.. des plus anciens de Paris, mais sa fondation est incogneue.

Le college de Rheims fut iadis l'Hostel du Duc de Bourgongne, mais Philippes Conte de Neuers & depuis Duc de Bourgongne le vendit à vn Archeuesque de Rheims, l'an mil quatre cens douze, le douziesme de May, lequel Archeuesque le fonda en college.

Le college de Lisyeux fut fódé par trois freres de la maison d'Estoutcuille, dont l'vn estoit Euesque de Lysieux, l'autre Abbé de Fescamp, & l'autre Cheuallier, & seigneur de Thorcy, & ordonné par Arrest de la Cour, qu'il seroit appellé de Thorcy, dict de Lysieux.

Plus sont les colleges de la

Mercy, de l'*Aue Maria*, de Calabet, dès trois Euesques, basty par 3. Euesques où lisent les lecteurs Royaux, instituez par lo Roy François I. du nom le college de Triguier, de nostre Dame de Caluy de Harcourt, des Thresoriers, Iustice, Sees, & Narbône, le college Mignô, de S. Denys de maistre Geruais, puis les escoles de Picardie, ou se font les actes des maistres és arts. En outre sont les colleges de Tournay, des Lombards, de Boisy, de Bayeux, des Allemâds de S. Barbe, de Coqueret, qui sont de la fondation de Messieurs Symô & Robert du Guast docteurs en decret. Dauantage est le college de Cenac, dict de S. Michel, fôdé par les seigneurs de la maison illustre de Pôpadour Lymosins. Puis est encor le college des dix-huict, duquel
& de

& de beaucoup d'autres l'on n'a maintenãt aucunes fondatiõs.

En outre sont les escolles du decret, & de medecine, tres-florissantes, posees en la rue de la Boucherie.

Il y a aussi le college des Crassins fondé depuis peu de tẽps, par le sieur d'Hablõ, Conseiller en Parlemẽt pour ceux de Sẽs.

Ie ne passeray encore sous silence le tres excellent college des freres de la societé de Iesus dicts Iesuistes, combien qu'il ne s'y face a present l'exercice precedẽt, qui seruoit de beaucoup a l'erudition de la Ieunesse, tant pour la pieté, que pour les lettres diuines & humaines. Ils furent introduicts à Paris par monsieur du Prát Euesque de Clermot en Auuergne, ils se teindrent a leur arriuee à la rue de la herpe, la pre-

Introduction des Iesuites à Paris.

mierre pierre fut posee & assise en leur maison & Eglise, en la rue sainct Iacques, & est graué en icelle. *Religionis amplificandæ Studio, Henricus tertius, Christianiss. Rex Franciæ atque Poloniæ in Augustiis Iesu nomen, pietatis suæ monumentum hunc primum lapidem in eius templi fundamenta coniecit anno domini.* CIƆ. IƆ. LXXXII. *Die XX. Aprilis.*

L'ordre des Iesuistes fut institué par Ignace de Loyola gentilhomme Espagnol & approuué par le Pape Paul III. en l'an 1540. Et confirmé en l'an mil cinq cens quarante trois.

Fondations des principales Eglises de Paris, & ce qui est de remarquable en icelles.

Fondation de l'Eglise nostre Dame de Paris. L'Eglise nostre Dame de Paris fut fondée l'an 1254. par le Roy Philippe Auguste, &

Maurice de Soillac 70. euesque de Paris, Elle est bastie sur pilotis en l'eau, & a 45. chapelles. Il y a en icelle 50. chanoines cōprenant les huict dignitez, sçauoir le Doyen, le Chātre, trois Archidiacres, le Soubs-chantre, le Chancelier, le penitencier, 140. chapelains.

Les Reliques de ladite Eglise sont, partie de la vraye Croix, le corps de S. Marceau neufiesme Euesque de Paris, le chef S. Philippes, enchassé en or & riches pierreries, vn tableau de sainct Sebastien, qui est l'vne des plus riches pieces de Paris, dans lequel y a quelques ossemens dudit sainct.

En icelle se font les asseblees des processions generalles, où souuent assistent les Roys & les Princes, pour seruir de bon exemple au peuple.

En icelle Eglise se donnent aussi les penitences par iceluy qui est estably penitētier, c'est à dire, imposāt peine pour penitence, suyuant la coustume obseruee par les Apostres.

S. Denis fut le premier Euesque de Paris, qui vint y planter la foy, S. Clement estant lors Pape de Rome & successeur de S. Pierre. Domitian tenant l'Empire sous lequel ce grand docteur S. Denis fut martirizé à Paris.

Henry de Gondy, à present tenant le siege Episcopal, est le 108. Euesque de paris.

Le monastere de S. Geneuiefue iadis estoit le palais du Roy Clouis, lequel feist bastir l'Eglise au nō de S. pierre & S. paul, & y est enterré. Ce fut le premier Roy de France Chrestien: Au baptesme duquel fut aportee du Ciel la Sainte Ampoule: l'huile estát defaillie, & les fleurs de lys aussi, pour armoiries par vn Ange en forme de Colombe. A cause des grādes & merueilleuses operatiós surnaturelles que la bien-heureuse S. Geneuiefue feist en la susdicte Eglise, & qu'elle fut enterree en icelle au caueau & lieu sous terrain, ou tombeau, on luy a donné le nom de S. Geneuiefue.

L'Abbé de S. Geneuiefue ne recognoist nul Euesque, ains depend immediatement du S. siege Apostolique, & y est aussi vne chambre Apostolique.

Il y auoit iadis des Chanoines en ceste Eglise, mais pour leur insolences ils furent chassez en l'an de grace 1148.

Le Pape venant de Rome à Paris, entre par vne porte qui

est maintenât close & respond au iardin de l'Abbé de saincte Geneuiesue.

Fond. de l'Egl. de S. Germain des prez. L'Eglise de S. Germain des prez (iadis nommee S. Vincêt) fut fondee par Childebert, & y est vne tresriche croix d'or que ledict Roy aporta de Tollede, l'ayât gaignee sur les Gots, plus y est la tunique S. Vincêt, qu'il donna. Et est enterré derriere le grand autel, & son fils Chilperic de l'autre part, qui fut tué par sa femme Fredegonde, & autour du tôbeau sont ces mots: *Chilpirinus hoc igitur lapide.*

Ladicte Eglise de S. Germain fut sacree par le Pape Alexâdre troisielme, l'an 1163.

Les reliques de ladicte Eglise sont le corps de S. Germain, S. George, Aurelle & Naual, S. Leufroy, S. Amâd Euesque de

Tours, de S. Thurian, S. Droctonnee Abbé, & disciple de S. Germain, & de S. Venant Abbé de Tours, auec quelques reliques de S. Marguerite.

Autrefois y estoit l'image de la deesse Isis, qui estoit tutelaire des Parisiens, que messire Guillaume Briçonnet Euesque de Meaux, & Abbé dudict lieu feist abbatre l'an 1514.

L'Abbaye de S. Germain despend du seul sainct siege Apostolique: & est l'Abbé seigneur de tout le faux bourg & iouïst des peages, subsides & autres droicts qui se leuent à la foire qui se tient és halles de S. Germain tous les ans au mois de Feburier.

Du temps de Dagobert & ses enfans, S. Eloy Euesque de Noyon fonda en la cité de Paris nõ loin de la riuiere, vn monastere

Fond du prioré de S. Eloy.

de 300. filles desquelles saincte Aure estoit Abesse.

Ces religieuses ayans esté lõg
temps en ce lieu, furẽt chassees
par la maluersatiõ de quelques
vnes & enuoyees à Mõmartre,
Chelles, & à S. Anthoine des
chãps: & la place fut donnee à
des religieux de S. Dominique:
dõt le Prieur fut cause de fon-
der les Eglises parrochiales de
S. Croix en la ruë de la draperie (qui estoit vn hospital) S.
Pierre des assis, S. Martial, S. Bõ.

Fond de l'Eglise S. Paul. L'Eglise de S. Paul (à present enclose dãs les murs de la ville) & qui est vne belle paroisse, fut fondee par ledit S. Eloy.

Fond. de l'Eglise S. Mar- ceau ia- dis siege Episco- pal. Du temps que les Pepins re- gnoient, Rolland seigneur de Blaye, nepueu de Charlema- gne, Comte ou gouuerneur du limite Britannique, feist ba- stir l'Eglise de S. Marceau auec l'hospital, l'hospatal, & l'Eglise S. Iacques en la rue S. Denis.

Le siege Episcopal de Paris anciennemēt estoit en l'Eglise S. Marceau, à present renómee dudict sainct, qui viuoit en l'an de grace 400. enuiron le tēps que les François vindrent en Gaule.

Le grand & insigne theologien Pierre Lombard, Euesque de Paris, est enterré à S. Marceau, iceluy mourut l'an de grace 1164.

Le Roy Hue Cappet fonda l'Abbaye S. Magloire en l'an 995.

L'Eglise S. Germain de Lauxerrois fut fondee l'an 542. par Childebert fils de Clouis, qui fut aussi fōdateur de l'Abbaye S. Vincent les' Paris, à present dicte S. Germain des prez.

NostreDame des Chāps (qui

estoit iadis le têple de Ceres & de Mercure) fut fondee par le Roy Robert, côme aussi S. Nicolas des Champs. Le monastere y a depuis esté fondé par Henry I. du nom.

Nostre Dame des Cha. & S Ni: des Cha.

Loys le Gros fonda l'Abbaye S. Victor, en action de graces à Dieu, de ce qu'il auoit côbatu & vaincu quelques Seigneurs François les conspirateurs & ennemis, comme tesmoigne son Epitaphe escrit en vers latins au cloistre de laditte Abbaye.

F. de l'abbaye S. Victor.

Il y a iadis eu de grands & insignes personnages en ceste famille : entre lesquels ont esté Hugues de S. Victor, & Richard de S. Victor, rares en sçauoir, & admirables en saincteté de vie.

Grands personnages sortis de S. Victor

Du temps que ce lieu fut institué, la Royne Alix espouse de Loys le Gros fonda l'Eglise &

Fond. des religieuse de Monmartre.

DE LA FRANCE. 51

monastere des Dames de Môtmartre. Iadis y estoit le temple de Mercure, Dieu titulaire des Gaulois.

La saincte Chapelle fut faict *Fond. de la S. Chapelle.* bastir par le Roy S. Loys pour mettre les sainctes Reliques, qu'il auoit retirees des Venitiés, ausquels Baudouin Empereur de Constantinople les auoit engagees.

Les Doyen & Chanoines de la S. Chapelle ne recognoissēt Euesque ny Archeuesque quelconque, car ils dependent du S. siege Apostolique.

Les reliques de ladicte saincte Chappelle sont la couróne despeine de nostre Seigneur, partie de la Croix, les languets ou drapelets dans lesquels fut enuelopé nostre Seign. par la vierge Marie, du sang qui distilla miraculeusement d'vn Cru-

C ij

cifix lequel auoit esté frapé par vn infidelle dans le costé auec vne lance, vne chaine de fer dont nostre Sauueur fut lié, la nappe ou toüaille sur laquelle fut faict la Cene en la premiere institution du S. Sacrement de l'Autel, vne partie de la pierre du sepulchre ou reposa le fils de Dieu apres sa mort, & d'où il ressortit ressucitant en gloire, le fer de la lance dont Longis lui perça le costé, la robbe de pourpre que Pylate luy vestit par mocquerie, le roseau que les Iuifs luy mettoient au lieu de sceptre, l'esponge, vne partie du sainct suaire, vne Croix de triõphe, du laict de la vierge Marie, vne partie du chef de S. Ieãn Baptiste, des chefs S. Clement, S. Simeon, la verge de Moyse, en outre est vn coffret d'argent doré, dans lequel est le chef de S. Louys.

Le Cóte Guillaume, duc de Guienne, & compte de Poittou s'eſtāt rendu hermite inſtitua l'ordre des Guillemins, ſuiuant l'ordre de S. Auguſtin: & apres ſa mort le conuent des Blancs māteaux de Paris, fut le premier qui receut ceſte nouuelle ſemence de religieux l'an de noſtre ſalut 1160.

Fōd. des Guillemins.

S. Martin deſ-champs eſtoit jadis vne Egliſe collegiale ou il y auoit des Chanoines, qui fut donnee par Philipes I. du nom à S. Hugue Abbé de Clugni en l'an 1079: deſirant voir ceſte maiſon royale mieux reformee. Ce bon pere toſt apres y eſtablit vn prieur & des religieux de l'ordre de S. Benoiſt. C'eſt vn des beaux lieux de Paris, clos comme vne ville & grand à l'aduenant.

Fond. de S. Martin des Chāps.

C iij

L'Eglise de S. Geneuiefue des ardents, fut fondee l'an 1230. à cause d'vne estrãge maladie, nõmee le feu sacré qui aduint à Paris & es villes & villages d'alẽtour brustant les entrailles des patients d'vne ardeur continuelle, sans qu'aucũ medecin y peut donner remede. Lors on eut recours aux prieres; & l'Euesque de Paris qui estoit vn nõmé Estiéne 2. du nom & 78. en nombre, obtint de l'Abbé de S. Geneuiefue, que la chasse où reposent les os de ceste biẽheureuse vierge seroit portee en procession: ce qu'estãt faict, aussi tost ceste maladie cessa. Lors le peule en actiõ de grace & souuenãce de ce sainct miracle feist bastir la susdicte Eglise.

Fõd. des Chartreux. Entre les Eglises de Paris plus renommees est celle des Chartreux, laquelle estoit iadis à Gẽ-

DE LA FRANCE. 55
tillivillage pres Paris: mais d'autāt que le lieu n'estoit commode, le Roy S. Louys fut prié par le grand prieur de la Chartreuse (qui est pres Grenoble) de leur donner vn autre lieu: Et s'inclināt à la requeste de cebō prieur, il leur dōna la place où ils sont de present nōmee Vauuert, ou il y auoit anciennemēt vn diable ou fantosme, d'où est venu le prouerbe qu'on dit encor: c'est le diable de Vauuert.

L'institution de ces deuots & bons Religieux print son commencement en l'an 1084. par le moyen d'vn sainct personnage appellé Bruno docteur theologiē de Paris natif de Coloigne; ayant veu qu'en celebrant les obseques d'vn sien amy Chanoine, reputé hōme de bien, le corps se leua de la biere à moitié par trois fois, l'orsque l'enfāt de

C iiij

chœur commença à chanter la leçon *Responde mihi* : disãt à pleine voix IE SVIS CONDAMNÉ PAR LE IVSTE IVGEMENT DE DIEV. Or ce Bruno auec quelques vns de ses amis s'en alla à Grenoble faire vne autre pœnitence, au lieu dict la Chartreuse, & le premier (comme i'ay dict) institua cest ordre qui porte encor le nom du premier lieu où il fut institué. Il y a plusieurs grands Archeuesques, Euesques & Chãceliers enterrez en ceste maison. En laquelle il n'entre iamais aucune femme.

Fond. des Iacobins. Le conuent des Iacobins fut faict bastir par S. Loys, ou sont enterrez plusieurs seigneurs de la maison de Bourbon, comme aussi au deuant du grand autel est Imbert Dauphin de Vienne, qui vẽdit le Dauphiné pour vil prix à Philippes de Vallois, pour les premiers fils des rois, à condition qu'ils feroient appellez Dauphins ; puis print l'habit de S. Dominique à Lyó, par apres fut Patriarche d'Alexandrie, & en fin vint mourir à Paris en l'an 1355. S. Thomas d'Aquin auoit estudié au susdit Conuent.

Les Cordeliers furent aussi fondez par sainct Loys, lesquels sont 400. d'ordinaire.

Fond. des Cordeliers.

Nicolas de Lyra, Iuif de nation, le plus grand docteur de son temps à flory en ce conuent, & Iean Lescot appellé le docteur subtil, & plusieurs autres grands personnages.

Le chasteau de Haute-fueille estoit iadis où sont ores les Iacobins dont aparoist encor le donjeó contre les murailles, il appartenoit aux sieurs de Haute-fucille, dót estoit descendu Gannelon, qui trahit les XII. Pairs de France à Ronceuaux, pour lequel forfait il fut en fin desmemblé à quatre cheuaux.

Fond. des Augustins.

Les Augustins furent aussi fondez par S. Loys, lesquels furent premieremét où est de present la Chapelle S. Marie l'Egyptienne, pres Mommartre, & par apres, où est le college du Cardinal le Moyne.

Grans personnages sortis des Augustins de Paris.

Gilles de Romme grand & illustre personnage, qui viuoit enuiron l'an 1280. & qui auoit esté disciple de S. Thomas d'Aquin à flory en ceste maison, & y a esté prieur general de tout l'ordre, & en fin Archeuesque de Bourges, Albert de Padoüé, ou Poiteuin, Gregoire de Rimini, & Gerard de Berganie, depuis Euesque de Sauonne, y ont aussi flori.

La premiere place où furent les Augustins estoit aux Templiers, l'ordre desquels fut esteint & annullé, pour leur vie detestable & leurs biens, terres, & possessions confisquez & donnez aux freres de sainct Iean de Hierusalem (à charge de deffendre les Chrestiens contre les Turcs) par le 2. arrest ou session d'vn concile cómencé à Viéne sur le Rhosne, sous Clement V. l'an 1311. & qui fut acheué l'an 1323.

Abolissement de l'ordre des Templiers.

S. Louys fonda aussi l'ordre des Carmes, les ayant amenez du mont Carmel en Palestine, quád il feist le voyage de la terre saincte. Il fonda aussi l'Hospital des quinze-vingts aueugles, à l'occasion de semblable nombre de Gentils-hommes, qui lui furent rendus aueugles par le Soldan. Ce bon Roy en-

Fond. des Carmes.

só 2. voyage de la terre saincte.

S. Honoré faicte Canoniale. L'Eglise S. Honoré fut faicte Canoniale en l'an 1204. & l'an 1212. fust bastie celle de S. Iean en Greue, qui n'estoit qu'vne chapelle ; & celle de S. Geruais Paroisse, estát trop chargee fut diuisee en deux, l'vne partie des paroissiés dependent de S. Geruais, & l'autre de sainct Ieá.

Fond. de l'Eglise S. Catherine du Val des Escoliers. L'Eglise de S. Catherine du Val des Escoliers, fut aussi fondee par sainct Loys. En icelle est vn lieu soubs-terrain, ou il y a vne figure du sainct Sepulchre, plusieurs autres singularitez se voyẽt en ladite Eglise. En outre y est la chapelle des Orgemonts & celle des Allegrins, yssue de deux Cháceliers fort renommez, l'vn du temps de Loys le Gros, l'autre de S. Loys ; & lesquels estoiẽt sortis de la tres-ancienne maison des

DE LA FRANCE. 61

Cajeux en Normandie.

Le Prioré cōmandatoire de sainct Anthoine le petit, fut aussi fait dresser par ledit sainct Loys. Et est le lieu de deuotiō des Heraux de France de toute l'antiquité. En l'an 1442. l'Eglise de ce lieu fut dediee & consacree par Denis Patriarche d'Antioche.

Le conuent des Mathurins, Religieux de la Trinité fut aussi fondé par sainct Loys, pour la redemption des pauures captifs qui sont entre les mains des infidelles.

Robert Gaguin ministre general des Religieux de cest ordre & annaliste de France, est enterré en ce lieu, il mourut l'ā 1501. le 22. de May. Ce grand Mathematicien Iean de Sacro Bosco y est aussi inhumé.

Marguerite espouse du bon

Roy sainct Loys, fonda le monastere des Dames de S. Clere, apellees les Cordelieres, & y fut vne des filles dudict Roy, mise religieuse.

Fond. des Billettes auec l'histoire miraculeuse de la S. hostie.

L'an 1290. fut fondé le conuēt des Billettes par Philippes le Bel & la Royne Ieanne son espouse, au lieu ou estoit la maison d'vn detestable Iuif, lequel auoit conuenu de prix auec vne malheureuse femme qui lui aporta la saincte Hostie qu'elle deuoit receuoir: Et icelui la tenant la perça & frappa d'vn caniuet, dōt il sortit grāde abondāce de sang. Ce que voyant le meschāt infidelle la ietta dās le feu, d'où elle sortit sautant & voletāt par la chambre, mais nō cōtēt, il la mit dās vne chaudiere pleine d'eau boüillāte, ou incontinēt elle fut par la permissiō & vouloir de Dieu

DE LA FRANCE. 63

changee en forme d'vn petit enfant. Ce qui espouuēta grādement le miserable Iuif: lequel se retira tout esperdu en sa chābre, mais vn sien fils ayāt tout veu ce que dessus, en aduertit les enfans des Chrestiēs: & par ainsi ce forfaict fut descouuert & le Iuif bruslé tout vif. Et le susdit Roy fit bastir en ce lieu l'Eglise deuant dicte, en memoire de ce miracle.

En ce conuent des Billettes se font les assemblees des Cheualiers de Malthe, & y sont celebrez leurs Chapitres: d'autant que ce lieu est affecté au grand Prieur de France.

La maison des Celestins (desquels le premier autheur fut Celestin Pape 5. du nom auparauant hermite) fut faicte bastie par Charles V. cóme aussi celle de S. Germain en Laye, *Fōd. des Celestins & de l'Eglise S. Germain en Laye.*

les Tournelles & le Louure.

Insignes personnages enterrez aux Celestins. Dãs l'Eglise des Celestins est le sepulchre d'vn Roy d'Armenie, sorti de la maison de Luzignan, nommé Leon, qui estoit venu en France, du temps de Charles 5. lui demãder secours contre les infidelles, mais il mourut. Plus y est enterré philippes de Masieres Chancelier de Chipre, Paul de Thermes Mareschal de Fráce, André d'Espinay Cardinal & Archeuesque de Lyõ & de Bordeaux, & derriere le grãd autel est la chapelle des secretaires de France.

Le premier fondateur de l'Eglise S. Eustache fut vn appellé Ieã Allins bourgeois de paris.

Le conuent des bons-hommes (lesquels furent instituez iadis par vn S. personnage nõmé Frãçois de Paule que sainct Loys fit venir en France) fut comcómencé à bastir par Loys 12. où estoit iadis l'hostel de Bretaigne, laquelle place fut donee à ces Religieux par Anne de Bretaigne Royne de Fráce. L'Eglise fut paracheuee soubs François I. Le Cloistre fut faict bastir par vn Cardinal de la maison de Rohan.

Du regne de Charles 9. l'ordre des bós & deuots peres Capuchins fut introduit d'Italie en Fráce, l'ordre desquels auoit esté institué par frere Mathieu Baschi en la Marche d'Ancone en l'an 1525.

L'Euesque de Cisteron leur fonda vne maison par ses aumosnes à vn lieu pres Paris nommé Piquepuce.

Il y a plusieurs autres Eglises & maisons sacrees tant à Paris qu'aux fauxbours, desquelles ie ne mettray icy la fondation.

parce que ce seroit vne chose trop longue (& mesme que ie n'ay deliberé de toucher que des lieux principaux) entre lesquels sont s. Ladre, s. Gilles, s. Leu, s. Thomas du Louure, s. Anthoine, S. Barthelemy, s. André des arts, s. Estienne du mót S. Benoist, S. Croix, S. Oppottune, S. Geruais S. Seuerin, S. Sauueur, S. Iacques, s. Ieā de Latran, s. sepulchre, s. Innocent, (le cemetiere duquel est de grande antiquité : car l'on trouue qu'au lieu où il est de present : y auoit iadis vn bois & retraitte de brigáds, où se cómettoyét infinis homicides & voleries. Apres l'on y fit bastir vne tour au milieu du cemetiere ou est la chapelle nostre Dame.) Les corps ne scauroiét estre en ce cemetiere l'espace de dix iours, sans y estre re-

Antiquité du cemetiere de S. Innocēt.

uicts en poudre, tant la terre est corrosiue, apres sont encor les Filles repenties, les Enfans rouges, la Trinité s. Pierre s. Laurés, s. suplice. s. Medard, (s. Cosme s. Damiã) & autres. Et outre tous ces saincts lieux de deuotion, qui sont en ceste rade ville, il y a encor vne infinité d'autres oratoires & grãd nóbre d'Hospitaux pour nourir & receuoir les pauures, entre lesquels est l'hostel Dieu vne des plus belles maisons de France, & en laquelle la charité est si grande, que c'est vn vray sein & retraicte des pauures miserables, & en laquelle plusieurs grands & riches hómes se font porter estans malades pour y estre traittez, pour le bon ordre que l'on y maintient.

Hostel Dieu de Paris.

Du reste des autres bastimens publics de Paris.

LE superbe & magnifique chasteau du Louure, fut commencé à bastir par le Roy François I. continué par Hēry II. & Charles IX. lequel est le siege des Roys, & logis ordinaire des Princes.

Le palais des Tuisleries, l'vn des plus beaux & plus admirables qu'on puisse voir fut commencé a bastir par la Royne Catherine de Medicis, lequel a esté depuis faict continuer par le Roy tres-chrestien Henry de Bourbon 4. du nom, & où il faict encor trauailler tous les jours, auec toutes les magnificences possibles.

L'hostel de Bourbõ fust basty par Loys 3. Duc de ceste souche sortant de S. Loys.

La Bastille fut faicte bastir par Hugues Aubriost Preuost de Paris natif de Dijon, aussi le petit Chastelet soubs Charles 5. dict le sage, lequel faisoit les frais du bastiment l'an 1370.

Ce Hugues Aubriot feit aussi accroistre & fermer la ville du costé de S. Anthoine.

Le grand Chastelet est de la fondation des Romains, & de Iuliā L'Apostat, mais il à esté fait rebastir par Philipes Auguste.

Le pōt de nostre Dame, estoit ancienement de bois, mais estāt tōbé l'an 1499. il fut refait cōme on le void à presēt. L'hostel de ville fut basti soubs Frāçois I. (cōme il se void en l'inscription d'vne pierre qui est sur le portail,) l'an 1533.

L'arsenal de Paris, qui est cōme le magasin des armes & poudres & artilleries de la ville, fut commencé à bastir par Henry deuxiesme, & ayant esté fortuitement bruslé fut rebasty & remis sus par Charles. 9.

le Palais de Paris par qui basti. Estrāge mort d'Enguerrand de Marigny, faussement accusé.

Le Palais fut basty soubs Philippes le Bel. Enguerrand de Marigni, Seigneur de Cōcy, Conte de Longueuille & maistre des finãces, faisant cōduire l'œuure; Iceluy Enguerrand feit aussi dresser le gibet de Mont-faucon, au plus haut lieu duquel il fut pendu, pour les concussions, pilleries, & insupportables subsides qu'il auoit exigees du peuple, & employees à son profit, Mais le Roy Charles pere dudict Phillippes, qui par sollicitation auoit faict mourir Engerrand eut vn tel remors de conscience & fut tourmenté de visions, si espouuentables, qu'il en tomba en grande maladie. Ce qui le meut de faire deſpendre le corps dudit Enguerrand & le faire enſepulturer honorablement, faiſant prier Dieu pour ſon ame. Toutesfois il fut trouué que la femme du deffunct, auoit faict faire deux Images de cire par vn magicien nommé Pauiot, l'vn repreſētāt Loys de Nauarre fils de Philippes le Bel, & l'autre du Roy Charles: & eſtoiēt tellement compoſez, qu'en quelque par qu'ils feroient picquez, celuy qui repreſētoit l'image, feroit malade en tel endroict d'vne langueur iuſques à la mort. Ce qu'ayant eſté deſcouuert, le magicien fuſt bruſlé au pied du meſme gibet, auec vne ſorciere qui auoit aidé à l'entrepriſe, & la femme d'Enguerrand auec ſa ſœur en perpetuelle prison.

Les sieges ressortans au Parlement de Paris.

Il y a plusieurs sieges qui ressortisent au parlemēt de Paris, sçauoir le Bailliage de Laõ, celui de Rheims, puis Amiẽs, Abbeuille, Boloigne, Senlis, Sens Auxerre, Troyes, Victry le Parthois, Chasteau Thyerry, Chaumont en Bassigny, Meaux Prouins, Melun, Poictiers, Angers, le Mãs, Tours, Bloys, Bourges, Orleãs, Chartres, Angouleſme, la Rochelle, Monfort l'Amaulry, Lyon, Moulins, S. Pierre le Moustier, Rions, & Orilhac en Auuergne, puis la vile & preuosté de Paris.

De plusieurs accidens memorables arriuez en diuers temps à Paris.

L'AN mil trois cens & douze, la vigile de S. George, le Roy Philippes 4. feit brusler à Paris le maistre de l'ordre des

des Templiers, & plusieurs autres gros Prieurs d'icelui ordre, lesquels s'estimoient autāt qu'Euesques, pour l'enorme & detestable vie qu'ils menoiēt.

L'an 1418. le 3. de Iuillet vn soldat sortāt d'vne tauerne en la ruë aux Ours, ayans perdu son argent au jeu frappa par despit auec vn cousteau l'image de la sacree Vierge, qui est encor au coin de ladicte ruë derriere S. Magloire, laquelle rendit du sang; & le mal-faicteur fut puny au mesme lieu, auquel tous les ans à mesme iour, l'on faict vn feu en memoire de ce miracle.

L'an 1546. Quatorze heretiques Lutheriens & Caluinistes furent bruslez en la ville de Paris le 7. iour d'Octobre.

L'an 1548. la moitié du pont S. Michel tomba en l'eau, du

costé de l'hostel Dieu, le dixiesme iour de Nouembre.

L'an 1550. le 9. d'Octobre, la plus part du college de Rhims fut bruflé par cas fortuit.

L'an 1582. (le quinziéme d'Octobre) vn appellé Salcede natif de Normādie fut tiré à quattre cheuaux, & defmembré en la place de Greue deuant la maifon de ville, pour auoir cōfpiré la mort de Monfeigneur le Duc frere vnique du Roy.

L'an 1591. le 15. de Nouembre Meffire Bernabé Briffon Prefident au Parlement de Paris, maiftre Claude Larcher Confeiller en la cour, & maiftre Iean Tardif Cōfeiller au Chaftellet, furent pendus dans les prifons du petit Chaftellet, sās aucune forme de procez; & le lendemain ils furent tous trois mis en vne potence en la place de Greue.

L'an 1580. le feu prit en l'Eglise des Cordeliers de Paris, dons y eut grande desolation, & fut ceste Eglise presque toute ruinee.

L'an 1559. le dernier iour de Iuin, le Roy Tres-chrestien Hēry 2. se resiouyssant és tournois, ouuerts à Paris, fut frappé d'vn contrecoup de lance dans l'œil par le Seigneur de Mōgomery, dōt il deceda le dixiesme iour ensuyuāt: Pour ce subiect la maison des Tournelles fet abbatuë.

L'an 1538. (le dernier iour de May) vn certain heretique rōpit & couppa la teste à vne image nostre Dame, qui estoit en la rue derriere l'Eglise du petit sainct Anthoine. Le Roy François premier accompaigné de plusieurs Princes & Seigneurs

D ij

de la Cour & mesme de quelques Cardinaux vint en procession à pied, iusques au mesme lieu, & par deuotion y assit vne autre image toute d'argent. Celle de pierre à laquelle l'iniure auoit esté faicte fut transportee en l'Eglise S. Geruais, où elle est gardee auec grande reuerence. On la nomme nostre Dame de souffrance.

L'an 1526. le 16. de May la petite riuiere de la ville & faux bourgs S. Marcel s'enfla tellement que la plus part des ruës de ce faux-bourg & les maisós iusques au deuxiesme estage estoient dans l'eau.

L'an 1579. le 8. d'Auril sur la minuict, suruint aussi sans cause apparente, vn si grand rauage d'eaux aux faux bours S. Marcel, que le dommage fut estimé à plus de cent mil escus.

DE LA FRANCE. 77

En ceste mesme annee le 1. iour de Ianuier, Henry III. Roy de France & de Pollongne institua l'ordre des Cheualiers du sainct Esprit.

L'an 1408. Leger de Monsol natif de Normandie, & Oliuier Bourgeois natif de Bretaigne escoliers estudiās à Paris, ayans esté pendus & estranglez, par sentence du Preuost de Paris, pour auoir esté accusez & cōuaincꝰ de l'homicide d'vn meschant homme, furent si bien soustenus par l'vniuersité leur mere tutrice, que ledit Preuost fut condamné par arrest à faire despendre leurs corps, les baiser en la bouche, & les faire porter en l'Eglise des religieux de la redemption des Captifs, dicte vulgairement les Mathurins, le conducteur du Chariot estāt à cheual, & vestu d'vn sur-

D iij

pelis de Prestre; Ce qui fut executé l'an susdit le 16. de May.

L'an 1563. vn nommé Poltrot fut desmembré vif à quatre cheuaux, pour auoir frappé par derriere, d'vn coup de pistole, au siege d'Orleans François de Lorraine Duc de Guise le 18. de Feburier.

L'an 1437. le 19. de Iuillet, fut foudroyee la tour de Billy derriere les Celestins à Paris, en laquelle estoient les poudres à canon, ce qui causa d'estranges ruïnes.

L'an 1589. le Roy Henry 3. estát à S. Cloud pres Paris auec son armee, fut frappé au petit ventre en sa garderobe, d'vn coup de cousteau par vn moine Iacobin nommé Iacques Clemêt, duquel coup il mourut le lendemain.

L'an 1476. le Compte S. Paul

Connestable fut decapité le 19. de Decembre.

L'an 1596. enuiron 7. heures du soir, le pont aux Meusniers tomba dãs la riuiere de Seine, les maisons de dessus renuersees & brisees, auec grãde perte de monde qui y fut noyé.

L'an 1595. le 27. de Decembre Henry 4. Roy de France & de Nauarre fut proditoirement blessé en la face auec vn cousteau, pár vn ieune hõme nommé Ieã Chastel, escolier des Iesuistes: pour lequel forfait il fut desmembré à quatre cheuaux.

L'an 1595. le 7. de Ianuier le pere Iean Quinard docteur en Theologie, & Regent aux Iesuistes: fut pendu & estranglé, & son corps reduit en cendre, & peu de temps apres tous les Iesuistes chassez de la France.

L'an 1357. la ville de Paris

estant assiegee par les Anglois, les habitans d'icelle feirent faire en l'honneur de la vierge Marie, vne chandelle contenant en longueur tout le tour de la ville, pour estre allumee iour & nuict.

L'an 1579. le 10. iour de Februrier fut veu dedans l'air sur la ville de Paris, depuis deux heures apres midy iusques au soir, vn dragon ou serpent horrible & espouuentable, ayant dix brasses de longueur, deux testes, deux aisles fort larges, & quatre pieds.

L'an 1602. le dernier iour de Iuillet, le mareschal de Biron fut executé en la cour de la bastille, par arrest du parlement, pour auoir est conuaincu & attaint de certaine coniuration en la personne du Roy Henry IV. Son corps fut inhumé la nuict suiuante, dans l'Eglise sainct Paul.

L'an 1610. le quatorziesme iour de May, fut assassiné Henry IV. Roy de France & de Nauare, par vn execrable parricide appellé François Rauaillac.

Il fut tiré à quatre cheuaux en la place de greue le 27 de May audit an.

Des villes & places voisines de Paris.

IL y a plusieurs bourgs & villes à l'entour de Paris, mais pour fuir la longueur & prolixité, nous ne ferons mention que des plus remarquables. Entre lesquels est Gentilly, place fort ancienne, & où se faisoient jadis les assemblees des estats de France. Ce lieu est aussi remarquable à cause de la

Gentilly lieu fort ancien.

petite riuiere dicte de Bieure qui y passe: laquelle presque seule en la France est propre à teindre en couleur d'escarlate.

Le village d'Arcueil s'appelle ainsi, à causes des arcs & voutes de l'Aqueduct & belles fontaines, qui sont en ce lieu, des plus rares qu'on sçache voir.

Issy. Issy est ainsi dict de la Deesse Isis adoree en ce lieu anciennemēt, son image yayant esté ap-
Meudō. portee de S. Germain des prez.
Meudon est plus remarquable pour les singularitez qu'on y void que pour son antiquité, y ayant vne grotesque fort artificiellement faicte, enrichie de Corniches, colomnes, statuës, & autres singularitez: qui ont esté faict bastir, par le Cardinal de Lorraine; auquel ce lieu apartient en partie & en partie aux Chartreux.

DE LA FRANCE. 83

S. Cloud est renommé à cause du glorieux sainct qui y est reclamé: En ce lieu le Roy Henry III. fut proditoirement frappé au petit ventre d'vn petit cousteau, par vn moine Iacobin le 1. iour d'Aoust, l'an 1589. dont il mourut le lendemain, au milieu de son armee.

Montmatre (iadis appellé mōt de Mercure, à cause que ce faux Dieu y estoit adoré par les Gaulois) porte ce nom maintenāt à cause des Martyrs S. Denys & ses compaignons (qui y furent decoléz: soubs Fescēnie ou Sisinie preteur Romain) comme qui diroit mont des Martyrs. Et pour la reuerence de ces saincts personnages, & du lieu où ils auoient enduré la mort, nos anciens Roys y feirent bastir vne chappelle dicte des Martyrs. Depuis à esté fon-

Montmartre.

D vj

dée au plus haut lieu du mont la religion des Dames, qui y est encor à present.

S. Denis en France.

S. Denis v. l'e remarquable.

LA ville de S. Denis en France est ainsi nommee, d'autāt que ce lieu semble estre en ce qui est proprement de France. Elle n'est pas si ancienne cōme elle est remarquable, à cause de la sainēteté du lieu, & mesme que c'est le mausole & tūbeau ordinaire des Rois de France.

Ceste ville n'estoit qu'vne petite ferme ou metairie du temps de S. Denis, & s'apelloit Catully, du nom d'vne bonne Dame nommee Catulle, qui auoit enterré en son champ le corps de ce sainēt Euesque, & de ses compaignons Rustique & Eleuthere. Saincte Geneuiefue fut la premiere qui y feift baftir vne chapelle en memoire & honneur des faincts Martyrs, fondateurs de la religion Chreftienne en Gaule.

Or apres la mort de S. Geneuiefue ce lieu fut enuiron 140. ans fans eftre aucunemét celebré, iufques au temps du Roy Clothaire 2. du nó, que Dagobert só fils pourfuiuát vn Cerf à la chaffe, lequel eftát aux abbois fe fauua dans la chapelle des faincts Martyrs, de laquelle on ne tenoit cóte aucunemét. Mais Dagobert voyát la porte ouuerte, & le cerf dans la chapelle duquel les chiés n'ofoiét aprocher abbayans feulement tout de loing commanda de le laiffer, difát qu'il neftoit point doffendu fans quelque euident miracle.

Quelque têps apres ce Prince irrité contre Sadregisil son gouuerneur en l'Aquitaine, le fit fouëtter, & lui fit raser la barbe par ignominie, dont le Roy Clothaire pere dudit Dagobert fut tellement indigné, qu'il cómanda qu'on lui amenast son fils, pour le punir seuerement de ceste faute. Dagobert se voyát guetté de toutes parts, trouua moyē de se sauuer au lieu où s'estoit guaranti le cerf. Incótinent il fut poursuiuy, mais en vain: car quelques troupes qui vinssent, & mesme le Roy en personne, ne peurent entrer ne lui faire aucune offēce. Ce qui leur fit croire que quelque diuinité preseruoit Dagobert. Or pêdant les allees & venues des ministres & gens du Roy, le Prince Dagobert s'êdormit, auquel S. Denis s'apparut en vi-

Fond de l'Eglise S. Denis.

Miracle remarquable.

sion, lui promettât de le guarantir contre la fureur de son pere, & l'asseurant mesme qu'il luy succederoit au Royaume, pourueu qu'il lui feist bastir vn mausole & vn temple, l'adiurât de ce faire & de transporter hors de là ses ossemens, & ceux de ses confreres: Ce que fit le bon Prince, aussi tost qu'il fut paruenu à la couronne.

En ce mesme temps donc fut commencé de bastir la ville S. Denis. Dagobert y ayant premierement fondé en l'an 633. l'Eglise & Abbaye qu'on y void à present, à vn traict d'arc loin de la chapelle, où il s'estoit sauué; Et d'autant que les Rois y voyageoient souuent, & y dónoient de grands priuileges & immunitez, le peuple cómença de s'y habituer. Depuis ladite Eglise & Abbaye furent reba-

Quand fut commencée à bastir la ville S. Denis.

stis, par vn Abbé nommé Sugger l'an 1141.

Ceste ville S. Denys est le lieu où les Roys sont courônez, & où ils sont enterrez, & contiét onze paroisses, dót la premiere & principale est S. Marcel, la seconde S. Croix, puis S. Martin S. Iacques de Vauboulló, S. Michel des degrez, S. Michel du Charnier, S. Pierre la Magdeleine, S. Barthelemy, S. Geneuiesue, S. Remy. En outre il y a deux hospitaux, & quelques autres Eglises côme S. Denis de l'Estree fondé par S. Geneuiesue. S. Paul Eglise Canoniale.

Ceste place de S. Denys est des plus cômodes, estant enuironnee de Campaignes, d'eaux & de marests. Les Roys ne l'ót iamais voulu fortifier: parce qu'elle seroit vn refuge à ceux qui voudroient entreprendre
sur

sur Paris. Iadis y auoit detres-
beaux priuileges pour les habitans de S. Denis, par tout le
Royaume de France.

L'Eglise S. Denis, est fort magnifique & riche: la table du
grand autel d'icelle est toute
d'or, & d'auantage enrichie de
belles pierreries de grand prix,
faicte par S. Eloy du temps de
Dagobert.

Il y a encor vn autre autel tout
d'or en ceste Eglise, ou sót plusieurs corps saincts, & deuát icelui autel vne croix d'or, auec li-
mage de nostre Seigneur crucifié; le chef de S. Denys enrichy
d'or & d'argēt, & de pierreries.
Il y a aussi plusieurs chasses d'or
& d'argent en icelle Eglise es-
quelles reposent grád nombre
de corps saincts & des richesses innombrables.

Tout à l'étour du chœur sont

Tombeaux des Rois à S. Denis. les ſſuperbes & magnifiques tombeaux des Rois de France la plus part deſquels ſont en ceſte Egliſe.

Les corps SS. & reliques de S. Denis. Les precieuſes reliques & corps ſaincts qui repoſent à S. Denis, ſont les ſacrez oſſemens de l'Apoſtre des Gaules, dont ceſte Egliſe porte le nom, les corps de ſes freres Euangeliques Eleuthere & Ruſtique, le corps de S. Denis Eueſque de Corinthe, le corps S. Louys, de ſainct Hipolithe, ſainct Euſtache, S. Formin, S. Oſmonde, 3. des corps des onze mille vierges, le corps d'vn des innocēts maſſacrez par Herodes, S. Peregrin, & le grand Paſteur de Poictiers S. Hilaire, S. Patrocle, S. Eugene : qui fut donné l'an 1565. à Philippes Roy des Eſpagnes qui en auoit faict vne longue pourſuitte : parce que S.

DE LA FRANCE. 91
[Eu]gene porta la foy Euange-
[l]ique à Tollede en Espagne.
[E]n recognoissance dequoy le-
[d]ict Philippe donna vne bel-
[l]e & grand lampe d'argent,
[p]our offrande, au grand Apo-
[st]re Gaulois. Puis y est le corps
[S]. Hilax, vn des cloux auec le-
[q]uel nostre Seigneur fut atta-
[c]hé en Croix, le bras de s. Sy-
[m]eon, qui receut Iesus Christ,
[a]u temple, le iour de la Purifi-
[c]ation. Au dessous de la chas-
[s]e s. Louys, est le crucifix d'or
[q]ui est vne piece riche & belle
[à] merueilles. Au dessous dudict crucifix est vn caueau, où
Dagobert fit metre les corps
saincts des Martyrs, iusques
a ce que l'Abbé Sugger les
fit mettre où ils sont à pe-
sent. Derriere lesdicts corps est
vn vase de porphire, si grand,
qu'il tient vn muy d'eau, & ser-

uoit iadis de fons baptifmaux à Poictiers, lors que Dagobert le feit transporter à Paris. Il sert encor à faire l'eau beniste, les vigilles de Pasques & de Penthecoste.

La ville de S. Denis ayant esté tenue quelque têps par les Anglois, iceux y feirent baftir vne tour, qui sert de deffence à l'Abbaye, au cloistre de laquelle il y a vne grande fontaine, on va se tout d'vne piece, & à l'entour ornee de petites statues representans plusieurs de ceux que les anciés recognoissoient pour dieux, qui demonstre que ceste piece est fort antique.

Vase antique & remarquable.

A S. Denis se gardent les ornements Royaux, qu'on porte à Rheims au sacre des Rois: sçauoir la courône, le sceptre & la main de Iustice.

Ornemêts Royaux gardez à S. Denis.

A S. Denys y auoit autresfois vne si belle & magnifique librairie, en toute sorte de sciéces & de lägues, qu'il n'y auoit estráger voyageát, qu'il ne s'esloignast de cinq ou six lieues de son chemin, pour la venir voir: mais elle a esté ruinee par les Caluinistes.

C'estoit à S. Denys, qu'estoit gardé cest ancié estédard carré appellé Oriflame, lequel estoit de soye rouge, parsemé de flámes iadis enuoyé du Ciel au Roy Clouis, pour porter en guerre côtre les infidelles. Or ce diuin estádard ne se portoit que par quelque pieux & preux cheualier & en affaire de necessité. Mais du depuis les Roys s'en seruans à tous propos, il fut perdu en bataille, que les François eurent contre les Flamans, & du depuis n'a esté au-

Oriflam ou estádard.

Description

(...)ne memoire où il se soit veu.

Chose remarquable de l'Eglise S. Denys: C'est que combien que plusieurs fois la ville ait esté ruinee par les ennemis de l'Eglise, si est ce que iamais aucun ne s'est attaqué à celle de S. Denis, quoy qu'ils Pillassent les autres Eglises; nō pas mesmes les Normāds, qui n'estoiēt encor Chrestiens, lors qui pillerēt tout le Royaume, & tuerent les Ecclesiastiques, & qu'ils bruslerent les Eglises: ny mesme les Caluinistes, quoy qu'ils ayent exercé leur rage sur toutes les Eglises où ils ont passé.

Coustume des Rois de France alāns hors le Royaume.

Les Rois de France ont de bonne coustume, lors qu'ils entreprennēt vn long voyage, d'aller visiter les corps des Ss. Martyrs de l'Eglise S. Denis & prendre congé d'eux, leur presentant certaine offrāde & leur donnant & commettant la charge de leur Royaume,

En l'Eglise de sainct Denis fut couronnee solemnellemēt Marie de Medicis, femme de Henry IV. Roy de France & de Nauarre, le ieudy 13. iour de May 1610.

DV RESTE DES PLAces remarquables dependantes de Paris.

APres S. Denis sont encor plusieurs lieux notables & insignes à l'étour de Paris, lesquels sont à la Iustice ordinaire du Chastelet, qui est le siege du Preuost, & lequel cōmēça à florir au tēps de S. Louys, ayāt 7. baillages, qu'on apelle les sept filles de la Prouosté de Paris : sçauoir Poissy, S. Germin en Laye, Tournam en Brie, Torcy

Bailliages du ressort de Paris.

en Brie, Corbeil, Montlheri, & Gonnesse en France.

De la ville de Poissi.

CEste ville n'estoit anciēnement qu'vn chasteau, & comme le plaisir des Roys, & où les Roines alloient accoucher. Elle est situee en vn beau vallon non loin de la Seine enuironnee de bois par vn costé, & de terres labourables de l'autre.

S Louys surnommé de Poiss.

S. Louys se surnōmoit de Poissi, pour estre le lieu, où il auoit receu le baptesme.

Colloque fut tenu à Poissi, l'an 1561. soubs Charles 9.

Philippes le Bel feit rebastir de neuf le monastere de Poissi, & y mist des religieuses de l'ordre de S. Dominique; au parauant y en auoit de S. Benoist, lesquelles y auoient esté mises par

par Constance espouse du bon Roy Robert.

S. Germain en Laye.

SAinct Germiain en Laye est vne des plus belles remarquables & plaisātes places du Royaume & le sejour ordinaire des Rois. Le Roy Charles 5. fonda, ou plustost rebastir le chasteau de ce lieu: François 1. du nom le rendit orné & parfaict pour ce qui concerne l'architecture & les autres singularitez. Du depuis & de nostre temps les Rois ont encor enrichi ceste place de tant de singularitez, qu'on ne pourroit l'exprimer.

Non loin de S. Germain est le village de Nanterre, où saincte Geneuiesue patronne de Paris print naissance enuiron l'an 422. la maison de laquelle

Nanterre naissance de S. Geneuiesue.

E

fut fait baſtir en l'Egliſe, apres que ladite vierge fut canonizee.

Bois taillis admirable pres S. Germain. Choſe admirable à voir à vne lieuë de S. Germain en Laye ou enuiron: C'eſt qu'il y a vn bois taillis, preſque tout de cheſnes qu'ō appelle le bois de la trahiſon, duquel ſi on prēd quelque rameau ou brāche, & qu'on le jette en la riuiere de Seine, voiſine de là, il va tout droiƈt au fonds ainſi qu'vne pierre.

Quelque vns tiennent qu'en ce bois fut braſſé le monopole, de ceux qui auec Gannelon ſieur de Hutefueille, trahirent la maiſon des Ardennes, & les Pairs de France, les plus braues capitaines de la ſuitte de Charles le Grand (laquelle hiſtoire eſt tres-veritable) & qu'en horreur d'vne ſi maudite menee, Dieu à voulu monſtrer cōbien elle lui fut desplaisante: ce bois n'ayant despuis porté aucun fruict, & à mesure qu'ô le coupe il demeure sans germer, ni produire, quoy que le chesne peuple assez de son naturel la terre où il est enraciné.

De la ville de Corbeil, &c.

La ville de Corbeil estoit iadis vne comté, & s'appelloit Castrū Caruolium. Elle est arrosee de la riuiere de Seine, & & d'Estampes. Ceste place est fort ancienne, & que l'on tient auoir esté bastie par les Romains, en belle situation.

Corbeil iadis fut conté

Aymō Conte de Corbeil fut fondateur de l'Eglise S. Spire, & y establit des Chanoines, il est enterré à main senestre du grand autel.

Quelque peu loin de Corbeil, entre Charenton & Conflans, sont de vieilles masures, où il y a le plus admirable Echo, qu'on sçauroit iamais entédre; car l'ors qu'on à prononcé vn mot l'on en peut entédre apres iusques au nombre de dix ou plus, l'vn apres l'autre.

De Ville Neufue S. George &c.

ENVIRON trois lieuës de Corbeil vers Paris, est Villeneufue S. George place moderne & fort belle, vne plaisante assiette, la fondation de laquelle m'est incogneuë.

Mõtlhery & sa fond. Montlhery est vne ville fort ancienne, & renommee pour vne grande bataille, qui y fut donnee soubs le Roy Louys 11. en en l'an 1465. Les anciens apellent ceste place Montleberic: par ce que quelques vns sont d'aduis que le premier fondateur feut nommé Letherie. Toutesfois la verité est quelle fut bastie par vn Conte nommé Tibault, Fille estoupe.

La septiesme ville du ressort du Chastelet est Gonnesse, vn des plusbeaux & riches bourgs de France, où l'on faict du pain fort recommandé par ceux de Paris, pour sa delicatesse.

Non beaucoup loin de ce païs est la ville d'Argenteul où est la tobe de nostre Seigneur.

<small>Argenteul.</small>

Du païs Chartrin, & de la fondation & antiquité de la ville de Chartres.

LA ville de Chartres estoit jadis principale & Metropolitaine du païs Chartrin, où les Druides faisoient leurs domiciles, Parlemens & assemblees comme cy deuant auons dict.

Ceste ville est de grād estenduë, & s'appelloit Autricū. Elle est situee au milieu de la Gaule Celtique, & est vne tresan-
ciēne colonie des Gomerites,
qui du temps de Noé vindrent
peupler ladicte Gaule Celtique. Le premier qui s'y achemina fut Samothés.

Les anciēs Gaulois appelloiēt
ceste ville Caryntem, du mot
Grec Caryos, qui signifie noix,
d'autant que ce païsy est abondant.

Il y a vne autre opiniō sur l'e-
thimologie de ce mot, de ceux
qui disēt que Chartres est ainsi
nommee, à cause du chastimēt
& correction des delinquans,
qu'on faisoit en ceste ville, durant le regne des Druydes.

Estendue du païs Chartrain.

Le païs Chartrain contient
la Beauce & la Sologne, & est
vn des plus beaux & des plus

DE LA FRANCE. 103

fertiles de Gaule, en toutes sortes de bleds, fruicts, bestial & autres biens.

Les champs voisins de Chartres sont arrousez d'vne petite riuiere, nommee dœure, qui passe à trauers la ville, & vient du païs du Perche.

Les Chartrains & principalement leurs Comtes & gouuerneurs, long temps auparauant que Cæsar eust conquesté les Gaules, furent abbreuuez, & creurent, par la doctrine de Druides (qui auoient peu estre leu les Prophetes & le Sybiles) qu'il naistroit en terr vne vierge, qui produiroit l salut des hommes.

Ceste opinion fut cause que Priscus Comte de Chartres fit faire vne Image representant vne vierge, tenát vn enfant entre ses bras, & la meit au rang

E iiij

des statues des Dieux des Payēs, & lui offroit souuēt sacrifice. Ce qui dōna subiect à tout le peuple de faire de mesme.

Miracle notable.

Le Cōte Gaufrede ou Geoffroy sieur de Montlheri, commēça de faire le semblable, qui se veid biē tost payé de sa deuotion, recouurāt vn sien fils, qui estoit tōbé en vn puis tresprofond. Ce qui fut occasion que ces seigneurs bastirent vn temple à ceste vierge incogneuë, lui presentant des offrandes, & augmētoiēt de iour en iour le reuenu de ce temple.

Temple basty par les Payens au nom de la vierge.

S. Sauinian, & s. Potentian furent enuoyez en Gaule par S. Pierre Apostre, lesquels cōuertirent facilement ce peuple à la foy Chrestiēne, la plusparr duquel honoroit desia la memoire de la vierge future, qui deuoit enfanter le Fils de Dieu.

Les susdicts saincts persónages
establirent S. Auentin premier
Euesque de Chartres, qui facilement
conuertit ce peuple.

Tost apres les Chrestiés comencerent
d'estre persecutez
en Gaule, par Quirin Proconsul,
lequel arriuant à Chartres,
feit precipiter grand nombre
de fidelles en vn pois, qu'on
appelle encor à present le puis
des Saincts forts, & est vn caueau
soubs l'Eglise.

Il y a 72. Chanoines en l'Eglise
de Chartres à l'imitation
des 72. disciples de nostre Seigneur,
le nombre desquels fut
institué du temps de S. Lubin,
16. Euesque de Chartres, lequel
Euesque limita le Diocese
de son Euesché.

L'Eglise Cathedrale, dediee
à nostre Dame est vne des plus
belles de France, & est toute

Par qui fut limitée l'Euesché de Chartres

E v

voutee, y ayant deſſous terre comme vne ſeconde Egliſe.

Durant le regne de Charles le Chauue, la France eſtāt fort perſecutee des Normands, la cité de chartres fut ſaccagee, & miſe à feu & à ſang par Haſtingue, chef des Normans & Danois, qui raſa la ville de fonds en comble.

La ville eſtant reedifiée fut encor vne autresfois aſſiegee par Raoul capitaine des Normands, Charles le ſimple regnant en France.

Les aſſiegez eſtans reduicts à l'extremité, eurent recours à Dieu & à la ſacree vierge, à laquelle leur ville eſtoit de long temps dediée, & le ſuſdit Euesque, ayāt pris la chemiſe noſtre Dame, (que par ſingulière deuotiō on gardoit à Chartres & y auoit eſté dōnee par Charles le Chauue) la meit au bout d'vne lance, allant contre le Payen Raoul, lequel effrayé de la main & puissance diuine, leua le siege & s'enfuit. A cause dequoy il se fit chrestien, & ayāt obtenu du Roy le païs de Neustrie (qui deslors fut appellé Normandie) fit de grandes aumosnes à l'Eglise de Chartres, & tousiours depuis fut fort deuot à la vierge.

Fulbert 54. Euesques de chartres chanoine de saincte Vie, composa plusieurs hymnes à l'hōneur de la vierge Marie, & institua la feste de la Natiuité nostre Dame, qu'on solemnise par toute la France au mois de Septembre.

Fulbert Euesque instiua la feste de la Natiuité nostre Dame.

Cet Euesque aussi fit refaire la ville & l'Eglise comme elle est à present, ayant esté bruslee par cas fortuit.

:DESCRIPTION

Le 61. Euesques de Charters nómé Geffroy, obtiēt plusieurs beaux priuileges pour sõ Eglise des Papes Innocēt & Honorie, soubs lesquels il fut Legat, pour le faict de la pacification de quelques troubles & schismes aduenus en l'Eglise, dont il s'acquita à leur cōtentemēt.

Ledit Geffroy fonda l'Abbaye de nostre Dame de Iosaphat à Chartres. Et de son tēps la ville fut presque toute bruslee, excepté la grande Eglise.

Le 63. Euesque de ce lieu apellé Robert, fonda les Abbayes de Claire-fontaine, S. Romy, & S. Cir.

Le 94. Euesque nommé Iean de Salisbery Anglois de natiō, fut compagnon de S. Thomas de cātorbery, duquel il a escrit la vie, & a composé vn liure intitulé Policratique des bourdes des Courtisans, où il touche amplement de tous les poincts de la vie humaine: & vn autre liure dict Penitentiel.

Iceluy dona plusieurs beaux vaisseaux d'or à l'Eglise de Chartres, auec les reliques de S. Crespin & S. Crespinian, il mourut l'an 1180.

Par qui fut la ville de Chartres accrue.

Son successeur nómé Pierre, accreut & agrandit la ville, & feit pauer les ruës de Chartres. Il fut fort regretté d'vn chacū.

Le païs Chartrin à plus de 40 lieuës de long, allant de Poissi à Mante, selō la riuiere de Seine, puis double son chemin vers Orleans.

Prouinces dependātes du païs Chartrain.

L'Euesque de Chartre commande en la spiritualité sur 1700. paroisses ou clochers, & sur 30. Abbayes.

En ce Diocese sont comprises les Prouinces de Blois, Vandofme, Dunoys, Montfort, Mante & le grand Perche.

Les Baronnies qui enfuyuent releuent de l'Euefque, Aluye, Brou, Mommiral, Authon, la Bazoche, le Vicomte de Laigny, Mefle au Vidame.

Chartres eſt vn ſiege Presidial, y ayant Preſident & Conseillers : y reſortiſſent autres ſieges, comme Chaſteau-neuf en Timerays, & le grand Perche Gouet, Eſtampes, Dourdã, Nogent le Roy, Bonneual.

Chartres ſiege preſidial.

Du pays de beauce & de la Sologne.

LA Beaulce continuë ſoubs le païs Chartrain, comme nous auons dict, eſt des plus fertilles de l'Europe, & vn des principaux greniers, qui nourrit Paris, comme iadis l'Egipte & la Sicile de Rome.

La Beaulce à pluſieurs villes

DE LA FRANCE. 111

& villages, mais qui ne sont autrement renommez, comme Toury, Angueuille, Merenuille, Genuille, Artenay Pluuiers.

Ce païs est tout vny, & posé en lperpetuelle montaigne, de sorte qu'il n'y a vn seul fleuue qui y puisse courir, pour auoir son cours en bas. *Situatio de la Beauce.*

On ne peut donner asseurance de l'origine du nom, sinon qu'à l'imitation de la Bœocie Gresque tref fertille, on l'ait ainsi appellée.

La Soloigne est dicte *Siligonia*, c'est à dire seigleuse, parce qu'elle abonde en seigle : Elle cótient les villes de Gergeau, Sully, la Ferté, S. Laurens des Eaux, & Clery.

De la ville d'Estampe.

EStampes est située en lieu fort plaisát entre les riuieres de Seine & de Loire, & est vn des sieges du baillage Chartrain jadis Côté, depuis erigee en Duché par le Roy Frãçois 1.

Estãpes par qui fut erigee en Duché.

L'Eglise d'Estampes fut dediee à nostre Dame à cause de l'acte abominable, d'vn meschant ioueur, lequel ayant en ce lieu blasphemé le nom de la bien-heureuse Vierge, fut miraculeusement puny sur l'heure. Et en memoire de ce miracle l'Eglise fondee en l'honneur de nostre Dame, qui est vn college de Chanoine.

Dourdan, Espernon, Chasteau en Thymerais, & Nogent le Roy sont encor de l'ancienne côtribution du païs Chartrain.

Du païs du Noir & de la ville de Chasteaudun.

LE Dunois est vne region ou côtree en la Gaule Celtique

tique, ayant enuiron dix lieuës d'estendue, en son trauers & largeur: mais la longueur n'est pas si grãde. Ce pays est maintenant du bailliage de Blois, fort fecond & fertil.

La ville Capitalle est Chasteaudun anciennement dicte Rube-claire, comme qui diroit *Vrbs clara*, parce qu'elle est en lieu eminent, ou de loing on la peut clairement veoir.

Ceste ville est le siege de la Iustice du Côté Dunois, ayant sous soy cinq chastelenies, sçauoir Montigny, le Gannelon, Court Allain, Moulitard, Lesclers, & Rebetan, & autres iurisdictions inferieures.

Il y a plus de 1000. ans qu'il y a des Comtes à Chasteaudun. C'estoit jadis vn Euesché.

Les fauxbours de Chasteaudun sont plus grands, de beau-

Chasteaudun anciennement euesché.

coup que la ville, il y a aussi 12. Eglises.

Les habitans de ce païs sont de bon esprit, aigus & subtils, & qui entendent à demy mot, & sont de peu de langage. Parquoy l'on dict en cōmun prouerbe, il est de Chasteaudun, il entend à demy mot.

Chose merueilleuse d'un lac.

Au païs Dunois est un lac ou estang, ayāt deux grādes lieuës de long, & deux cens cinquāte pas de large, l'eaü duquel jadis estant eschauffee (lors que Childebert & sa femme furent faicts mourir pa venin) bouilloit tellement, qu'elle jetta à bord vne grande quantité de poisson tout cuit.

La Conuye, petite riuiere passant par ce païs, prend son origine en la forest d'Orleans, pres Artenay; Et est chose admirable que jamais ne se desborde, ny ne se trouble pour aucune pluye, ains plustost s'accroid au chaud de l'Esté. Et s'il aduient quelquesfois qu'elle se desborde plus que de coustume, les habitans se tiennent pour tous asseurez de peste en l'autonne, & l'annee ensuivante de famine.

De la ville & chasteau Royal de Blois

Ceste ville est fort ancienne, & est situee sur Loire, partie en Coline & Rocher, partie en planure: Le terroir d'alentour est plaisant & fertil en bleds, tres bons vins, fruicts, bois, fontaines, rivieres, & estangs, & vn air fort salubre.

Ceste ville est la demeure des Rois de France, & où ils sont ordinairemét nourris. Elle participe de la Beaulce & de la Soloigne.

Le chasteau de Bloys assis sur vu roc, & separé de la ville, fut faict bastir par vn apellé Gelon, cousin de Rollo ou Roul 1. Duc de Normãdie. Et en fut le premier Seigneur & Comte, icelui Gelon.

Il y a deux Eglises Collegiales à Bloys, l'vne dediee à S. Sauueur, situee en la cour du Chasteau, l'autre de S. Iacques sise en la ville.

Il y a aussi deux Abbayes, l'vne de S. Lomer bastie l'an 927. par Raoul duc de Bourgoigne, l'Autre se nomme de Bourgmoien, dont ie n'ay trouué la fondation, ni des autres Eglises parociales & chapelles en bon nombre.

L'antiquité de Blois est remarquee à cause des aqueducts, lesquels sont si grands & tellement spatieux, qu'en d'aucuns endroicts ils sont de largeur & hauteur si grande, que trois hommes à cheual y pourroiẽt aisément aller, & sont comme grandes caues & grotesques voultees.

De la ville de Blois estoit ce bon Pierre l'Hermite autheur du chappelet lequel ayant faict le voiage de la terre saincte, fut cause de ceste grande croisade & expedition, par le moyen de laquelle fut le païs de Pallestine recouuré, & conquis par les Chrestiens, l'an 1096. l'armee estoit de six cens mille hõmes.

Pierre l'Hermite autheur du Chapellet.

Enuiron deux lieux de Blois est vne place nõmee Orcheze, en latin *horreum Cæsaris*, c'est à dire le grenier de Cesar, duquel il se seruoit pour la nourriture de ses soldats, & d'où il faisoit venir ses prouisions. On void encor en ce lieu des ruines de plusieurs beaux edifices arcades & murailles de merueilleuse espesseur.

L'estēdue de la iurisdiction de Blois s'estend plus de 4. lieuës de long, ayant 17. villes qui lui sont subiets en primitiue iurisdiction ou par appel, ayant six cens grādes paroisses, desquelles la ville de Bloys est le chef. Iadis les comtes auoient priuilege d'y faire forger monnoye.

Henry de Lorraine Duc de Guise fut occis à Bloys l'ā 1588. le 22. iour de Nouembre, durāt les estats de France: le lendemain y fut aussi tué le cardinal de Guise son frere.

Fondation du Chasteau Royal de Chambort.

LE chasteau Royal de Chambort, pres Bloys, fut faict

bastir par le Roy François 1. du nom. Ce chasteau est des plus admirables qu'on puisse voir, & si subtilement basti, qu'il est presque impossible d'en imiter le modelle, l'escalier de ce chasteau est aussi beau qu'on pourroit voir, par lequel grãd nombre de personnes peuuent mõter & descendre sans s'entreuoir, l'vn costé estant desrobé de l'autre.

Entre vne infinité de choses remarquables qui seruẽt d'embellissemẽt & d'ornement à ce magnifique chasteau, est vne allee au bout d'vn des iardins, nommé de la Roine, laquelle a six toises de large embellie de quatre rans d'ormeaux, plantez à six pieds l'vn de l'autre; y en ayant iusques au nombre de six mil plantez en ligne droicte. Et contient ladicte allee environ demie lieuë de long.

Du pais Vendosmois.

LE païs & Duché Vendosmois, dict en latin *Vindocinum* iadis dependant du Royaume Orleannois, & depuis assujetti aux Ducs d'Anjou, prēd son nom de la principale ville d'icelui dicte Vendosme, qui n'estoit iadis qu'vn chasteau, situé sur la riuiere du Loir. Le Vendosmois a pour limites la Beaulce à l'Orient, l'Anjou à l'Occident, le Perche au Septentrion, & la Tourraine au Midy.

Antiquité de Vendosme.

Ce pays Vendosmois estoit en renom dés le temps des Romains, & des premiers François, & depend du pays Chartrain.

L'Eglise & Abbaye de la Trinité de Vendosme fut fondee par Geffroy Martel, Comte d'Ante d'Aniou: à cause d'vne visió de trois estoilles, qu'il eut, de laquelle vision desirant sçauoir l'interpretation, les Ecclesiastiques lui conseillerent de faire bastir vne Eglise au nom de la Trinité, au mesme endroict qu'il auoit eu la vision. Ce qu'il feit par apres.

En ceste Eglise est la saincte larme de nostre Seigneur plorāt sur le Lazare: qu'vn Ange recueillit & en feit present à la Magdeleine, & est enclose dās vn petit vase qui est de merueilleux artifice, sās rupture, soudure, ny ouuerture; le dehors duquel est blanc, transparent comme Chrystal: & la saincte larme, qui tousiours tremblote en ce petit vaisseau, est de couleur d'eau azuree.

Le susdict Geoffroy Martel l'a porta d'outremer l'ayāt secretement prise dans le buffet du grand Souldan en l'an 1084.

La féme d'icelui Martel fonda l'Eglise collegiable Sainct George, au chasteau de Vendosme, & la nóma la Chapelle le Comte.

Ronsard natif de Vendosme. Ce grand & excellent Homere Gaulois Pierre de Ronsard estoit Védosmois, lequel (cóme vn Soleil sorti du Ciel de la noblesse Francoise) a espédu & dardé ses rais, non seulement en Fráce, ains par toute l'Europe, à cause des œuures immortelles & inimitables qu'il nous à laissees. Les cieux ialoux que les mortels iouyssoient d'vn si rare & diuin personnage, nous le rauirent l'an mil cinq cens quatre ving-cinq, enuiron le solstice Hyuernal. Son corps gist à S. Cosme les Tours.

De Houdan, & Dreux.

SOVBS le païs Chartrain est encor Houdā, assez belle ville; mais ie n'en ay trouué aucūs memoires : comme est aussi Dreux, qui porte encor le nō des anciens Druydes ayāt esté bastie par Drius fils de Sarrhō. 4. Roy des Gaulois, hōme rēpli de science & Philophie qui regnoit l'ā du Deluge 410. Pres celle ville fut donnee ceste sanglante bataille de la noblesse Françoise, aux premiers troubles de France, l'an mil cinq cens soixante trois.

Du Pais du Perche.

LE païs du Perche, depēdāt du chartrain, fut jadis de la contribution de la Neustrie à present Normādie; & estoit vn

F ij

Conté, & de l'appennage des enfans de Chartres.

Les villes principales du Perche sont Mortaigne, Bellesme, Fenillet: Puis au perche Gouët sont Bazoche Gouet, Alluge, Mommiral, Brou, Anthô, Maulues, Rouxmeillard, Condé sur Huisnes, Nogent le Rotrou. Vne partie du Perche depend du Duché d'Alençon.

Le reste du bailliage de Chartres est du resort de Paris.

Remy Belleau, l'vn des plus excellents Poëtes de nostre aage, estoit natif du Perche.

De la ville & Pays d'Orleans; & des lieux en dependans.

LA fameuse ville d'Orleans est dicte par cesar *Genabum*. Elle fut bastie par les Druydes, & conuertie à la foy par le S. Euesque Altin.

L'Empereur Aurelian la restaura, & amplifia, & luy osta le nom de Genabe, & la baptisa de son nō: en recognoissance de la prediction de son Empire qui luy auoit esté faicte par les Druides, en la forest Genabeenne.

Cause du nom d'Orleans.

Ceste ville est bastie en haut lieu, principalement du costé de Paris, ayant l'air temperé & fort bon: Elle est recōmandable aussi pour les bons vins.

L'Eglise cathedrale d'Orleās est dediee au nom de S. Croix: Elle fut ruinee par les caluinistes.

Il y a plusieurs autres Eglises en ceste ville, auec les conuēts des quatre ordres medians, & autres lieux saincts.

Theodulphe trente huictiesme Euesque d'Orleans, estant prisonnier en la ville d'Angers,

Histoire notable de Theodulphe Euesque d'Orleans.

F iij

pour auoir esté accusé d'estre partisāt en certaine cōspiratiō cōtre l'Empereur Louys le debonnaire, voyant passer la processiō le iour de Pasques fleurie, d'vne tour où il estoit enfermé (ou cōme veulent quelques vns de la chambre d'vn Bourgeois de la ville, qui auoit iceluy en garde, à peine de sa vie) commença de chāter fort armonieusement ces vers qu'il auoit composez.

Gloria, laus, & honor tibi sit Rex Christe Redemptor,
Cui puerile decus prompsit, Osanna pium, &c.

L'Empereur doctement instruict es sainctes lettres estant à la procession, print plaisir au doux chant & deuotion du bon Euesque, & sur l'heure le deliura, depuis l'on a chanté les mesmes vers par toutes les

Eglises, au retour de la procession qui se faict à tel iour ceci arriua enuiron l'an 900.

Pape Clement V. natif du Diocese de Bourdeaux (d'où il fut aussi Archeuesque) auoit estudié à Orleans: en memoire dequoy, il donna vne bulle en faueur des estudians de l'vniuersité de ce lieu l'an mil trois cens soixante sept.

Le Pape susdict ayāt esté esleu en son absēce par les cardinaux transporta le siege Romain à Auignon, à cause des seditions Italiques, où il fit publier les constitutions dites de son nom Clementines.

Philippes le Bel establit l'vniuersité d'Orleans, en l'an 1312.

Orleans est l'apanage du 2. fils de France, Philippes fils de Philippes de Vallois en fut le premier Duc.

Ceste ville fut assiegee par Atile Roy des Huns, qui s'appelloit le fleau de Dieu; mais les Citoyens se deffendans vertueusement, il fut contraint de leuer le siege.

Orleans assiegé par Atile.

S. Aignan estoit pour lors Pasteur d'Orleans, apres la mort duquel Clouis 2. fit bastir vne Eglise au nō du susdit Pasteur. Et le bon Roy Robert fonda du depuis vne Abbaye

Ceste ville fut assiegee l'an 1428. soubs le regne de Charles 7. par les Anglois, qui tenoient les assiegez en grande detresse, mais par la permission diuine, & pour leur secours Icanne Daré pucelle & vierge natifue de Vaucouleur en Lorraine, vint qui les deliura miraculeusement. En memoire dequoy tous les ans les bourgeois d'Orleans font vne pro-

Orleans deliuree par la pucelle Ieanne.

DE LA FRANCE. 129
cession generale le huictiesme de May, rendans graces à Dieu de ce qu'ils furent à tel iour deliurez de leurs ennemis.

L'effigie de ladite pucelle est esleuee en bronze au pied d'vne croix auec celle de Charles 7. sur le pont de Loire.

Louys le Debonnaire & Louys le Gros furent sacrez à Orleans.

Les estats generaux de France y furent tenus, par Charles 9. à son aduenuë à la courone.

Du regne de Childebert, ceste ville fut presque toute bruslee du feu du ciel, comme elle estoit en sa plus grande splendeur.

Quatre cõciles y ont esté tenus, le 1. du tẽps de Clouys. Le 2. sous le Pape Vigilie, le susdit Roy Childebert regnant. Le 3. sous le Pape Pelagie. Le 4. fut

Conciles tenus à Orleãs.

F v

celebré sous ce mesme Pape du regne de Cloraire.

Enuiron vne lieuë d'Orleans est vne fōtaine, ou source apellee Loiret (qui est de grād profit aux habitās de tout ce païs) laquelle ne tarīt iamais, ny ne gele: & a enuiron vne lieuë de traict ou longueur.

Orleans à vn siege Presidial, auec ses Conseillers joints à iceux les anciens Lieutenants general & particulier, Ciuil, & Criminel; Et deuant ce siege ressortissent le Baillage & Preuosté d'Orleans, la conseruation des Priuileges de l'Vniuersité, les sieges du Bois Commun, Chasteau Regnard, Yenuille, Yeure le Chastel, la Neufuille aux loges, Guyen, Montargis, Loris, Meun sur Loire, Baugency.

De la ville de Meun.

CESTE ville est dicte en latin *Mag-dunum*, & y à vn college de Chanoines, iadis n'y auoit qu'vn chasteau, lequel estoit renommé, parce que Charles 5. dict le Sage, y mourut, & depuis à encor accreu son renom, à cause d'vn Poëte nommé Iean de Meun autheur du Romand de la Rose.

BOISGENCI.

Bois-gency est situee sur la riuiere de Loyre, & est vne place fort agreable, & des plus plaisantes du Royaume, fertile en bleds, & vins, & fort commode pour le trafic.

CLERY.

CEste place n'est qu'vn gros Bourg ou village, où iadis

DESCRIPTION

estoit vn fort magnifique temple basti par le Roy Louys 11. à l'honneur de la Saincte Trinité, & de la glorieuse vierge, & y a des chanoines richemēt dotez par icelui Roy, lequel fut enterré en ce lieu. Só tombeau richement faict & esleué au milieu de la susdicte Eglise, fut ruiné par les Caluinistes cōme aussi l'Eglise mesme, il s'y faict des miracles.

LORRIS.

La plus part des villes du païs Gastinois, de la Beauce, Soloigne, & Orleans, se gouuernent suyuant la coustume de la ville de Lorris: de laquelle estoit natif Guillaume de Lorris qui acheua le Romand de la Rose.

MONTARGIS.

CEste ville est encor' depe­dante du Baillage d'Or­leans, le chasteau de laquelle fut faict rebastir par Charles 5. Sur vn manteau de cheminee d'icelui chasteau, est grauee l'histoire admirable d'vn chien, lequel vengea la mort de son maistre qui auoit esté proditoi­rement tué par vn courtisan, ayant ledit chien en la presen­ce du Roy recogneu le meur­trier dedans l'armee, & icelui estranglé; quoy que ledict meurtrier fut tout armé au blanc, & qu'il se fust deffendu à son possible.

Histoire admirable d'vn chien.

Il y a encor plusieurs autres vil­les & places du ressort d'Or­leans, comme Gergeau, dicte en latin *Gergobæum*, Pluuiers, qui est voisine de la forest d'Orleans, laquelle forest s'estend de dix à douze lieuës en longueur, & est de grand profit & rapport à toute la France.

FONDATION DE LA Ville de Melun, du Païs Gastinois.

La ville de Melun dicte en latin *Miledum*, à esté bastie par les anciens Gaulois, & est en belle situation, sur le coupeau d'vne montaigne, en la Gaule Celtique, sur les bords de Seine, ayant la Brie à l'Oriēt, le Parisis, ou Corbeil au Septentrion, & à l'Occident la Beaulce.

Ceste ville eut iadis des Comtes & Vicōtes : mais depuis elle à esté reunie à la Couronne de France. Elle est à present siege Royal & Bailliage. Il y à bon nombre de Conseillers, & autres magistrats; & y ressortissēt les sieges de Nemours, chasteau landó, la chapelle la Royne, & Milly en Gastinois. Il y a aussi vne Cour d'Esleuz qui s'estend iusques en Brie.

Le pais Gastinois, est de grande estendue, ayant la Brie & riuiere de Seine au leuāt, la Beauce à l'Occident, la forest d'Orleans au midi, & au Septentrion le pais Chartrain. *Limites du pays Gastinois*

Les places remarquables du Gastinois sont Milli ville principale, Chasteau landon, Nemoux, Moret, la Ferté, Fōtaine bleau, & S. Mathurin de Larchamp que plusieurs estiment auoir ceste appellatiō, comme qui diroit A tide champ, estant en vn pais spatieux, sablōneux, & presque infertil: d'autres l'interpretēt large champ, à cause de la largeur & espace de la Campaigne) place remarquable a cause des miracles qui s'y sont faicts en grand nombre, & encor à present.

De Fontaine Bleau, Muret & Nemoux.

LE superbe & magnifique Chasteau Royal de Fōtainebleau, qui est le siege & deduict des Rois de France, fut faict rebastir par le Roy François 1. du nom.

Ce chasteau est ainsi appellé, à cause des fontaines d'eau viues, qui abondent en ce lieu, & qui remplissent les fossez du chasteau.

Apellation de Fontainebleau belle Bibliotheque d'Fōtainebleau.

La Biblioteque de Fontainebleau ne cede en riē à cellequi fut iadis dressee en Alexandrie par les Rois Egiptiens: le Roy François ayāt faict rechercher par

par plusieurs hommes doctes toutes sortes de liures iusques eu Grece & en Asie.

La ville de Moret est encor du Baillage de Melun, & est situee sur le fleuue de Loin, en lieu fort fertille combié qu'elle soit petite.

Sur ceste mesme riuiere est aussi la ville de Nemoux, ainsi dicte du mot latin *Nemus*, estát fort bocageuse: elle n'est pas de grande antiquité.

Du pays Senonois, & de la fondation & antiquité de la ville de Sens.

LA Prouince Senonoise situee entre la Gaule Belgique & Celtique estoit iadis de grande estenduë, mais maintenant elle est fort racourcie, ayant la Champagne au leuát, le Gastinois au Ponent, Lauxerrois au midi, la Brie au Septentrion.

Ce païs est fertil en bleds, bós vins & delicats, chair, poisson, huilles de nois en abondance, & autres commoditez.

Les habitans de Sens ont esté les premiers qui ont faict teste aux Romains, cóme les histoires donnent assez de tesmoignage.

Sens est la capitalle ville de ce pais & des plus annciénes de Gaule; ayant esté bastie par Samothes premier Roy des Gaulois, l'an du Deluge cent quarāte, auant la natiuité nostre Seigneur deux mil cent vingt ans ou enuiron, deuant la construction de Troye cinq cens vingt neuf ans. Et par ainsi plus ancienne que Rome de beaucoup de siecles.

Ceste ville est vn Archeues-

ché, ayant foubs foy les Euef-
chez de Chartres, Orleans, Paris, Meaux, Troyes en Champaigne & Auxerre.

Sens eſt vne ville belle & fort grăde, ſituee ſur vn coſtau, en pendant vers la riuiere d'Yône qui paſſe au pied d'icelle du coſté Gaſtinois. *Situa- tion de la ville de Sens.*

Non loin de ceſte ville eſt vn lac, aupres lequel eſt vne ſource, dont l'eau ſe conuertiſt naturellemēt en pierres, leſquelles ſōt poreuſes & legeres: & ſe raportent à de l'eſcume.

Entre pluſieuɾs beaux edifices qui ſont à Sens eſt l'Egliſe Cathedrale dedie à S. Eſtienne, des le commencemēt que l'Euangile fut plantee en Gaule, S. Sauinian en fut le premier Eueſque, lequel auoit eſté diſciple de noſtre Seigneur, il fut enuoyé en ce païs par S. Pierre. *S. Sauinian premier Eueſque de Sens.*

Le premier monastere de Sẽs dedié en l'honneur de S. Geruais & S. Prothais, fut faict bastir par le 9. Euesque de ce lieu nommé Policarpe, suiuant la regle de S. Basile, dont il auoit esté ami.

Il y a aussi vn conuent de filles religieuses dedié au nom de S. Iean Baptiste, du temps du Roy Clouis, en l'an 507. lequel conuent fut faict bastir par Eracle quinziesme Euesques de Sens.

Sens est vn siege Royal & Bailliage, ayant des presidens, Conseillers, & vn Bailli auec les Lieutenans.

Pres de ceste ville est Pont sur Yonne, place moderne, & dont les habitans sont braues & vaillants guerriers.

En outre est Ville-neufue le Roy, siege Royal dependãt de

Sens, & est dicte *Vellaunodum*, par Cesar.

De la ville D'auxerre.

CEste ville est fort anciene, dicte en latin *Antissiodorũ*, & est situee sur les bords de la riviere d'Yonne en vn terroir fertil & bien plaisant. Des le temps de Charlemaigne elle fut erigee en Comté.

En l'an 841. y eut vne grande bataille pres d'Auxerre, entre les enfans de Louys le Debonnaire, en vn lieu nommé Chableis, & Fontenay: la ou toute la fleur de la Noblesse de Fráce fut presque mise à mort. Ce qui fut cause de dóner entree aux Normáds en Gaule sans crainte, quoy qu'auparauát ils n'osassent en approcher.

Du téps de Charles le Chauue ceste ville souffrit vn grand

Auxerre affligee par les heretiques. desastre par la fureur de certains heretiques, lesquels abbatirent plusieurs Eglises, monasteres & maisons & iusque aux murailles d'icelles.

Long temps apres le feu se mit tellement en ceste ville, qu'il brusla maisons, Eglises, & tous les edifices d'icelle, la reduisant toute en cendre. Mais Mathilde Comtesse de Neuers feit rebastir les Eglises, & faire l'enceint de la closture de la ville.

Eglise Cathed. d'Auxerre. La premiere & principale Eglise est dediee à S. Estiéne, & est le siege Episcopale. S. Peregrin citoyen Romain, en fut le premier Euesque enuoyé en Gaule par Sixte premier Pape du nom.

Il y a aussi plusieurs Abbayes & monasteres à Auxerre & sept Eglises parociales, lesquelles furent presque toutes ruinees par les Caluinistes, en l'an mil cinq cens soixante sept.

Iadis les premieres escholes publiques en Gaule estoient en ceste ville, auec celle de Paris Rheims & Thours; & les regés & docteurs estoient les Euesques.

Concilles tenus à Auxerre

Deux concilles nationaux autrefois y ont esté tenues : l'vn soubs le Pape Pelage, l'an 584. & l'autre soubs le Roy Robert. Il y a siege Presidial auec les Conseillers.

Ce grand & rare personnage Iaques Amyot, versé en toutes sciēces & bōnes lettres, estoit Euesque d'Auxerre il y a peu de temps,

---

Du Pais de Champaigne

LA Champagne est dicte de l'estēduë du pais, & viēt du

latin *Campus & Campestris.*

La Champagne & Brie est vn mesme païs, moitié Belgique & moitié Celtique; ayant pour limites la Lorraine & païs Barrois au leuant: la France & terroir Hurepois au couchãt (duquel la Seine les separe) la Bourgoigne au midi: & au Septentrion la Picardie, qui est le vray & naturel siege des anciens Belges.

Limites de Chãpaigne.

Les villes principales de la chãpagne Belgique sõt Rheims qui est la cité capitale & Metropolitaine (de laquelle nous parlerons ci apres, claye) Gandelu, chasteau Thierry, Dormãt Espernay, chalons, Lagny, S. Menehou,

ville dé la Chãpaigne Celtique.

Les villes de la champaigne celtique plus remarquables sõt Nogent, Mery, Troyes, Bar sur Seine, Mussi Leuesque, Donsenay,

Doudenay, Vaudœuure, Bar sur Aube, Ponts sur Seine, S. Florentin, & Etuille Chastel, Fouuille, Sedane Rebel; cōme aussi est le Bassigni, & ce traict du pais de Vitry le Parthois, qui separe le Barrois de la Champagne, & la France d'auec la Lorraine.

La Brie est vne colonie de Normands, qui se vindrent habitner en ceste Regiō, laquelle estoit fort despeuplee par les longues guerres : d'où ils sont encor appellez en quelques lieux de France Normands Barrois.

La Brie est bocasgeuse neātmoins fort fertile & propre au labourage, comme est aussi la Champagne, ayant le ciel serain, l'air doux & temperé, les riuieres grādes, bonnes & fertiles, le peuple soigneux, vigi-

G

lāt & bō mefnager, la nobleſſe gaillarde, courtoiſe, vaillāte & en grand nombre; toutesfois ils ſont vn peu opiniaſtres.

Ce païs à iadis porté tiltre de Duché & de Comté: dont les Comtes eſtoiēt ceux qui commādoiēt ſur la ville de Troyes, la fondation de laquelle eſt telle qu'il enſuit.

De la Ville de Troyes en Champaigne.

LA ville de Troyes, dicte en latin *Trecæ*, n'eſt du baſtiment des Troyens, mais des anciens Gaulois.

Ceſte ville eſt ſituee ſur la Seine, ayāt le terroir gras & fertil. La iuriſdictiō de Troyes eſt de grand eſtenduë. Il y a ſiege Preſidial, auec les Conſeillers, Iuges, & autres gens du Roy auquel ſiege des Preſidiaux,

Troye ſiege preſidial.

ressortissent le siege dudict Troyes, la conseruation des foire de Brie & Champaigne, les sieges de Bar sur Seine, Mussy l'Euesque, la Ferté sur Aube, Nogent, Pont sur Seine, Eruile Chastel, & Sainct Florentin, villes sises en la Champaigne.

Vn concile a esté tenu à Troyes par le Pape Iean 8. & y fut Louys Begue couronné par le susdict Pape.

Concile à Troye

Ceste ville fut jadis ruinee par les Huns, & depuis par les Normans.

L'Eglise cathedrale de ce lieu est des plus anciēnes de Gaule, dediee à S. Pierre. Le premier pasteur fut S. Amator, ou Amadour, qui viuoit du temps des Apostres.

Le pais de Bassigny est vni au comté de Champagne, ayant

G ij

Du païs de Bassigny & ses limites. le païs Barrois au Septentrion, la Franche-comté de Bourgoigne au midi, la Lorraine au leuant, & la Champagne au ponent.

De la ville de Chaumont, capitalle du Bassigny.

CEste ville est situee sur vn rocher, laquelle anciēnement n'estoit qu'vn bourg iusques en l'an mil cinq cens, que l'on commença de la fortifier soubs le Regne de Louys douziesme & l'armer de murailles, auec quelques tours & Bouleuers, que le Roy François 1. continua, & puis Henri 2. les reduict à quelque perfection.

A Chaumont y a vn donjon ou Chasteau enclos & fermé de murailles, hautes tours & fossez, lequel est aussi fort ancien, & se nomme de Hautefueille dás iceluy y a vne belle & grande salle qui sert de Parquet aux gens du Roy, à tenir les assemblees de la noblesse du païs au ban & arriereban.

Il y a Bailliage & siege presidial à Chaumont, & d'autant que ceste ville est de grand trapor, il y a aussi vn grenier à sel, les Officiers du Roy pour le Magazin & Gabelle, vn bureau pour la Iustice des passages, & Forains : des Lieutenáts particuliers és sieges des eaux & des forests, auec les Officiers Royaux pour icelles. En outre est le Consulat, pour le faict de la marchandise, qui est principalement de draps & toiles, aussi les drapiers & tisserants y tiennent le premier rang entre les marchands.

L'Eglise principale de Chaumont est dediee au glorieux & bien-heureux Sainct Iean Baptiste, dõt les Chanoines sont choisis des seuls enfans de la ville.

Il y a encor plusieurs autres belles Eglises & chapelles, sçauoir S. Michel, sainct Aignen, l'hospital, les trois chappelles de nostre Dame de Lorette, de recouurance, & de bonnes nouuelles.

IOINVILLE.

CEste ville est tresancienne, & est l'appanage des puisnez de la maisõ de Lorraine, situee sur la riuiere de Marne (comme aussi la ville de Monmirandel) és dernieres limites de la Champaigne.

Lors que S. Louys entrepritle voyage de la terre saincte, il s'y trouua vn des Seigneurs de

Ioinuille auec bon equipage. Le Roy Louys le Gros feit faire les muraille de cefteville.

L'Eglife principale eft dediee à S. Landeric, dans laquelle eft enterré ceft illuftre & tant renómé perfonnage Godeffroy de Builló, chef de la race Lorraine. En cefte Eglife eft auffi le tóbeau de Claude de Lorraine Buc de Guife, l'vn des plus magnifiques de France.

Et outre l'Eglife principale de Ioinuille, il y a encor deux autres Eglifes parochiales, deux conuents de Religieufes, & deux Hofpitaux.

Les feigneurs de Ioinuille sõt Senefchaux herediraires de Champaigne.

Ioinuille fut erigee en principauté foubs Héry 2. de laquelle dependent les Baronnies de Hailly, Douleuant, Roches,

Ioinuille erigé.

Esclairon, & plusieurs autres chasteaux, bourgs & villes.

Du teps de l'Empereur Charles le Quint, ceste ville fut toute bruslee, excepté le chasteau.

De la ville de Vassy.

LA ville de Vassy est vn siege Royal, apartenant à la maison de Guise, & est situee au milieu des bois & forest de Haute sustaye, sur vne petite riuiere nómee Bloise. Il y a de belles & rares fontaines à Vassi: & entr'autres deux l'vne nómee Brouzeual les Vassi, l'autre est en l'Hospital du Donjon, laquelle rend telle abondance d'eau qu'en moins de six vingt pas, elle faict moudre plusieurs moulins.

Nó loin de ceste ville se trouuent des mines de terre, pour faire le boliarmenic, qui sert à divers vsages : & est portee en plusieurs païs.

En l'an mil cinq cens soixante & deux, le Duc de Guise meit à mort grand nombre de hugeuots le premier iour de Mars, lesquels contre son vouloir, & mesprisans le Lieutenant du Roy entreprenoient de dresser leurs assemblees à Vassy, ce qui a rendu ceste place renommee.

Massacre à Vassy.

De Vitry en Partois, maintenant appellé Vitry le François.

SOrtant du terroir de Ioinuille, l'on entre aussi tost au païs de Parthois l'vn des plus beaux Baillage de Champagne: la ville capitale duquel est Victri sur la riuiere de Saux & tient-on que c'estoit vn siege des legions Romaines, pour empescher que les Germains ne feissent des courses sur les Gaules, & que de la legion victorieuse en Latin *legion victrix*, ce lieu surnommé *Victoriacum*, comme aussi celuy qui est pres Paris.

Preuostez de Vitry.

Soubs le Baillage de Vitry, il y a huict Preuotez & chastellenies; sçauoir Chateau-Thierry, Menehou, Chastillon, Fismes, Espernay, Rouerai, Pascauant, Vertus & Larzicourt.

L'an de grace mil cent quarāte trois le Roy Louys le ieune estant irrité cõtre Thibauld comte de Champagne, pour quelque subiect, & sçachant la loyauté des Victriciens enuers leur comte, meit le feu en la ville, les surprenant à l'improuiste, & les habitans se cuidans sauuer dãs l'Eglise, y furẽt bruslez, au nõbre de mille cinq cens personnes, tant hommes que femmes & enfans, ce qui incita S. Bernard à reprendre aigrement le Roy, d'auoir commis vne telle cruauté, sans respecter les autels, ny la presence du sainct des saincts. Le Roy touché de repentance, feit le vœu d'aller en Hierusalem : lequel il executa, pour expiation de sa faute.

Du temps de Louys 11. ceste ville fut aussi toute bruslee par le comte de Brienne, nommé Iean de Luxembourg, auec plus de soixante douze villages voisins d'icelle.

Elle fut aussi ruinee par Charles Quint, & rebastie de neuf sur vn costau, en la place d'vn petit village nommé Montcourt, par le Roy Francois 1. lequel y donna de beaux priuileges, & en outre l'orna de trois belles foires.

De sainct Disier.

ENuiron deux lieues de Vi-ctry est assise la belle, forte & fameuse place de S. Disier portāt le nom du sainct à l'hóneur duquel on l'a bastie.

Ceste ville fut aussi saccagee par l'Empereur Charles le Quint en l'an 1544. Les pauures citoyens n'ayans peu resister à só armee; laquelle estoit de 800000. hommes, depuis elle à esté reedifiee.

Des villes de la brsse Brie.

EN la basse Brie au baillage de Prouins, sont les villes de Sezane, Loy le Chastelet, Bray sur Seine, & Montereau dicte en latin *Mons Regalis*, ou bien *Monasteriolum*, situee sur Yonne & la Seine, & depēd de la iurisdictō de Brie: icelle ville est renommee: d'autāt qu'en icelle fut tué ce grād perturbateur de la France, Iean Duc de Bourgongne, fils de Philippes le Hardy en vengeant la mort de Louys d'Orleās, qu'il auoit fait tuer à Paris. Nō loin de Mōtereau est le prieuré de S. Martin tres-ancien, dependant de Sainct Lomer de Blois.

En ce païs sont aussi les places de Celles, Tauers, Vernon, Valences, Nangis, & le plaisant Chasteau de Blandy, le sejour & plaisir des Ducs de Longueuille.

De la ville de Prouins.

CEste ville est assez ancienne, & se dict en latin *Agedicum*; Elle est situee sur la pointe d'vn costau ayant au pied la riuiere de Moran, qui arrose le païs voisin.

Renommee de Prouins. Le terroir de Prouins est abōdant en bleds, pasturages, bois, & belles commoditez d'eaux. Et ce qui donne biē du renom à la ville de Prouins par toute la France sont les roses rouges, qui sont tref-odorantes en ce pays; & dont l'on faict grande estime à Paris à cause de la grāde quātité de conserues qu'on faict dicelles en la susdite ville.

Piouins est le plus ancien siege de Brie ayant Bailli, Lieutenāt general, & particulier, deux Aduocats & le Procureur du Roy, & vn Greffier d'appeaux: Comme aussi ce siege a la conseruation des foires de Brie & Champagne.

Ceste ville fut en dāger d'estre toute perduë en l'an mil cinq cents septante & vn, par vn grād orage & rauine d'eaux qui emporterent & abbatirent plusieurs maisons en la pente de la montagne.

De la ville de Meaux.

LA ville de Meaux est situee en la Gaule Celtique sur vn mont, en vne fort belle perspectiue en la fertilité de Brie ayãs le fleuue de Marne au pied à l'Occident; & est ceste ville separee par vn ruisseau coulant & passant sur le roc : en l'vn des costez est la ville, & en l'autre le marché ou fort d'icelle.

Meaux est dicte en Latin *Meldæ*, pour auoir esté premerement situee au milieu des eaux. *Apellation de Meaux.*

La iurisdction de ceste ville est la seconde du pais de Brie, contenant soubs soy les sieges de Meaux, Crecy, Colomiers en Brie (qui est vne assez belle ville, la Ferté Gaucher, Brie, Côte Robert, & Thorcy sõt de la iurifdiction du Chaſtelet de Paris.

Meaux porte le nom d'Euefché des le temps de l'Egiſe primitiue dont S. Denis fut le premier Euefque: lequel ayant conuerti les Citoyés Meldoys à la foy Catholique, laiſſa S. Sanctin pour ſon ſucceſſeur. A l'Euefché de Meaux eſt affectee la conſeruation de l'vniuerſité de Paris.

Egliſe Cathedrale de Meaux ruinee par les Caluiniſtes.

L'Egliſe Cathedralle eſt dediee à S. Eſtienne, laquelle reſſentit la fureur des Caluiniſtes durant les troubles, n'y ayans laiſſé Autel, Image ny remarque quelconque d'Egliſe.

Aupres de Meaux eſt la Royale maiſon de Monceaux, embellie par la Royne Catherine de Medicis. Non loin d'icelle ſont deux beaux monaſteres des Religieuſes, ſçauoir de Iouare

Iouare comme qui diroit *Iouis ara*, & de Fremouſtier.

En ce païs eſt auſſi l'Egliſe de S. Fiacre, ou il ſe faict tous les iours pluſieurs miracles au tombeau de ce glorieux confeſſeur.

Miracle.

De la ville de Lagny & autres.

LAGNY eſt fort ancienne ainſi qu'on peut voir par l'antiquité des baſtimens, & principallemēt d'vne Abbaye, qui eſt au haut de la ville tirant vers Meaux: au deuant de laquelle eſt vne des plus belles fotaines qu'on ſcache voir.

Chaſteau-Thierry eſt de la haute Brie, ayāt Baillage & ſiege Preſidial auec ſes Conſeilliers, auquel reſſortiſſent, Chaſtillon ſur Marne, Trefons, Onchie le Chaſtel, Milly & S. Front.

Fondation de la ville de Rheims.

RHEIM'S est vne des plus anciennes ville de France & plus renómee dicte en Latin *Durocortum*, à cause de laquelle la Prouince s'appelle Rhemoise.

Lavraye fondatió de Rheims est prise des l'an du móde deux cens quinze, du vingt troisiesme Roy des Celtes nommé Rheme, qui en fut le premier fondateur, Priam regnant encor à Troye; enuiron trois mil ans deuant que Rome fut bastie.

S. Sixte premier Euesque de Rheims.

Ceste Cité fut conuertie à la foy Catholique du temps des Apostres par S. Sixte disciple de S. Pierre.

Rheims est Archeuesché, ou sont sacrez les Rois. Les Eueschez qui en depédent en sont,

Soissons (l'Euesque de laquelle est Doyé de la Prouince) Chaalons sur Marne, Câbray: Tournay & Teroüanne, le Siege de laquelle est maintenant à Bouloigne: Puis sont encor Arras, Amyés, Noyō, Senlis, Laon & Beauuais.

Il y a cinq Paireries Ecclesiastiques comprises soubs l'Archeuesché de Rheims, sçauoir Rheims mesmes, Chaalons, Beauuais, Laon, & Noyon, l'Eglise Cathedralle de Rheims est dediee à nostre Dame.

S. Nichais & sa sœur. Martirs

S. Nichais vnziesme Euesque de Rheims, desia fort ancien, fut massacré en ceste Eglise (cōme aussi sa sœur saincte Eutropie) par les Huns, lors qu'ils rauagerent & pillerent ceste ville. Plusieurs autres fidelles y souffrirent aussi la mort. Ce fuz en l'an de nostre salut 454.

Mort de S. Remy S. Remy 16. Archeuesque de ce lieu, baptisa le Roy Clouis & luy enseigna la foy. Ce bon pasteur mourut l'an de nostre salut 545. son corps repose en l'Eglise s. Pierre, à present consacree au nom dudict s. Remy: laquelle Eglise fut fondee par la Royne Clotilde, en souuenance du bon heur aduenu en ce lieu au susdict Roy Clouis son espoux, lequel y auoit receu le Baptesme auquel l'huile defaillant fut enuoyee du Ciel la saincte Ampoule, par vn Ange pour oindre le Roy, suiuant la coustume.

A Rheims y a vniuersité pour les arts & Theologie, laquelle y fut erigee par le Roy Henry 2. à la requeste de Chales de Lorraine cardinal & Archeuesque de Rheims.

En ceste ville y a Baillage,

Lieutenāt general, Criminel, & Particulier, auec les Cōseilles & autres Officiers du Roy.

En outre sont encor les sieges de Chaalōs, Espernay, Fismes : celui de Vertus est du Baillage de Saudron.

Deux Cōcilles ont esté tenus à Rheims, le premier en l'an 815. l'autre du temps du Roy Capet. *Concille tenus à Rheims.*

L'an 1610. le 14. iour d'Octobre, Louys treziesme fils de Henry le Grand, fit son entree à Rheims en grande magnificence, & le Dimanche 17. dudict moys fut oingt, sacré, & couronné Roy de France & de Nauarre, suiuant la coustume des Roys ses predecesseurs,

---

De Chaalons sur Marne.

LA ville de Chaalons sur Marne dicte en latin *Catala*

num, fut iadis comté, depuis elle a esté vnie à celui de Chāpaigne, & en fin dóné à l'Euesque qui est l'vn des douze Pairs de France.

Attilla Roy des Huns (nommé le fleau de Dieu) fut deffaict par le Roy Meroüee, aidé & secouru d'Ætius, Lieutenant de l'Empereur Romain, aupres de Chaalons, aux champs dicts *Catalauniens*, où la bataille fut si grande, qu'il y demeura sur le champ, cent quatre vingts dix mille hommes.

Le premier Euesque de Chaalons fut Mammé, disciple de S. Pierre.

La Cité de Chaalós dépend de Rheims, pour le spirituel & pour le temporel.

Le païs de Chaalons est fort fertil & abódant en toutes sortes de commoditez.

DV PAYS DE PIcardie, contenu soubs l'Archeuesché de Rheims.

LA Picardie est l'vne des plus fertiles Prouinces de l'vniuers, en toutes choses, excepté en vincomprenāt plusieurs belles, grandes, & anciennes Citez & forteresses contenuës és limites qui ensuiuent: Au Leuāt elle a le pays de Flandre, au Midy la Chāpaigne, au Ponent la Mer auec vne partie de la Normandie, & au Septentrion la Mer Oceane, du costé de calais.

Quelques vns tiennēt que la Picardie prend son nom d'vn illustre Cheualier, nommé picgnon, fondateur de picgnoy, & d'Amyens: lequel apres la mort d'Alexandre le Grand, fut esleu pour chef par les soldats, & disent qu'ayant conquesté plusieurs pais, il vint surgir aux ports de Neustrie, à présent Normandie : & qu'il passa aux lieux susdicts, ausquels il donna nom & appellation.

Ce pais est arrosé des rivieres de Oyse, Ayne, l'escau, Scarpe, & autres qui la separent des Prouinces voisines.

Les places plus renommees de la Picardie sõt la Ferté, Gãdelu, Villiers, Corterets, Beaumont, creil, Verberi entre Marne & Aine : Mais entre Aine & Bise, sont Lyance, chonils : Puis entre Oyse, & Some sont Verum, Guise, la Chappelle, Landreci, Fonsomme, Bohan, S. Quantin, iadis nommé auguste des Vermandois, Nolle, Roye, Mondidier, Clermõt en Beauuoisis, Brecueil, Pequigny

gny, Blangis, Abeuille, & S. Valeri, outre la Some. Du costé de Septentrion sont Ham, Peronne, Dorlans, Rue, Crotoy, Hesdin ores en ruine, Renti, Monstrueil sur Mer, Estaples, Boulloigne, comprenant soubs soy les villes de Guisnes, Ardres, Harmes, Blarnes, & la forte place de Calais, qui n'estoit jadis qu'vn village, mais elle fut fortifiee par le Roy Philipes le Bel.

Il y a plusieurs Euefchez en Picardie, lesquels dependent de l'Archeuefché de Rheims.

De l'ancienne ville de Soiſſons.

LA premiere des citez de la Gaule Belgique dependāt de Rheims, est l'ancienne ville de Soissons, qui estoit vn petit Royaume deuant que les Romains vinssent en Gaule,

Soiſſons iadis Royaume.

H

lesquels furent chassez de ceste place par le Roy Clouis.

Les Soissonnois sõt tousiours louez pour estre gens vaillans, & remplis de hardiesse.

Concile de Soissons. A Soissons fut celebré vn Cõcile ou Sinode des Eglises Gallicanes & Angloises soubs le Roy Philippes Auguste, à cause que le Roy Anglois auoit chassé les Euesques de leurs sieges; ayãt iouï des biens de l'Eglise l'espace de six ans. Ce qui contraignit les pauures Prelats Anglois de se retirer en France. Le susdict Roy Anglois fut denoncé pour excommunié, & à lui guerre signifiee cóme persecuteur des Eglises: en fin il fut vaincu, & les Flamans qui l'auoient secouru. En ceste guerre se monstrerent fort valeureux les Soissonnois.

L'Eglise & Abbaye des Religieuses de nostre Dame de Soissons fut fondee par Ebrió le Tyran maire du Palais de France.

Le 1. Euesque de Soissons fut sainct Sixte Romain enuoyé par S. Pierre auec S. Sinicie qui lui succeda. Ces bons Prelats furent martirisez soubs Neron l'an de nostre Seigneur soixante & quatre, ils auoient conuersy ceux de Rheims à la foy.

Entre les Euesques de Soissons. le 5. nommé Arnoul, vescut tres-sainctement & auec grandes austeritez en solitude, & eut le don de Prophetie, à cause de sa saincte vie. Il fut esleu Abbe de sainct Medard à Soissons, & finalement consacré Euesque par le commandement du Pape Gregoire 7.

H ii

Fondation de la ville de Laon.

LAON n'estoit jadis qu'vn chasteau dict *Laudunum*, lequel fut erigé en cité par le Roy Clouis, & faict Euesché, en l'an de nostre Seigneur 500. par S. Remy Archeuesque de Rheims; lequel feit edifier l'Eglise cathedrale & la dedia en l'honneur de nostre Dame à Laon, donnant sa Duché à l'Euesque en proprieté.

Il y a aussi vne belle Abbaye à Laon dedié au nom de S. Iean: autresfois y auoit des religieuses.

Miracle de Nicole de Veruin. Soubs le 72. Euesque de Laon nómé Iean Boursier hóme de saincte vie, aduint le prodigieux & insigne miracle d'vne femme demoniacle à Veruin, l'ã de grace 1565. par lequel à la grand confusion des Huguenots caluinistes, a esté veu quel est l'efficace du sainct & ineffable Sacrement de l'Autel: par la presence duquel, & par les prieres & exorcismes du susdict Euesque ce malin esprit fut chassé du corps de ceste miserable possedee en l'Eglise Cathedrale de Laon.

Le Baillage de Laon est de grande estenduë ayant soubs soy les sieges de Soissons, Noyon, S. Quentin, Ribemont, Concy, Chauny, Guise, Peronne, Mondidier & Roye, auec vn Bailly, Lieutenant general & particulier auec les Conseillers, Greffiers & autres gens du Roy.

Enuiron trois lieues de Laon est la fameuse place de Liance, dicte nostre Dame de Lyesse, le pelerinage ancien de nos Roys où il se faict plusieurs miracles

Nostre Dame de Lyesse.

Fondation de Compiegne.

Compiegne est dict en latin *Compendium*, & par d'autres *Carlopolis*, du nom de Charles le Chauue, lequel aggrandit & fortifia ceste place, à la semblāce de Constantinople en l'an 896. & y fonda l'abbaye sainct Cornile.

L'an mil quatre cens vingt-neuf, la pucelle Ieāne fut prise à Compiegne par les Anglois, faisant sortie sur iceux, & estāt repoussee iusques aux portes les trouua closes, se vid trahie & venduë par les siens mesmes, en recōpence des grands biens que la France auoit receus par son moyen elle fut bruslee à Roüen au lieu où est de present l'Eglise S. Michel, sur la fin du mois de May, l'an 1431. ayant

La pucelle Ieāne trahie à Compiegne.

Bruslee à Rouen.

esté prisoniere l'espace d'vn an en grâde misere. Elle fut iniustement condamnee d'heresie, & sortillege par Messire Pierre Cauchō Euesque de Beauuais, Anglois de nation, & vray ennemy des François, lequel la mit entre les mains du bras seculier pour estre punie. Pour ceste cause, icelui Cauchon fut excōmunié par le Pape Calixte apres la mort de ladicte pucelle, laquelle auoit esté trahye par Guillaume de Flaui Capitaine de Compiegne, pour lequel forfaict Dieu permist qu'il fut estranglé par sa femme nōmee Blanche Danurebruch, par l'aide de son barbier : dont elle eut remission du Roy, par apres : ayant descouuert & prouué que ledict de Flauy son mary auoit deliberé de la faire noyer.

Le Roy S. Louys feit baſtir les Egliſes & Conuents des Iacobins, & des Cordeliers à Compiegne.

Fondation de la Ville de S. Quentin, iadis nommee Auguſte des Vermandois.

CEste ville s'appelloit anciennement Auguſte des Vermandois, comme qui diroit la capitale de ce pais, ou bien pour ce que les Romains deſirans gratifier leur Empereur Octauian Auguſte, lui attribuerent ceſte appellation. Elle porte maintenāt le nom de S. Quentin Romain de Nation & fils d'vn Senateur nommé Zenon, lequel S. y ſouffrit martire ſoubs l'Empereur Maximin. Le corps d'iceluy fut trouué 55. ans apres ſa mort par la reuelation d'vn Ange : vne

Miracle notable.

bonne dame Religieuse aueugle n'eut si tost releué le corps bien heureux, qu'elle fut soudain illuminee.

Ceste ville est situee sur la riuiere de Some, enuironnee de marests, & prairies & seruant comme de clef à ce Royaume durant les guerres faictes côtre le Prince tenant le bas païs. Elle estoit iadis le siege ordinaire des Côtes de Vermãdois.

Ceste ville fut prise d'assaut & pillee par les Espagnols, apres vne grande defaicte des François qui fut le iour S. Laurens l'an 1557. & deux autres petites villes Han, & Castelet.

De la Ville de Noyon.

NOYON est situee sur la riuiere d'Oyse & est vne des plus anciennes citez de Gaule. Quelques vns voulãs recercher l'Etymologie disent qu'elle est presque des le temps de Noé, & que d'icelui elle a cette apellation par les fondateurs d'icelle, peu de tēps apres le deluge. Toutesfois elle ne porte le nom de Cité que depuis l'an de nostre Seigneur 410. ou enuiron.

Sainct Eloy, natif du pays de Lymosin, fut le 20. Euesque de Noyō lequel mourut l'an 663.

histoire d'un Symoniaque.

Vn nómé Fulcher moyne de Soyssons, bastard du maistre Queux, du Roy Louys d'outre mer obtint & paruint à l'Euesché de Noyon : par vne meschante & sinistre voye l'espace d'an & demy : durāt lequel tēps il exerça toute sorte de desbauche & meschanceté, & puis mourut de la maladie pediculaire : Car les poux ne cessants de sortir en abondance de sa peau, il fut cousu en vn sac de cuir de cerf, & ainsi enterré. Exemple certainement digne d'estre consideré par les ambitieux & Symoniaques.

L'an de grace mil cent cinquante & deux, vn feu general brusla presque toute la ville de Noyõ excepté les Eglises: ayãt esté bruslee vne autre fois l'an 1131. auec la pluspart de l'Eglise cathedrale & de la maison Episcopale.

L'an 1228. ceste ville fut ainsi toute ruinee par le feu.

Elle fut encor bruslee pour la 4. fois par vn grãd & impetueux vent, sous le regne de Guy des prez 63. Euesque de Noyon.

Ceste pauure ville passa encor par la rigueur & misericorde des flammes, en l'an mil cinq cents cinquante & deux: durant les guerres d'entre le

H vj

Rois de France & d'Espagne.

Philipes fils de S. Louys fonda le Monastere des Chartreux pres Noyon, au lieu appellé le mont S. Louys.

Le Monastere de S. Barthelemy sur le môt des Monumés hors la ville de Noyon, fut fondé par vn nómé Baudouin 50. Euesque de ce lieu, lequel y meit des chanoines de l'ordre de S. Augustin.

Renaud 57. Euesque de ce lieu fonda l'hospital de S. Iean, qui fut doté de rentes & reuenus par Iean de S. Eloy, & Adde son espouse, l'an mil cent soixante & dixhuict.

Des villes de Guise, Peronne, corbie, & autres.

AV païs de Picardie vers le païs Luxembourg, est la ville & forteresse de Guise, ancien patrimoine des puisnez de la maison de Lorraine.

Apres est Peronne situé sur la riuiere de Some, place forte: en laquelle Herbert Comte de Vermandois, feit mettre prisonier le Roy Charles le simple, la où il mourut, laissant son Royaume, plein de troubles.

Corbie, Roye, Mondidier & Nelle sõt villes Modernes. De cette derniere sont sortis plusieurs illustres Seigneurs, iadis alliez à la maisõ de Courtenay sortie d'vn puisné de France.

Du pais Beauuoisin & de la fondation de la ville de Beauuais.

LE pais voisin des Vermandois est celuy des Beauuoisins, qui sont proprement les Belges, desquels la cité se nommoit iadis Belgie, ores Beauuais fondee par le 14. Roy de Gaule dict *Belgius*, fils de Lugdus fondateur de Lion ; long temps deuant que Troye fust en estre.

Situatió de Beauuais. La ville de Beauuais est situee en fort belle assiette, ayant les monts non trop hauts & les Colines fertiles, d'vn costé les prairies & de l'autres les pasturages & terres labourables, qui ne lui manquẽt, non plus que le vignoble, & laquelle à esté des plus belliqueuses du Royaume : & est des plus grandes & remarquables.

L'Eglise Cathedrale de Beauuais dediee en l'honneur de S. Pierre, est l'vne des plus magnifiques de France, dans laquelle sont les ossements de S. Iust martir, de S. Eurot, & S. Germer, il ya aussi l'Abbaye de S. Lucian & plusieurs autres belles Eglises, en grand nóbre.

La police de Beauuais est qu'il y a vn Maire, qui est comme vn Preuost des Marchāds à Paris, & douze Pairs qui sont comme les Escheuins, lesquels sont annuels, & esleus par les voix du peuple: ainsi qu'on eslisoit iadis les magistrats à Rome.

L'Euesque de Beauuais est Seigneur pour le spirituel & pour le temporel; & est l'vn des douze pairs de France.

Enuirō trois ou quatre lieuës de Beauuais y a si grāde abondance de bourgades & gros villages, que l'vn ne sçauroit estre esloigné plus d'vn quart de lieuë de l'autre.

Ceste ville est riche en draperie: & où l'on faict des meilleures sarges de France.

Il y a eu vn Concille national tenu à Beauuais en l'an 1114.

Ce grãd historien Vincët, frere prescheur & docteur regët au conuent des Iacobins de Beauuais, estoit de ceste ville. Icelui composa ce grand & admirable volume, des Miroirs, à la requeste de S. Louys, & vne infinité d'autres liures. Iceluy volume des Miroirs comprend tout, sçauoir qui peut tomber en cognoissance. Il viuoit en l'an de grace 1240.

Guillaume Durand, dict le Speculateur estoit natif de Beauuais, d'où il fut aussi Chanoine, puis Doyen de Chartres & enfin Euesque de Mãde. Il viuoit en l'ã de nostre salut 1286.

Iean Cholet estoit natif du Diocese de Beauuais, lequel fonda le college des Cholets à Paris, & fut Cardinal, nay de fort bas lieu.

Iean Michel Euesque d'Angers,

gersque les Angeuins tiennent en reputation de Sainct, estoit aussi de Beauuais.

A ceux de Beauuais furent cócedez priuileges & immunitez de tenir fief, sans payer au Roy aucunes fináces: & ce par le Roy Louys 11. pour auoir resisté côtre Charles de Carolois Duc de Bourgongne l'an mil quatre cens septante & deux; Et aussi permist aux femmes, pour auoir aidé à repousser l'énemy, que au iour S. Agadresme, à vne procession generale qui se faict: les femmes & les filles marchēt deuant les hommes. Et le jour de leurs nopces permission de s'habiller comme Princesses. *Beaux priuileges à ceux de Beauuais.*

Au terroir de Beauuais est vne petite ville nommee Bule, où l'on faict des plus beaux lins qu'ō sçache voir, & desquels les *Belle ville riche en toiles & lignes.*

habitans tiſſent grand nòmbre de belles & fines toilles; dont il ſe faict trafic preſque par tout le monde.

De la Ville de Clermont en Beauuoiſin & autres.

SOVBs le pais Beauuoiſin eſt cōpriſe la ville de Clermont erigee en comté, apartenante à la Royale maiſon de Bourbon. Ceſte vllle fut dónee en appanage par le Roy S. Louys à Robert ſon fils: lequel du depuis fut Seigneur & Comte de la Marche & de Bourbonnois.

Ceſte ville eſt le lieu de la naiſſance du ſieur de la Roque, excellent poëte François.

La ville de Beaumont eſt encor du pais Beauuoiſin, ſituee ſur le fleuue d'Oyſe: & apartiét aux Prince de Vendoſme, esquels en sont Ducs, & Seigneurs.

Fondation de la ville de Senlis, & autres places visines.

CEste ville est de grande antiquité, & se dict en latin *Syluanectū*: parce qu'elle estoit iadis situee entre les bois & forests, qui disent en latin *Sylua*. Elle est en Picardie & depēd de l'Archeuesché de Rheims. Il y a Bailliage soubs lequel ressortisēt les sieges de Compiegne, Clermōt en Beauuoisis, Creil, qui fut bastie par Charles 5. la Preuosté d'Angy, Chaumō en Vvelxin, Pontoise, Beaumont sur Oyse, Crespy, la ferté Milon, & Pierre fons.

Senlis est honoree du tiltre d'Euesché, & fut conuertie à la foy par S. Denis. Le premier Euesque fut S. Regule, fondateur de l'Eglise cathedrale de noſtre Dame de Senlis: lequel eſtant à Arles, cogneut par reuelation la mort de S. Denis ſõ maiſtre, que l'on auoit martyrizé. Et pour ce ſubiect il s'achemina à Senlis; Et à ſon arriuee les idoles des Payens tomberent. Ce qui fut cauſe que ce peuple ſe conuertit à la foy Chreſtienne.

L'abbaye de noſtre Dame de la Victoire pres Senlis, fut faict baſtir par le Roy Philippes Auguſte.

L'Abbaye de Chaſlis, qui eſt auſſi pres de Senlis, fut fondee par le Roy Louys le Gros.

De la ville de Mommorency.

Mommorency porte le nom des Seigneurs d'icelle. Ceſte ville n'eſt pas loin de Senlis.

La maison de Mommorency est vne des premieres baronnies de France, qui a faict profession de la foy Chrestienne, dés le têps de S. Denis, & de S. Regule. D'icelle ont sorti de grands & illustres Seigneurs, & encor iusqu'à present.

Ceste place fut erigee en Duché, par le Roy Henry 2. en l'an 1552. Le premier Duc fut Messire Anthoine de Mommorenci Connestable de Fráce; lequel a ioinct à ceste Duché plusieurs belles Seigneuries.

Fondation de la Ville d'Amiens.

LA ville d'Amiens est situee sur la riuiere de Some, & toute enuironnee des eaux d'icelle, à cause dequoy elle est dicte en latin *Ambianũ*, ou *Ambiaquensis*; estant vne des plus fortes places du Royaume, ayāt des fossez les plus beaux, profonds & effroyables qu'aucune ville de France.

Par qui fut fondé Amiens. Le premier fondateur d'Amiens (suiuant l'opinió de plusieurs autheurs) fut vn grand & renommé Cheualier, qui fut esleu apres la mort d'Alexādre le Grand, par les soldats pour chef & conducteur de l'armee, nommé Picgnon, lequel auec ses troupes ayant long temps vogué sur mer, vint aborder en Neustrie, ores Normandie: & ayant mis pied à terre, assuietit le pais de Beauuais, & fonda le chasteau de Picgnon: (maintenant nommé pecquigni) qui lui seruit de retraitte pour enuahir la Gaule, & pour mieux se fortifier feit bastir Amyens, qu'il apella, comme dict est, à cause de l'enuironnemēt d'eaux, *Ambiaquēsis*, &c.

Il y a Baillage à Amiës auec les Conseillers, Lieutenants & autres gens du Roy, pour l'administration de' Iustice. Mais pour le faict de la police, elle appartient aux Maieurs & Escheuins & Seigneurs de l'Hostel de ville.

L'Eglise Cathedrale d'Amiës est des pl⁹ magnifiques de Fráce, ornee de beaux & admirables tableaux, à chacun des pilliers d'icelle, represétás diuerses histoires. Elle fut bastie par Firmin confesseur, lequel auoit esté leué du baptesme par S. Firmin 1. Euesque du lieu, natif de Pampelune, fils d'vn grand Senateur, lequel sainct personnage quitant ses parens, païs & richesses s'achemina à Angers, où il fut vn an & trois mois, la où il en conuertit plusieurs: Puis s'en vint à Beauuais, où il feit baſtir quelques Egliſes, apres auoir eſté deliuré du peuple par force de priſon: où il auoit eſté mis par le Gouuernour nommé Valere, là où il fut eſtrangement batu, affligé & tourmenté.

En fin deſirant de plus en plus trauailler en la vigne du Seigneur, il vint à Amiens où en trois iours il conuertit enuiró trois à quatre mil hommes. Mais les Gouuerneurs d'Amiẽs faſchez de voir leur idolatrie à neant, qui eſtoient ces Iuges nommez Longin & Sebaſtien, vrais miniſtres de Sathan, lui feirent ſecrettement trancher la teſte en priſon, craignans la fureur du peuple. C'eſtoit enuiron l'Empire de Diocletian.

Sainct Firmin decapité dans la priſon.

Dãs l'Egliſe Cathedrale d'Amiens eſt le precieux chef de S. Iean

Ieã Baptiste tout entier. Siluius & Fernel grands medecins estoient d'Amiens & l'orateur Siluius, qui a commencé plusieurs liures de Ciceron.

Du Pays de Ponthieu & places dependantes d'iceluy.

CE pais est ainsi nómé pour l'abódance des pôts qu'ó y void pour la diuersité des palluds & marets se dechargeants en la Mer, pres la place de S. Valery.

Les places contenues soubs Pôthieu sont Abeuille, Pequigny, Dourlá, Auri, Creci, Rue & Crotoy, le tout estant encor de Picardie.

Abeuille est la Capitalle de ce pais, & n'est pas beaucoup loin d'Amiens. Elle est situee sur la riuiere d'Oyse. Et y a Baillage & siege presidial ressortissãt à Paris.

I

Cas estrange d'vn escholier.

L'an mil cinq cens trois vn escholier netif d'Abeuille, aidât à dire messe à vn Prestre en la saincte chappelle de Paris print la sacree Hostie comme le Prestre la leuoit, & s'encourut furieusement iusques au bout des degres de ladicte Chapelle; où pressé de gens qui le suiuoient la rompit en pieces: lesquels furent deuotement resserrees, & mises sur vn drap d'or, auec deux cierges allumez aupres le peuple pleurant & criât misericorde à l'entour. Ce miserable estant pris & arresté, fut mené prisonnier & apres condamné à auoir le poing couppé, & estre bruslé tout vif.

La place de Pecquigny (ainsi que nous auons dict) tient son nom du Macedonien Pignon; Et est renommee, parce que

Guillaume surnommé longue espee, Duc de Normádie y fut tué en trahison, par Baudouin le Court fils du Comte de Cambray.

A Pequigny furent tous deffaicts les Anglois excepté ceux qui pouuoiēt pronócer le mot de pecquigny, iceux ne pouuans pronócer que Pecqueny.

Anglois deffaits à Pecquigny.

La glace de Crescy est remarquable, pour vne malheureuse bataille, où presque toute la Noblesse Françoise fut desconfite, soubs Philippes de Valois: l'an 1346. Il y eut iusques au nōbre de 36. mille hómes tuez.

Crecy remarquable.

Il y a encor pour places fortes en ce païs Mōstreul sur mer (où il y a Bailliage) Renty renommé pour la rēcontre d'entre le François & Espagnols, y a encor Hesdin, maintenāt ruinee, & la cité suiuante.

I ij

DE TEROVENNE.

CEste ville s'appelloit iadis la cité des Morins, elle est situee sur le fleuue de Leyt, & bien renommee par Cesar. Il y a siege Episcopal.

Les Morins ou Terouennois furent conuertis à la foy Catholique, soubs l'Empire de Diocletian par S. Fuscian & S. Victorique.

Teroüenne bruslee par les Normands.

Du tēps d'Adalbert 19. Euesque de Teroüēne (lequel mourut l'ā 869.) ceste ville fut ruinee, & mise à feu & à sang par les Normands, auec plusieurs autres villes de ce païs.

Elle fut aussi bruslee par la fureur des Anglois, sous le regne du Roy Philippes de Vallois.

Pour la troisieme fois elle fut encor pillee & demolie en l'an 1514. par les Anglois.

Cefte ville fut ruinee par les siecles derniers pour vuider les differents d'entre les Rois de France & d'Espagne, chacun se l'atribuant.

Or par octroy du Pape & concordat desdits Roys de France & d'Espagne le siege Episcopal de Terouenne a esté transporté à Bouloigne soubs le pontificat d'Anthoine de Cregui, 53. Euesque de Terouëne.

Fondation de la ville de S. Omer.

CEste ville est situee sur le fleuue d'Aa, & est subiecte au Roy d'Espagne, quoy qu'elle soit au pais des Morins. Iadis ce n'estoit qu'vn petit village nommé Sithiu; où il y auoit vne Abbaye, dont le premier Abbé fut S. Omer, dict en latin *Audomarus*: apres la mort duquel ceste place s'accreut & s'augmenta, & lui fut donné le nom de ce S. personnage, enuiron l'an six cens nonante & cinq.

L'an 861. ceste place fut bruslee par les Dannois: lesquels y feirent mourir par diuers tourmens, & cruels supplices les gens d'Eglise.

Baudouin le Chauue surnommé bras de fer, feit refaire ceste place, & enclorre de fortes murailles, en l'an 902. & y feit enclorre l'Abbaye S. Bertin, dans laquelle il n'estoit jadis permis enterrer aucune fême.

Des Côtez d'Oye, Guisnes & Bouloignois places encor dependantes de Picardie.

LEs Comtez d'Oye, Guisnes & Boullognois maintenāt vnies à la couronne, sont ainsi limités: Au leuant leur est le païs de Flandre du costé de s. Omer, Au midi le vray païs de Picardie, & Bailliage de Monstreul, duquel le Boulloignois est separé par le fleuue Câche. Au ponent & Septentriõ tout ce pais'est arrousé de la Mer: A l'occident de l'Occean Aquitanic & Occidental, au Septentrion de la Mer Britannique.

Soubs ceste estenduë de pais sont cõprises les places de Bétin, Brequensen, Formensen, Courteuille, & Estaples: De laquelle estoit natif ce grãd philosophe Iacques Faber, ou, le febure l'ornemẽt de son siecle, lequel voulant penetrer trop auant en la Theologie, fut soupçonné du lutheranisme, & quelques siens liures censurez.

Apres Estaples au plat païs sont les monts de Neuf. Chastel & Dannes: puis apres sont Nanuiller, Bernieule, Engoulen, Enequin, Besingen, Parenti, Engimhaut, Engersan, Letarsé, Eren, Hedigen, Le neufchastel, Dannes, Conüel, s. Ferien, Nielle, Hardelot, Saquel, Vverlu Iehan, Cordelle, Maint, Caux, & Hesdinien situé pres la forest d'Ardelot: Toutes lesquelles places sont du Boulognois. D'autre-part on y void encor Dalles, Cour, Courses, Sainct Riquier, Lon fossé, Gredilé, Compfalli, Desurene, Manelle, le bois de Celles, la forest de Surene, Cremar, Belle-brune, la grāde forest de Boullógne, Vvireuiga, Hesdin l'Abbé, Banitha, la Chapelle le pont de Brique, Eclan, S. Estienne, & le fort

DE LA FRANCE. 161

d'Outre l'eau, & Boulemberg. Il y a la haute & la basse Bouloigne.

***

De la ville de basse Bouloigne.

CESTE ville n'estoit anciennement qu'vn bourg deuant que les Anglois y meissent le siege, y ayant vn Conuent de freres Mineurs, & l'Eglise dediee à l'honneur de s. Nicolas. La mer Angloise arrouse ceste ville, & pres le Cónent des Cordeliers on s'embarque pour estre plustost en Angleterre; Elle fut fortifiee par Héry 2. quelques autheurs soustiēnent que la Boulloigne à ce nom, à cause de l'ardeur & bouillonnement des sables & arenes de la Mer, qui est voisine : joint aussi que le sablon de ce pais est celui qu'on nomme ardent.

I v

De la Ville de Haute Bouloigne.

CESTE place est des plus fortes, ayát des murailles tres hautes, & des fossez merueilleusement profonds, & presque imprenable.

L'Eglise principale est dediee à l'honneur de la tres sacree vierge mere de Dieu, laquelle Eglise fut doüee de tresgrádes richesses par le Roy Louys vnziesme, lequel fortifia ceste place pour tenir teste aux Anglois.

Ceste ville fut prise soubs le regne de Henry 8. Roy d'Angleterre, mais Henri 2. du nó Roy de France, lui osta par force, & partie par cópofition. Elle est erigee en Euesché, & obeit au Roy de France.

Plusieurs Papes ont sorti de Boulloigne. Lucius II. Pape

du nom en estoit natif: lequel ayant esté blessé par la commune de Rome, à coups de pierre (pour ce qu'il leur vouloit oster certains officiers) mourut l'vnziesme mois de son Pontificat.

Gregoire 13. Pape du nom, estoit aussi Boulloignois, Gentilhomme de race, lequel meit fin à la reformation du Calendrier, l'an 1582. (Ce que ses predecesseurs n'auoiét peu faire) iceluy ayāt faict assembler tous les plus sçauants hommes de la Chrestienté & les plus celebres vniuersitez pource que dessus.

Klen: driurpar qui reformé.

Innocent 9. du nõ, auparauāt Cardinal, natif de Boulloigne fut aussi Pape de Rome, & predecesseur de Clement 8. tenant à present le siege, qui est le 239. des Papes qui ont succedé à S. Pierre Chef & premier d'iceux.

Des le temps de Philippes Auguste, les Comtez de Bolloigne & de Guisnes furent vnies à la couronne de France.

De la ville & comté de Guisnes.

LA villes de Guisnes est des plus fortes, & est separee en deux, l'vne partie d'icelle situee dãs les palluds maritimes, & l'autre en terre ferme & si forte qu'elle semble du tout imprenable, Elle est distante de Boulloigne d'enuirõ 16. lieües.

En la Comté de Guisnes sont les places de Blannes, S. Ingleuert, & les monts portans mesmes noms.

Entre Guisnes & Ardres, qui est vne belle ville & puissante (en laquelle fut l'entreueuë du Roy de France François I. &

de celuy d'Angleterre Henry 8.) lon voids les marests flotâs de Belingen & d'Ardres : & le canal de la mer qui passe à Guisnes, separe les Comtez de Guisnes & d'Oye, rendans le pais presque inaccessible, de là on vient à Hames, & au haut pays de Guisnes à Hartin-court peuplinque & Conquelle, & puis au fameux port de Nieullet gaigné par les François l'an 1558. soubs la conduitte du vaillant Seigneur François de Guise.

De la Ville & comté d'Oye.

LA Comté d'Oye est renommee à cause d'vne petite ville ainsi nômee & voisine de la place de Hosterke, qui est en la haute terre a labeur de ce pays d'Oye.

DE PLVSIEVRS PLAces de la Gaule Celtique restantes du ressort de Paris: & premierement de la fondation de Langres.

POVR mieux reuenir en la Gaule Celtique & à ce qui restoit de la prouince de Sés, il falloit descrire la Champagne & Brie, qui participent des Belges & des Celtes. Recómençans par l'encienne & belle ville de Langres bastie sur le mont de Vogese d'ou prend sa source la riuiere de Marne, & est aussi sur les frontieres de la franche Comté qui lui est au leuant.

La ville de Langres dicte en latin *Lingonensis*, est Episcopale dependante de Lion; Elle a pris sa fondation de Longon fils de

Barde Roy des Celtes, qui regnoit l'an du monde deux mil cét trente neuf. Depuis ce peuple fut nommé Longon, & en changeant vne lettre Lingon, Et depuis les François corrompans le mot, l'ont apellé Longrois & la cité Langres.

En cette ville on void des arcs triomphans où sont statuës de cheuaux, lyons & hómes qui sont des marques de grande antiquité.

L'an de grace 411. Langres fut pillee par les Vvandales : & le bon & tressainct Prelat de ce lieu S. Didier meurtry & martyrisé, auec plusieurs autres Ss. personnages de son troupeau, qui estoient allez au deuant de ces peuples Barbares, les prier d'auoir pitié des Citoyēr & habitans de Langres.

L'Eglise Cathedrale est des

plus belles & plus magnifiques du Royaume, fondee en l'honneur du martir S. Mammé, auparauant elle estoit dediee au nom de S. Iehan l'Euangeliste.

S. Vrbain natif d'vn petit village prochain de Langres dict Colomiers, fut le 6. Euesque de ce lieu.

A Langres y a Bailliage, Iuges & Conseilliers, les appeaux vōt au siege Presidial de Sens.

Fondation de la ville de Vaudœuure &c.

AV terroir de Langres est la ville & forteresse de Vaudœuure bastie par les Vvādales, & nòn loin de là est la source de la grande riuiere de Seine.

Le pais d'alētour est des plus fertils en bleds, vins, boscages & mesmes en mineraux : & principalement en fer.

Source de la Seine.

Nicolas

Nicolas Borbonie, le plus accompli des Poëtes de son tẽps, estoit natif de Vaudœuure: ayant commencé deuãt l'aage de douze ans à faire resusciter la Poësie, qui sembloit presque enseuelie: comme l'on peut voir en plusieurs Epigrammes & autres petites compositions de son liure intitulé Nugæ, il estoit enuirõ le tẽps d'Erasme.

Du chasteau de Monteclair.

EN ce pais est le chasteau de Monteclair assis sur le coupeau d'vne montaigne la plus haute de tout le pays, fortifié par les Rois François I. & Henry II. & armé de beaux bouleuerds & remparts, estãt la premiere place forte de France, à l'arriuee de Lorraine.

Des places d'Andelou, & Rimancourt.

AV pied du chasteau de Monteclair, est vn gros bourg appellé Andelou, où il y a iurisdiction & Preuosté Royale, ayãt vne belle estenduë. C'estoit autrefois vne belle ville, comme l'on void par les ruines & masures, & qui seruoit de frontiere: Les citoyens estans encor de present affranchis, ou plustost anoblis: ne deuant aucun hõmage ny subiection à Seigneur quelconque de leurs acquests ni ventes.

Non loin de là est Rimancourt, qui estoit vne ville, ainsi qu'il apparoist par les portes & murailles que l'on y void encor; & par les chartres & memoires qui y sont.

Du reste des villes du pays d'Auxerre, sous le ressort de Paris.

Suiuāt la diuision des fleuues, separans les Prouinces, nous viēdrions à la description des villes restantes de l'Auxerrois. En premier lieu à Ioigni ville moderne, dont les Comtes & Seigneurs sont venus de la maison d'Auxerre.

La ville de Tonuerre en latin *Tronodorum*, estoit aussi iadis sous le Comté d'Auxerre.

Au terroir de Tonnerre furent deffaits les Normans en grand nombre, par Richard Duc de Bourgoigne.

De la Ville de Vezelay.

EN ce pays est Vezelay, de l'ancienne contributiō du Duc de Bourgoigne, & renōmee pour vne belle Abbaye, qui est en icelle, dans laquelle estoit le sacré vase, ou chasse contenant les sacrez ossemets de la Magdeleine.

Gerard de Roussillon fonda ladicte Abbaye, du temps de Pepin Roy de France.

Theodore de Beze, ministre de la Religion pretendue reformee à Geneue estoit de ceste ville.

DV PAYS NIVERNOIS, & de la Ville de Neuers.

SORTANT des finages de Vezelay, l'on entre au Duché Niuernois, arrosé de trois belles riuieres nauigables; sçauoir Yonne, Allier, & Loire.

Le pays Niuernois a pour limites la Bourgoigne au leuãt, le Bourbonnois au midy, le Berri à l'Occident, & le Gastinois & la Solloigne au midi.

La ville principale est Neuers tirant son nom d'vne petite riuiere, dicte Nycure, (côme aussi tout ce pays) laquelle passe ioignant les murailles d'icelle: lesquelles sót tres belles, & remparees de grosses tours, à l'enuiron: & n'y a point de Fauxbourgs.

Il y a vn beau pont à Neuers faict de pierre de taille, ayant vingt arcades & voultes d'admirable structure.

Le pays Niuernois est riche en bestail, & ne se soucie pas beaucoup le peuple du labourage, ny du vignoble, sinon en quelques endroicts.

Iadis y auoit des mines d'argent en ce pais, pres vn lieu nommé S. Leonard: mais elles ne sont plus frequentees. Celles de fer y sont mises en œuure; parce que le bois y est fort à commandement.

La Duché de Niuernois comprend soubs soy vnze viles closes, desquelles Neuers est la capitale contenant vnze paroisses; Apres est Desize situee en vne isle sur le Loire Clamecy, Donzy, Molins, Angilberts, Corbigniles S. Leonard S. Sauge, Luizi, Premeri, & autres.

Dans l'enclos de Niuernois est S. Pierre le monstier, ville situee sur le fleuue d'Alier, & auoisinant le Bourbonnois.

Il y a Baillage soubs lequel ressortissent la ville dudict S. Pierre Douziois, Xaincoings Cuslet, & le bourg S. Estienne de Neuers. Le reste respond à Neuers & Preuosté d'icelle, côme Charité sur Loyre, Chastel, Chinon, l'Ornie & Cosne qui regarde la Soloigne.

Neuers fut erigé en Euesché

enuiró l'an de noſtre Sauueur 600. & eſt ſoubs l'Archeueſ-ché de Sens. Le premier Eueſ-que fut S. Aré en latin *Aregius*.

L'Egliſe Cathedrale auoit eſté premierement dediee à S. Geruais, mais le Roy Charles le Chauue la feit dedier au nó de S. Cir martyr auquel il auoit deuotion: & y donna des reli-ques dudict ſainct.

A Neuers y a vne Abbaye d'Auguſtins, vne de filles ſa-crees à la viérge Marie, deux prieutés conuétuels de ſainct Sauueur & de ſainct Eſtienne: les conuent de ſainct François, & ſainct Dominique.

Ce grand & inſigne perſon-nage Iean Tiſſier ou Textor eſtoit Niuernois.

Du pays de Berry.

LE Berry est voisin de la Touraine, ayant vne infinité de villes & villages, gros bourgs & hameaux, forests & montaignes, ruisseaux, fontaines, vignobles & pasturages, & fertil en tout ce qui est necessaire à la vie de l'homme.

Ce peuple est dict Bituriges & par les François modernes Berruyeres; mais de sçauoir la cause il est impossible, y ayant vne infinité d'opinions toutes diuerses, & qui n'ont point d'aparence de verité.

Ce pays est renommé entre autres pour l'abondance du bestial, qui est nourry, & duquel l'on faict trafic par toute la France.

Les places & villes principales du Berry, outre la capitale

tale (qui est Bourges) sont du costé d'Orient: la premiere est celle-cy.

DE SANCERRE.

La ville de Sācerre porte le nom de Comté des-y a fort long tēps, & est sise sur vn mōt ayant au pied d'icelui le Loire.

Ceste ville est dicte par les latins *sacrum Cæsaris*: qui demonstre qu'elle est fort ancienne, & qu'autrefois il y a eu quelque temple de Cesar.

Ceste ville fut demantelee enuiron le temss des premiers troubles; pour les reuoltes d'aucuns Huguenots, qui s'en estoyent saisis, contre la volonté du Comte du lieu.

De plusieurs autres Villes de Berry.

SVr le fleuue de Loire, au pais de Berry est encor', la ville

Royale de Cosne situee au Niuernois.

Puis vers le Septentrion est Concressaut auec les chastelenies dependantes du siege d'icelui ; entre lesquelles est Aubigni sur Nerre : de laquelle sont seigneurs les successeurs de ce grād & vaillant seigneur Escossois, d'Aubigny, qui feit preuue de sa vaillāce, au voyage de Naples, soubs Charles 8. Vers la Beauce est Romorantin assise sur le fleuue de Saudre dependāte de Blois ; puis Selles en Berry, Menestro sur la riuiere de Cher, & l'ancienne ville de Vierzon.

Du costé du leuant sur le fleuue Auron est la ville de D'vn le Roy : en apres est Chasteau neuf, Boussac, Aigurande, Cluys, Argenton, le Blanc en Berry separant le Limosin du

Poictou & Berry, par la riuiere de Creuse.

Sur Indre est la place de Chastre, appartenāte aux generaux Seigneurs de la Chastre, puis apres Chasteaux Roux, Deols, Issoudun, & plusieurs autres places remarquables, dont no⁹ traicterós cy apres de quelques vnes.

Sur ceste mesme riuiere on voir Burançois, Paluan & Chastillon, & plus vers le Limosin est Preully, lieu beau & plaisant separant aussi le Limosin d'auec le Berry: puis reuenant vers le midy, du costé de la Chastre, est Chasteau Meillāt, Linieres & Charroix, & puis la belle ville d'Issoudun, le principal siege dependāt de Bourges de laquelle il faut parler.

De la Ville de Bourges.

Bourges est la ville capitalle du Berry, & est vn Archeuesché. Elle est dicte par Cesar Auaricum. C'est l'vne des plus grandes villes de France & des plus forte, enuironnee de marests, procedans de sources viues, & presque faite en Ouale, fortifiee de quatre vingts hautes tours, & de murs fort massifs contenans enuiron quatre mille quatre toises, & fort espois : ayant sept portes, & autant de fauxbourgs : sans parler de plusieurs Poternes, qui ne s'ouurent qu'aux vrgentes affaires.

Ceste ville à esté jadis demolie & ruinee par plusieurs fois, mais depuis reedifiee & fortifiee par diuerses fois, tant par Charlemaigne, que par vn Abbé de S. Ambroise.

Il y a sept Eglises canoniales à Bourges : sans conter dix-sept autres Eglises ou paroisses, & plusieurs Abbayes, conuents & prieurez.

La premiere Eglise canoniale est la cathedrale dediee à l'honneur de S. Estienne ; & est le chef de la premiere Aquitanie, Bourdeaux la seconde.

Le premier Euesque de Bourges fut S. Vrsin. Ie me suis autrefois trouué à la predication d'vn des pl9 celebres Docteurs de Paris, lequel dist que plusieurs affermoient que le premier pasteur de Bourges fut l'Aueugle né : apres qu'il fut gueri par nostre Seigneur.

Les autres Eglises canoniales sont la saincte chapelle dediee à nostre Sauueur, faicte à l'imitation de celle ce Paris : de la fondation de Iean Duc de Berri, frère du Roy Charles 5.

Apres sôt S. Vrsin, S. Austrille, S. Pierre le Pueillier, nostre Dame des Sales, & nostre Dame de Monstier moyen.

La ville de Bourges fut ruinee par cesar, & depuis battue par les Vvisegots, & encor par apres tellement ruinee par Didier Comte de Blois, general de l'armee du Roy Chilperic, allant entre Goutran à Orleás, qu'il ne laissa Eglise, maison, ni muraille, qui ne fust renuersee par terre.

La veille de la S. Iean Baptiste, en l'an 1255, soubs le regne de Sinct Louys, la cité de Bourges fut presque toute bruslee fortuitement.

Ceste ville fut encor bruslee au mois de May l'an mil quatre cens soixante & sept.

L'an mil quatre cens nonante

deux, le 22. de Iuillet elle fut encor embrasee.

L'vniuersité, de Bourges fut fondee du temps de S. Louys, mais de beaucoup accreuë sous Louys II. le frere duquel sçauoir Charles obtint de beaux priuileges du Pape Paul. 2.

A Bourges y a vne haute & admirable tour, ronde en sa figure, du costé de Dun le Roy, entre l'Orient & le Midy, de dessus laquelle l'on descouure trois ou quatre lieuës du païs, à l'enuiron de la ville, les murailles de ladicte tour, sont espoisses enuiron de trois toises.

Entre les logis superbes de Bourges, est la maison des Allements, & celle de Iacques Cœur thresorier de France, sous Charles VII. mais ledit Cœur fut banni de France, tous ses biens côfisquez, pour ce qu'il auoit pillé le païs de Languedoc, & retenu l'argent, auec plusieurs autres finances du Roy. Ce fut en l'an mil quatre cens cinquante & trois.

Bourges est exempte de garnison, en laquelle il y a baillage & conseillers, où ressortissent les sieges d'Issoudun, de Dun le Roy, Mehun sur Yeure, Concressault, & plusieurs autres places en grand nombre.

Iaques Cuias Tholosan, l'hōneur & lumiere de tous les Iurisconsultes, deceda à Bourges le 3. d'Octobre, 1590. Il fut extremement regretté de tous les hommes doctes: comme l'ō peut voir par plusieurs Epitaphes, consacrez en sa loüange: desquels en voicy deux assez bien faicts:

Errexit Leges & iura iacētia Cuias,

Ipso nunc etiam iura iacente iacent:
Quid tumulum erigitis? potius dare legibus ipsis,
Magno sufficiunt hæc monumenta viro.

Autre.

Le grand liure des Loix jadis n'estoit qu'vn corps,
Mais Cujas en viuant mit vne ame en ce liure:
Puis voyant les François en leurs cruels discords.
Renuerser toutes loix, il s'est fasché de viure.

De la ville d'Yssoudun.

CEste ville est la seconde Royale de Berry, fort ancienne, aynat esté iadis bruslee par les Gaulois, & depuis rebastie au lieu où elle est de present, sçauoir joignant la riuiere de Theo.

Ceste ville est forte & bien

murée; ayant le chasteau vn peu plus haut: Il y a grand trafic en icelle, & principalement de laines.

Dedans Issoudun sont les Eglises S. Cire, & S. Iean Canonialle, puis S. Estienne, & le conuent des religieux de sainct Benoist.

Aux faux bourgs d'Issoudun sont aussi plusieurs belles Eglises.

Les places dependantes du siege d'Issoudun sont S. Seuere Baronnie, & Linieres, Fins, Boussac, Perouse, Bomiers, Oussay, Lazenay, Villement, Auaites, Millandres, Villaines, & sainct Leger qui sont de la seigneurie.

Du bailliage de ceste ville dependēt, les villes de Chasteauroux, Gracay, Argēton, la Chastre, Linieres, Boussac, & la Peroule ci deuāt nommees, Chasteau milland, Chastelet, la Motte fulli, Agurande, Charrots, Rulli, Chartier, & plusieurs autres Chastelenies, Villes, Bourgs & paroisses.

De la ville de Charrots.

CHarrots est vne ville anciēne situee sur le fleuue d'Arnon entre Bourges & Issoudū, qui appartenoit iadis aux Seigneurs de la Roche-Chouard en Limosin, lesquels la vendirent à la Comtesse de Buzançois, vefue de l'Amiral Chabot, Seigneur de Brion.

De Chasteau-roux.

CEste ville est situee en Berry à seize lieuës de Bourges, auoisinee du Limosin & du Comté de Blois ayant quatre paroisses, sçauoir sainct De-

K vj

nis, sainct André, S. Martin & S. Chryſtofle & vn conuent de Cordeliers. Elle eſt ſituee ſur la riuere d'Indre il y a vn beau chaſteau. Aux faux bourgs eſt l'Egliſe S. Gildas, où il y a vne Abbaye de S. Benoiſt: Aux Religieux de laquelle fut donnee la ville & reuenu de Deols pour y demeurer, laquelle place fut ainſi renommee.

Le païs de Deol eſt fertil en vins & laines, la iuriſdiction de ce lieu a plus de vingt lieuës de circuit, comprenant mil deux cens fiefs & arrierefiefs, qui en dependent, Ce fut vn ſeigneur de ce païs nommé Raoul, qui feit baſtir Chaſteauroux, pour ſe tenir.

―――――――――――

De la ville d'Argenton &c.

ARgeton est vne ville forte situee sur la riuere de Crense és dernieres limittes de Berry qu'elle separe de la Guyenne.

Il y a en ceste ville vn fort chasteau, armé de dix tours, sept grosses & trois plus petites, l'vne desquelles est nommee la tour d'Eracle, où il y a vn taureau effigié, auec ces deux mots, VENI, VICI.

Ceste place est fort ancienne, ainsi qu'on peut voir par les ruines des anciens bastimens, & vestiges des Romains, & n'est si grande qu'elle fut jadis. Elle appartient aux Seigneurs de Montpensier, par accord faict entre vn Seigneur de Montpensier & le Seigneur de Chauigni Baron de Chasteauroux.

La susdite tour d'Eracle print

son nom d'vn gouuerneur Romain du temps de l'Empereur Dece, lequel feit martyrizer deux gentils hômes Romains, Marcel & Anaſtaſe, leſquels faiſoient profeſſion de la foy Euangelique.

Martyrs à Argenton.

Bouſſac & Perouſe ſont auſſi deux villes & chaſtelenies.

Bouſſac eſt ſituee ſur les limites de Bourbônois, & de la marche de Limoſin. Perouſe eſt du meſme coſté en vn terroir ſterile ne ſe reſſentant plus de la fertilité du Berri.

De la Ville de la Chaſtre.

EN Berri vers le païs Lymoſin, eſt ſituee ceſte ville non loin du fleuue Indre: & eſt vne forte place, cloſe de bonnes muraille, tours & foſſez profonds auec vn beau chaſteau. En ceſte ville y a deux Egliſes.

DE LA FRANCE. 231

La premiere dediee au nom de S. Germain où il y a des Chanoines bien rentez par les anciens Seigneurs de Chauuigni fondateurs d'icelle, & est la paroisse. L'autre est vn conuent de Carmes.

Soubs la iurisdiction de la Chastre sont plusieurs bourgs & villages du pais.

De chasteau meilland.

CEste ville fut iadis close, cõme l'on void encor par les ruines des murailles anciennes: à present elle est châpestre; toutesfois le chasteau est fort, & bien muré: auec de bons fossez, dans lequel y a encor vne tour du temps des Romains.

De Dũ le Roy, & de Chasteau neuf.

DVn le Roy est aussi vne ville Royalle de Berri, conprenát soubs soy plusieurs belles places & chastellenies, puis est Chasteau neuf sur Cher, qui est aussi vne autre bonne ville.

De la ville de Vierzon.

Vierzõ est la 3. ville Royale de Berri, erigee en bailliage par le Roy François I. Elle estoit anciennement l'heritage du bon seigneur Beues pere de Lancelot du Lac.

Ceste ville fut ruinee par les Gaulois, & depuis bruslee par les Anglois, l'an mil cent nonante sept. Elle est en bonne assiete à cause des bois, forests, garēnes, & des riueres de Cher & Yeure qui sõt voisines, mais le terroir est areneux & sablonneux, plus propre au iardinage qu'au labourage.

Ceste place estoit autrefois vn Comté

Comté appartenant à Robert d'Artoys, qui la perdit par cõfiscation, pour s'estre reuolté contre le Roy Philippes de Vallois.

Sur la porte de Vierzon sont escrits ces deux vers.

Verzio, villa virans, aliunde pauca requirens,
Syluis ornata, vincis, pratis decorata.

De Mehun sur Yeure.

MEHVN sur Yeure est le 4. siege royal de Berri, iadis subiette au Côte Robert d'Artois. On y void encor les apparences d'vn viel chasteau ruiné par les Anglois, pres lesquelles est l'Eglise collegiale de nostre Dame, où il y a des Chanoines, & droict de paroisse. Ceste place fut establie en balliage par le Roy Charles 7.

De la ville d'Aubigni, &c.

LA ville d'Aubigni fut iadis Royalle, & du precedent dependoit de la Duché de Berri, le Duc Iean l'ayant racheptee des Chanoines de S. Gratian de Tours.

Siege Royal à Aubigny.

Louys 11. establit le siege Royal en ceste place, & sō fils Charles 8. la dōna à Beraut Stuard, capitaine de ses gardes, doù est sortie la famille d'Aubigny.

Ledict Charles 8. transporta le siege à Concressaut, dicte par les latins *Concordiæ saltus*, qui n'est qu'vn gros bourg sis sur le fleuue de Sandre, fortifié toutesfois d'vn bon chasteau, & des mieux bastis de Berri.

Du reste des autres places remarquables de Berri.

ANgillõ est vne place moderne, fondee par vn Seigneur nommé Gillon, dont elle porte le nom, comme qui diroit Dam Gillon.

S. Aignen est vn comté voisin de la Touraine, six sur le Saudre & est la place tres-forte. Les riuieres de Cher Eure & Saudre, iointes ensemble, & portans bateaux passent pres les murailles de ceste ville, laquelle s'apelloit iadis Chasteau hagat, mais depuis elle a porté le nõ de s. Aignẽ Eglise du lieu.

Leuroux est biẽ close, ayant vn prieuré tresriche, fondé au nom de s. syluain auec chanoines & demichanoines rentez par les Seigneurs de Chasteauroux.

Vatã est encor vne ville close ayãt vne Eglise collegiale bien rentee dediee au nõ de s. Laurens, fondee par Gui Comte de Blois, & les Seigneurs de Vatā.

Du païs de Touraine.

LA TOVRAINE ou païs Tourangeau, n'est pas de grande estenduë, ayant l'Anjou à l'Occident, duquel elle est separee par le terroir de Saumur, & vne partie du Poictou, duquel il est diuisé par la riuiere de Crense, au midi lui est le Poictou le long de ceste riuiere de Crēse, vers le port de Pile separant la Guyenne des Tourageaux, & de la part mesme du midi lui est le Berri, duquel il est separé par les finages de Chastillon, sur Indre, vers l'Orient selon le cours de Loire, lui est le païs de Blois, & vne partie du Berri, duquel le fleuue de Cher la diuise.

Soubs la Duché de Touraine

sōt cōprises les places de Chinon, Lodun, Thouars, Langests, Amboise, Loches, Chastillon sur Indre, Montrichad, & autres lieux.

FONDATION DE LA ville de Tours capitalle de Touraine.

TOvrs est la prinipale & capitalle ville du pais Tourrangeau, & l'vne des plus anciennes de Gaule, bastie sur le Loyre lōg temps deuāt Troye par les vieux Gaulois & Aborigines, & non par vn Turnus Troyen, comme on voulu cōter quelques vns, bien pourroit estre vray que le premier fondateur fut Turnus, mais non pas qu'il fut Troyen.

Tours est vn Archeuesché, contenant soubs soy les Eueschez du Mans, Angers, Renes, Nantes, Cornoüaille, Vannes, Leon, Tregnier, Dol, S. Malo, & S. Brieu.

Le 1. pasteur des Tourangeaux fut S. Gatian, du temps de Diocletian Empereur.

L'an huictiesme de Valent Empereur, (sçauoir l'an de nostre salut trois cens soixante & quinze) S. Martin natif de Pannonie en Hógrie, fut creé troisiéme Archeuesque & pasteur des Tourangeaux. Icelui auoit esté Cheualier soubs Iuliã l'Apostat, duquel apres auoir obtenu só cógé s'en vint en Gaule auec S. Hilaire Euesque de Poictiers, lequel estoit allé au Concile de Millan disputer contre le Arriens.

Ce fut ce bó pasteur s. Martin qui apprit aux Tourangeaux le vray moyen de seruir & honorer Dieu, & feit baſtir l'Egliſe cathedrale dediee au nõ de S. Gatian. Il fut Archeueſque 26. ans 4. mois 17. iours.

Sainct Brice lui ſucceda, & commença à faire baſtir vne Egliſe au lieu où repoſoient les ſacrez oſſemens d'icelui, laquelle Egliſe fut acheuee par S. Perpetue & dediee au nom du bien-heureux S. Martin. S. Brice tint l'Eueſché quarante ſept ans.

L'Egliſe de S. Geruais & ſainct Prothais fut faict baſtir par le douzieſme euesque nõmé Ommar, ſenateur citoyen d'Auuergne: lequel commença auſſi celle de noſtre Dame.

L'abbaye de Marmonſtier fut fondee par S. Martin. Ce mot de Marmonſtier ſignifie autant comme maieur monſtier.

Ce grand & docte perſonna-

Greg. de Tours. ge Gregoire de Tours (noble de race & de vertu) fut le dix-neufieſme Eueſque: ayant eſté auparauant moyne, & diſciple de ſainct Auic Eueſque d'Auuergne.

Martin IV. Pape du nō eſtoit natif de Tours.

La ville de Tours eſt des plus riches du Royaume, tant pour la fertilité du pays, que pour le bon meſnage & trafic des citoyens, qui s'y ſont exercez à faire la ſoye, auſſi bien qu'en Italie. C'eſt pourquoy on nomme ceſte place le iardin de France.

De pluſieurs choſes memorables aduenus à Tours.

DV temps de Charles Martel, en l'an ſept cens vingt-neuf, il y eut iuſques au nombre

bre d'enuiron trois cēs quatre vingt mille Sarrazins, & leur chef nommé Abderame, tous deffaicts pres la ville de Tours, par le sufdict Martel, assisté des Tourangeaux. Ces barbares estans venus en Gaule, pour penser l'occuper.

Du temps d'Eufronie 18. Archeuesque de Tours, la cité fut toute esprise en feu, & bruslee auec toutes ses Eglises, deux desquelles ce bon Euesque feit rebastir.

L'Eglise S. Martin fut aussi toute bruslee du temps du Roy Clothaire par ses gēs, lesquels poursuiuoiēt vn Duc d'Aquitanie nommé Vvillecarie, qui s'estoit sauué dans ceste Eglise. Le sufdit Roy Clothaire la fit rebastir plus belle qu'au precedent & recouurir d'estain.

Trois Conciles ont esté tenus à Tours, le premier l'an 462. pour le faict de la religiõ. Leon surnommé le grãd seant à Rome.

3. Conciles tenus à Tours

Le 2. Cõcile fut tenu en l'an 559. ou enuiron, soubs le Pape Pelagie 1. du nom: touchant le faict de plusieurs ceremonies qui se ressentoient encore du Paganisme.

Le 2.

Le 3. fut en l'an mil cinq cens six soubs le pontificat de Victor 2. contre Berésier Archidiacre d'Angers, niant que le corps & sang de Iesus Christ fussent au sainct Sacrement, la consecration estant faicte par le prestre. Auquel cõcile presida vn Cardinal nommé Hildebrand, au lieu du Pape: là fut conuaincu Berẽger, par vn Abbé de Caen nommé Lanfranc, qui fut par apres Archeuesque de Cãtorbie. Enfin Berenger se reco-

Le 3. contre Berengarius.

gneut & confessa son erreur: côme il est mesme porté. *Can. Ego Berangarius, de consecrat. Distinct. 2.*

En memoire de laquelle confession & recognoissance, les Angevins ont de coustume de celebrer le iour du S.Sacremēt à Angers, tous les ans depuis ce temps là, plus solennellement qu'ē aucune ville du royaume. *Sacre d'Angers.*

De la ville d'Amboise.

LA ville d'Amboise (qui n'estoit iadis qu'vn bourg fort ancien) est situee sur le long de la riuiere de Loire en vn tresbeau paisage, terroir plaisant & bien aëré, la où les Rois font leur sejour.

S. Martin y feit bastir la premiere Eglise appellee Marmôstier; ayāt faict demolir les autels & idoles des faux Dieux, *Idole demolies par S. Martin.*

L ij

L'Eglise de S. Florétin d'Amboise fut fondee par Foulques de Nerra Côte d'Anjou, lequel y meit des Chanoines, & les rêta fort bien, & dóna vne piece de la vraye Croix, qu'il auoit aportee de la terre saincte.

Ceste place auoit esté subiette aux Princes Angeuins iusques au téps de S. Louys, que l'Anjou fut vni à la couronne, & qu'il en feit Duc Charles son frere.

Amboise ruinee par les Danois. L'an huict cens quatre vingts deux, au temps que les Danois coururent la Gaule, soubs le regne de Louys 3. iceux abbatirent le chasteau d'Amboise & saccagerent la ville. Par apres vn Côte d'Aniou, nomé Ingelgerie feit rebastir le chasteau.

Mort subite de Charles viij. Charles 8. mourut à Amboise tout subitement regardant iouër à la paulme les gentils-hommes de la cour.

Ce fut à Amboise que commencérét les premieres semences des guerres ciuiles de France, en l'an mil cinq cēts soixāte & vn soubs le Roy François 2. du nom; & où premieremēt fut mis en auant le nom de Huguenot en France.

De la ville de Mōtrichard & autres.

DV costé d'Amboise, entre l'Orient & le midi, est la place de Mōtrichard située en belle planure, enceinte de rochers & boscages d'vn costé; & de l'autre de belles prairies, ayant la riuiere de Cher qui l'auoisine.

Hors cette ville y a des maisons dessoubs terrains, & au dessoubs d'icelles des iardins & vignobles.

Du temps du Roy Robert ceste place fut bastie par Foulques-Nerra, Comte d'Anjou dans laquelle il y a vne fort grosse & admirable tour.

Chaumont est aussi vne belle & forte ville situee en lieu plaisāt. Comme est encor l'Abbaye de Cormeri; de laquelle estoit religieux le docte & insigne personnage Ioachin Periō, qui a traduict tres elegamment les œuures d'Aristote, & celles de S. Denis : Et plusieurs autres liures ont sorti de l'estude & labeur de ce personnage.

De la ville de Loches.

SVr le fleuue d'indre, au païs Tourāgeau est situee la ville & fort de Loches, laquelle ne donne memoire de soy que depuis l'an de nostre salut neuf cents, quoy qu'elle sēble estre plus vieille.

Le chasteau de Loches est tellement basti qu'il est presque imprenable: estant situé sur vn haut rocher, n'ayant qu'vne seule entree deffenduë d'vn beau & superbe portail, armé d'vn gros boulleuert, de fortes murailles, & doubles fossez, fort profonds: & ne se peut prendre ce chasteau par escalade; de sorte qu'estant fourni de ce qui est necessaire pour vn fort, n'y a force humaine qui le sceust forcer.

Chasteau de Loche

Pres de Loches est l'Abbaye de beau lieu, fondee par le susdict Foulque Nerra, en laquelle reposent les corps de S. Daire & sainct Crisant, & vn morceau de la pierre du sainct Sepulchre de nostre Seigneur.

Dans l'Abbaye de Beaulieu y à vne pyramide toute de pierre de dix à douze coudees de haut, en la cōcauité de laquelle, il y a encor' des lettres Gothiques, fort anciēnes, qui demōſtrent ce lieu eſtre de grande antiquité.

Ceux de Loches, ayans eſté fideles au Roy Charles 7. obtindrēt de lui le droict de huictieſme de vin, & de peage.

L'Egliſe principale de ce lieu fut fondee en l'honneur de la ſacree vierge Marie par Geffroi Griſe gōnelle, Cōte d'Anjou, ſoubs Clotaire. C'eſt vn des plus ſomptueux edifices que l'on ſçauroit demander, tout baſti de pierre de taille: Auparauant y auoit vne petite chappelle dediee à la Magdeleine.

En ladite Egliſe eſt vne ceinture noſtre Dame, & le corps, de S. Herimellāt Eueſque. Dās le chœur eſt auſſi le corps de la belle Agnés amie & fauorite du Roy Charles 7. effigiee au naturel fur vn tóbeau de marbre, pl⁹ y eſt le corps de Louys Sforce, iadis Duc de Milan.

Dedans le chaſteau de Loches fut defcouuert par vn capitaine nommé Pont-Briant, des voutes ſoubs terraines, fermee auec des huis de fer, & au bout vne chambre carree, dans laquelle eſtoit vn geant de merueilleuſe ſtature, aſſis ſur vne pierre, tenant ſa teſte appuyee cótre ſes deux mains, comme s'il euſt dormi : mais auſſi toſt que l'air eut touché ce corps, il s'en alla eu poudre, excepté la teſte & les coſtes, & autres oſſements, qui furent encor long temps gardez en l'Egliſe de Loches.

Auprés de ce geant eſtoit vn petit coffret de bois, dás lequel

Voutes ſous terraines à Loches.

L v

y auoit quelque quātité de linge, beau & bien ployé, lequel fut aussi reduict en poudre, au mesme temps qu'on y toucha.

Dans le susdict chasteau est encor vn logis Royal, nommé par les habitans les Sales, de la fondation du Roy Louys II. Et tout ioignant est celui de la belle Agnes: mais les deux ensemble n'en font maintenant qu'vn.

Dauantage y a vne belle tour pareille à celle de Montrichard, carree, & fort ancienne faicte des le temps des Romains. Auprés de ceste tour, on void vn gros donjon basti depuis deux cens ans: & paracheué par le Roy Louys 12. & sert de prison pour ceux que le Roy veut tenir en seure garde.

Donjon de Loche.

Dans ce donjō sont deux cages de fer, qui sont les logis des

prisonniers, ainsi recomman- *Cages de fer.*
dez. Lesdites cages peuuent
contenir six pieds de large, &
huict de long, n'y ayant place
que pour mettre vn petit pauillon pour coucher.

Le siege de Loches depend
du presidial de Tours.

Du chasteau de Paulmy.

NOn loin de Loches est le chasteau de Paulmi situé sur vn haut lieu, en vn air fort bon, ayāt par derriere vn beau parc fermé de murailles, côtenant enuiron deux lieues d'enceint: & au dedans deux grāds estangs venans de plusieurs fontaines. Tellement que c'est vn des plus beaux & plus rares chasteaux de la France, il est arrosé du fleuue nommé Brignon.

Ce chasteau fut commencé

à bastir l'an mil quatre cēs quarāte neuf par messire Pierre de Voyer Cheuallier, & Marguerite de Bets son espouse; lequel feit rebastir la chapelle de ce lieu que les Anglois auoient ruinee, cōme aussi le chasteau.

Il y a quatre Chapelains en la susdicte chapelle, & est dediee à l'honneur de sainct Nicolas erigee en doyenné, la collation duquel appartient aux Seigneurs de ce lieu comme Patrons.

En ce lieu reposent les corps des seigneurs de Paulmi. Auquel y a haute & basse iustice, bailli & lieutenant; Il y a aussi 4. foeres par an.

Les seigneurs de ceste place sont nōmez Voyers, descēdus d'vn vaillāt Cheualier Grec nōmé Basille, lequel estoit en grād credit & authorité soubs Charles le Chauue: & fut surnommé Voyer, nom qui est demeuré à ses successeurs.

Des villes de Lodun & de Chinon.

LOdun est encor du ressort de Touraine situee entre les riuieres de Thuer & de la Crense, qui iadis eut vn Seigneur particulier.

A Lodun y a siege Royal, ayāt son Bailli ou Vice bailli, auec les Lieutenants.

Apres est la ville de Chinon, assez ancienne qui n'estoit iadis qu'vn simple bourg: & qui fut autrefois vne des maisons de plaisir des Rois de France, & particulieremēt de Charles 7. du temps que ses ennemis & haineux ne l'appeloient que Roy de Touraine.

Ce fut en ce lieu que lui fut

amenee la pucelle Ieanne, natif de Vaucouleur en Lorraine qui n'estoit qu'vne simple bergere, guidee & fauorisee de la grace de Dieu, par le moyen & secours de laquelle il recouura sa couronne.

François Rabelais, vray Atheiste, estoit natif de Chinon, lequel fut Religieux: mais en fin il ietta le froc és orties, pour exercer plus librement sa vie lubricque: viuant comme vn Epicurien, ne passant iamais aucun iour qu'il ne fust yure, & tout barboüillé de vin.

Rabelais natif de Chinon

Il composa le liure de Pantagruel, & autres discours pleins de bouffonnerie, qui tesmoignent assez quel estoit son gêre de viure, bien qu'il fust tresdocte, principalement en medecine & iurisprudence.

Du païs du Maine.

LE païs du Maine est tresancië, car la ville de Rome prenoit encor son commencement, lors que les Manceaux passerent en Italie, & establirent leur siege en Lombardie contre le Pau: où ils bastirent plusieurs villes, comme Bergame, & Bresse, chassans les Toscans & Etruriens, qui possedoient la pluspart d'Italie.

Fondation de la ville du Mans.

LE MANS principalle ville du Maine a prins son nõ de Lemã Roy des Celtes fils de Paris (qui bastit la ville de Paris) toutesfois deuãt qu'il feit enuirõner de murailles la ville du Mãs, Sarrhon petit fils de Samothes 4. Roy des Gaules, l'auoit faict bastir, & l'auoit faict apeler Sarthe, de son nom, enuiron trois cents quatre vingts dix ans, apres le deluge. Mais elle auoit esté ruinee par des seditions ; qui furent entre les anciens Druides, ayant demeuré en cest estat durant le regne de trois Roys Allobrox, Remus, & Paris, qui fut enuiron cent trentesix ans. Alors Leman, fils de Paris, la redifia, & lui donna son nom.

Le Más a pour limites le pais Percheron à l'Orient, la Bretaigne à l'Occident, le Bessin & Normandie au Septentrion, & la Flesche au Midi.

Ce mot de *Cœnomani*, ou plustost *Senomani*, qui signifie les Manceaux, est venu de ce que les peuples Senonois puissans en Gaule, ayant iadis en guerre contre les Manceaux, feirét vne paix, qui estoit telle : sçauoir

uoir qu'ils viuroient soubs les loix & statuts du Más, & qu'en memoire de ce, les deux peuples vniroient leurs noms, & s'appelleroient Senomans.

Au chasteau du Guey dans le Mans, est vn fort ancien tombeau, où ces mots sont escrits. *L. A. Mainio: E Q. ob eius merita. Plebs vrbana Senoni. D.*

Plusieurs tiennent que Simó lepreux, chez lequel nostre Seigneur repeut, & donna pardon à la Magdeleine, fut ce Iulian 1. Euesque du Más, lequel y fut enuoyé pour prescher l'Euangile. Toutesfois plusieurs Autheurs sót d'autre aduis, affermans que ce Iuliã fut vn gétilhomme Citoyen Romain, grand orateur & philosophe, conuerti par S. Clement, & enuoyé en Gaule.

Il y a la Comté de Mayenne

& le Marquisat, qui appartient à la maison de Lorraine, & maintenant erigée en Duché par le Roy Charles 9.

Le Mans est Bailliage & siege presidial, où ressortissent le chasteau de Loir, Laua, (qui est vne belle & forte ville, situee tout contre la riuiere de Marne & où l'on faict grand trafic de toiles blâches) Beaumont, S. Susanne, Chasteau Gonthier, la Flesche, Maine la Iuhais, Sablé, & la Ferté Besnard, d'où estoit cest excellent poëte Fraçois Robert Garnier.

Les Manceaux sont des premiers Chrestiens de Gaule.

Le païs du Mans est arrosé de trois riuieres, sçauoir celle de Maine, du Loir, & de Sarthe ou Sarrhe, Roy des Celtes, & premier fondateur du Mans: comme nous auons dict.

Ceste derniere riuiere arrose la cité du Mans, & prend son origine pres Chasteau Dun au païs Chartrin.

Foulques trétenensiéme cóte d'Aniou, fonda le prieuré de la Fontaine S. Martin au païs du Maine.

Guillaume des-roches mareschal de France soubs Philippes Auguste fonda l'Abbaye de Beaulieu au Maine l'an 1219.

Le sieur Ollenix de Montsacré, vn des plus gallāds esprits de ce siecle (ainsi que l'on peut voir en plusieurs œuures de só inuentió fort prisees & recerchees en la France) est gentilhomme Manceau.

Du Païs D'Anjou.

LE païs d'Anjou, voisin du Maine, est de petite estenduë, montaigneux & inegal, seruant de bornes & finages à la Gaule Celtique; toutesfois l'vn des plus fertils de Gaule, & principalement en bons vins.

Les habitans de ce païs sont appellez Andeés, Andegaues, & plus vulgairemét & propremẽt Angeuins, qui sont gẽs fort humains, gracieux & de bonne conuersation, syncerement adonnez à pieté & deuotion. De tout temps ils sont cogneus soubs le mot de Andes.

Le païs d'Anjou est arrosé de plus de quarante riuieres, sans comprendre les fontaines, viuiers & estans, lesquels y sont en grande abondance. A cause dequoy plusieurs ont estimé que ce païs fut premierement appellé Aiguade, pour l'abondance des eaux, que ceux d'Aquitaine nomment Aigues. Il estoit iadis tout rempli de boscages lesquels furent donnez à cultiuer aux pauures gēts, par Foulques Comte d'Aniou 2. du nom, & ainsi fut rendu propre & fertile à planter les vignes comme on void à presēt.

Le païs d'Anjou est limité à l'Orient de la Touraine & Vandosmois, selon Loire; au ponnent de la petite Bretaigne ou pais Armorique: au midi le Poictou: & au Septentrion, les comtez du Maine & de Laual deuers Normandie lui seruent de bornes.

Fondation de la ville d'Angers.

LA ville d'Angers est situee sur la riuiere de Mayenne, dicte par les latins *Meduana*, & fondee par Sarrhō 4. Roy des Gaules, & non par (comme veut l'Annaliste d'Aniou) par ie ne sçay quel Angion descendu des fugitifs de Troye.

Iean Sans terre, dernier prince Angeuin, de la premiere lignee sortie de la maison d'Aniou, & depuis Roy d'Angleterre, l'acrut du costé où elle fut premierement fondee; & deuers Occidēt, où il n'y auoit eu aucun edifice, & feit rebastir les murailles de la ville, qu'il auoit faict renuerser estant venu auec vne forte armee assieger & prendre de force Angers: laquelle auoit esté sur luy occupee par le Roy Philippes Auguste.

Aupres de l'Eglise collegiale de S. Lau se voyent encor des vestiges de murailles & anciens bastimens, qui monstrent bien que ceste ville à esté autrefois ruine, & depuis reparee & reedifice, comme on la void de present.

En l'enclos de la premiere ville, qui est sur vn costau, on voit les Eglises collegiales & paroisses qui furent jadis des maisôs des Seigneurs Romains & Gaulois conuertis à la foy Catholique: sçauoir l'Eglise cathedrale dedie à S. Maurice (laquelle fut anciennemêt ruinee, & depuis commencee à rebastir par Hubert Côte Vendosmois: & parachcuee par Aubert son fils.) Auprés de laquelle est le conuent des Iacobins: puis est celui des Cordeliers, l'Eglise S. Pierre, iadis le siege Episcopal, S. Martin Eglise Royalle fondee par Ananias espouse du Roy Louys Debónaire, S. Maurille, S. Mambœuf, S. Denis, S. Iean (à present dicte S. Iulian ou autrefois estoit l'Abbaye S. Lezin, auparauant Comte d'Anjou l'an 581.) qui fut le quatorziesme

Euesque d'Angers, lequel entre plusieurs miracles qu'il fit, guarit vn iour douze pauures malades, tãt boiteux, qu'aueugles & autres sortes de maladies, par la vertu du signe de la Croix: en memoire & action de graces à Dieu de ce grand miracle, il feit bastir l'Eglise S. Croix.

Miracles de S. Lezin.

Dans l'Eglise S. Iulian est encor son chasuble & son aube qu'on trouua en sõ tombeau plusieurs siecles apres sa mort, lesquels ornements sont encores tous entiers: cõme l'on peut voir du haut du chœur de ladicte Eglise où ils sont mõstrez aux festes solennelles.

Dans ceste Eglise, est aussi vn tableau representant la sacree vierge, faict sur vn de ceux que S. Luc auoit tiré de sa propre main: durant que la bien-heureuse

reuse vierge estoit encor en ce monde.

L'on y void aussi des chaisnes de fer, dont estoient attachez de pauures forçats & captifs, lesquels par l'intercession de S. Iulian furent miraculeusement deliurez.

Dans le Cemitiere de ladicte Eglise y a vne pierre au pied d'vne Croix, qui remarque ceste place estre de grande antiquité, & auoir esté habitee par les Romains : sur ladicte pierre sont escrits ces mots.

VXORI OPTIME T.
FLAVIVS AVG. LIB.
ASIATICVS.

Apres S. Iulian est l'Abbaye de Toussains & celle de sainct Aubin, laquelle fut fondee par Childebert premier du nom. Dans l'Eglise de laquelle y a grãd nombre de belles & piecieuses reliques dediuerses sortes, & en plusieurs des autres Eglises d'Angers: auec les chasses où reposent les ossements de plusieurs saincts : côme aussi en l'Eglise cathedrale susdicte est vne des cruches dans lesquelles noſtre Seigneur mua l'eau en vin.

Il y a encor S. Michel du Tertre, S. Michel de la Pallud, S. Ouuron, & S. Aignen.

A costé de S. Maurice est le chasteau qui est vne place tresforte; ayant de hautes & fortes murailles, & des fossez profonds; l'on ignore la fondatiô d'icelui. Toutesfois ce chasteau fut fait rebaſtir par la belle Bertrade, ou Bertrãde, que le Roy Philippe 1. du nom entretint, dechassant son espouse, à cause dequoy il fut excômunié par le Pape.

Ioignant les murailles de la ville deuers l'Orient est l'Abbaye de s. Serge, donts. Seuerin fut premier Abbé, Et est de la fondation de Clouis premier Roy Chrestien.

Auprès est l'Eglise s. Sanson, & les faux-bourgs S. Michel du Tertre, sur le chemin de Paris.

Entre la porte s. Michel & celle de S. Aubin estoit encor vne porte, dicte la porte s. Ieã, à present condamnee. Vis à vis de laquelle porte est bastie assez pres vne Chapelle en l'hôneur de S. Sauueur, a cause d'vne grande bataille qui fut gaignee par les Angeuins sur les Normãds, conduicts par vn Capitaine nommé s. Sauueur qui estoit venu assieger la ville.

Tout ioignant sont les fauxbourgs de Bressignei sur le chemin de Saumur & des ponts de Ceæ; dans lesquels fauxbourgs l'ō void encor les ruines d'vn amphiteatre nommé Grohan, basti par les Romains.

Entre la porte S. Aubin & celle de Toussaints hors les murs d'Angers, sont les fauxbours de S. Lau, où il y a Eglise canoniale, dans laquelle est vne belle & riche Croix d'argent doré, ornee de pierres precieuses; dans laquelle est enchassé vn morceau du bois de la vraye Croix en laquelle nostre Seigneur fut crucifié.

Vn peu plus bas que S. Lau, est le monastere ou conuent de la Baumette, où il y a des Religieux de l'ordre de S. Frāçois de l'obseruance, maintenāt & depuis peu de tēps fort bien reglez, viuants sainctement & auec grande austerité.

L'Eglise fut fondee par René dernier Duc d'Anjou.

L'autre partie d'Angers est du costé de Bretaigne sur le bord de Mayéne, où elle a esté bastie depuis six cents ans, separee par ladicte riuiere de Mayenne: Et en ceste partie sont les Eglises de la trinité (fondee par Agnes femme de Guillaume surnommé teste d'estoupe, seiziéme Duc d'Aquitaine) ioignāt laquelle est l'Abbaye des dames Religieuses du Ronceray, fondee par les premiers Comte d'Aniou : Puis y a S. Laurens, Eglise tresancienne (ores ruinee) & l'Hospital S. Iean.

Apres sont encor de ceste partie les Conuents des Carmes & Augustins; Et de ce costé est le village de Reculec, ou il y auoit autrefois vne maison de plaisance, bastie par le dernier Duc d'Aniou René Roy de Sicile ; dans laquelle on void encor des galleries painctes de la main dudict René.

Tout aupres est le Cóuēt des bons & deuots peres Capucins, fondé depuis peu de temps par les liberalitez & aumosnes des citoyens Angeuins. Henry 4. du nom Roy de France & de Nauarre, 'a parsent regnant, meit la premiere pierre qui est soubs le grand Autel de l'Eglise de ce lieu : comme il apparoist en vn tableau de cuiure, qui est au bas d'icelle, sur lequel sont grauez ces huict vers suiuāts, de l'inuention du sieur de Morelles, l'vn des beaux esprits de ce temps :

*Ce grand Henry qui rend nos iours
 si beaux & calmes,
Dont le front est orné de lauriers*

& de palmes,
Pour marque memorable à la posterité
De son zele enuers Dieu, & de sa pieté
Dessous ce grand Autel meit la premiere pierre.
Et voila son desir & ses vœux en ce lieu.
Monstrant que si sa main fut ardente à la guerre,
Son cœur ne le fut moins du seruice de Dieu.

Aupres de ce lieu sont les faux bourgs de S. Lazare, ou S. Ladre, à la sortie de la porte Lionnoise. Puis sont encor de ce costé, les faux-bourgs & l'Eglise S. Iacques, & tout ioignāt est le prieuré de S. Nicolas cōmencé à bastir par Foulques Nerra, & paracheué par son fils. Geffroy Martel, qui s'y rendit Religieux & y est enterré. Il mourut l'an 1061.

Dans Angers y a trois Colleges pour les lettres humaines & pour la philosofie, sçauoir le Colegeneuf, le College de la porte de fer & celui de la Formagerie.

Vniuersité d'Angers.

Ioignant l'Eglise S. Pierre, sont les grãdes escoles & auditoire public des loix; pour lequel l'vniuersité fut fondee par Louys 2. Duc d'Aniou & Roy de Sicile; en l'an mil trois cens quatre vingt dixhuict: lequel obtint du Roy & du Pape, reguans pour lors, plusieurs priuileges & immunitez, pour les estudians en icelle. Il y a tousiours eu de celebres Docteurs en ceste vniuersité, cõme sont encor de present Messieurs Dauy, le Grand, le Deuin, du Fresne, & Bereau, lecteurs publics en ce lieu: soubs lesquels i'ay eu cest honneur de receuoir quelque leçons en l'vn & l'autre droict. D'auantage y sõt les Escoles pour la Medecine.

Le college de Bueil (où il n'y a de present aucun exercice) fut fondé par ardoüin de Bueil, 58. Euesque d'Angers, & est affecté aux boursiers Percherons.

Angers est vn siege presidial, où il y a plusieurs doctes Conseillers auec les Lieutenant general, Ciuil & Crimitel, & vn Conseruateur des Droicts & priuileges de l'vniuersité. Il y a aussi le siege de la preuosté.

En outre est l'Hostel de la ville, ayãt vn Maire annuel & electif, il y auoit de coustume d'y auoir vingtquatre Escheuins, lesquels par arrest de la Cour souueraine de Paris, furent reduicts à quatre, en l'an mil six cens vn, pour les ambitieuses diſſentions qui ſe meurent entre quelques vns.

Les ſieges qui reſſortiſſent à la Seneſchauſſee d'Anjou, ſont Baugé (qui eſt vne aſſez gētille ville) Beaufort en Valee, puis Saumur place tres-forte, ſituee ſur la riuiere de Loire, diſtante d'Angers enuiron de dix lieuës vers le Midi. Ioignant les murailles d'icelle eſt la chapelle de noſtre Dame des Ardillieres, auiourd'huy tres-renommee par la France, pour les miracles qui s'y font de iour en iour.

Saumur

Noſtre Dame des Ardillieres

L'Abbaye de S. Florent non loin de Saumur, fut edifiee par Thibault Comte de Champaigne & de Blois.

Les ponts de Cex ou de See à vne lieuë d'Angers, furent baſtis par Ceſar, ſelon l'opiniō du vulgaire en latin appellez

Pontes Cæsaris, mais le Sieur le Loyer Cōseiller Angeuin docte personnage, n'aprouue pas ceste opinion; disant que See est vn mot Allemād, qui signifie *Stagnum*, c'est à dire estang, & que le pont de See est nommé comme *Pons stagni*, ou *Pons stagnantis Ligeris*.

Le bourg du Pont de See contient pres de demie lieuë en longueur, & y a deux Eglises l'vne desquelles est dediee, au nom de s. Aubin, & fut fondee par Humbert Abbé du cōuēt de sainct Aubin d'Angers.

A Angers se bat la monnoye, les gardes de laquelle sont priuilegiez & exempts de subsides.

Les Angeuins furét appellez à la cognoissance Euangelique du temps que sainct Iuliā prescha au Mans, & qu'il conuertit les Manceaux; lequel ayant presché la parole de Dieu en Anjou se retira au Mans: laissant pour Prelat des Angeuins vn sainct persōnage, qui estoit auec lui nommé Deffensor, lequel est canonizé en Paradis.

Entre les pasteurs Angeuins S. Maurille fut le quatriesme, homme de tres-saincte vie, auquel S. René succeda. La mere duquel S. René estoit femme du Capitaine du chasteau de la Possonniere non loin d'Angers, & estoit sterile. Toutesfois sur ses vieux ans (comme vne autre S. Elizabeth) elle engēdra miraculeusement S. René, lequel mourut sans baptesme, par la faute de S. Maurille, qui s'arrestavn peu trop lōguement en la contemplation du sacrement de la Messe: Dont icelui Euesque fut extresmemēt desplaisant, & apres auoir espandu vn torrent de larmes, en fin il quitta son païs, & s'en alla fort loin se rendant en la maison d'vn hôneste Seigneur, où il seruit en qualité de iardinier, l'espace d'enuiron sept ans, pēdant lequel temps toutes choses prosperoient tellement chez ledict Seigneur que c'estoit merueille: Comme au contraire toutes infortunes arriuoiēt aux Angeuins. Ce que voyans ils establirent certains nombre d'hommes aux despēs de la ville, pour aller chercher leur Euesque. En fin ayāt esté trouué par quelques vns d'iceux il s'en reuint à Angers, pour regir & gouuerner son trouppeau & à son retour il s'en va droict au lieu où estoit enterré ledict enfant mort sans baptesme, sçauoir en vn lieu qui est ores dans l'Eglise s. Pierre, à costé de la porte, par où l'on entre dans le Chœur; & apres auoir encor espandu grande abondance de larmes, & faict vne tres ardente priere à Dieu incontinent la priere finie, voyla l'enfant qui ressuscité : & fut appellé René, cóme qui diroit deux fois né. L'on void encor les fosses où auoit esté enterré ledict sainct René, & y dict on la Messe quelquesfois : Lequel succeda à sainct Maurille, & fut prelat des Angeuins apres luy.

Messire Charles Miron, l'vn des plus insignes & sages pasteurs de France, gouuerne à present la Bergerie catholique des Angeuins, & est le 66. ou 67. Euesque de ce lieu.

Entre les hommes doctes sortis d'Angers l'on conte Guillaume du Poyet, Chancelier de France, Lazare & Iean Anthoine de Baïf, Eginard Baro, maistre René Benoist l'honneur des Docteurs de ce temps, Ioachim du Belley, Pierre Airault Lieutenant criminel à Angers, lequel a doctement eferit fur le droict il, mourut l'an 1601. Basin Medecin, Pierre le Loyer à present Conseiller au presidial d'Angers, l'vn des doctes personnage de la France, comme l'on peut voir par son liure des Spectres & apparitions des Esprits, & autres qu'il a mis en lumiere, & comme il pourra encor faire paroistre par plusieurs œuvres parfaitement elaborez, desquels il fera part au public, & obligera vn iour la posterité, quand il lui plaira; ayant vn fils duquel l'on en doit pas moins esperer; auquel ie suis bien obligé pour m'auoir fourni quelques memoires, dont i'auois besoin pour ceste œuure: & l'amitié duquel ie prise beaucoup. Au nóbre des hómes sçauáts de ce païsse doiuét encores conter, Alexandre Beguier, Martial, Guiet, & Lezin freres, Iacques Bouin Presidét en Bretaigne, Bodin Aduocat au Parlement de Paris, grand Historien. Comme aussi Iean le frere de Laual, Paschal Robin, Seigneur du Faux, Iean Auril Prieur de Gorzé, lequel i'ay eu cest honneur de frequenter, contemporain du Seigneur Pierre de Ronsard, & vn de ses amys, Messieurs Guillaume & René Bautru, le sieur de Morelles, Guillaume le Gaigneur, le premier de tous les Escriuins du Royaume, & qui

à frayé

à frayé le chemin à vne infinité d'hommes, qui font auiourd'huy profession de l'art defcriture.

Il y a encor grand nombre d'autres excellēt personnages à Angers honnorablement cogneus en la France.

Ie diray dauantage que considerant bien l'histoire, l'on pourra trouuer que le Poete Virgile est descendu des Angeuins, lesquels accompaignerent les Maceaux leurs voisins: lors qu'ils furent si long temps en Italie, la ou ils edifierēt plusieurs villes: ayans chassé les Toscans, qui occupoiēt la pluspart d'Italie (cōme nous auons dict en la description du Maine) & qu'iceux Angeuins bastirent pres Mantouë le bourg ou village dict *Andes* (d'ou estoit natif Virgile) au nom de la ville d'Angers ainsi appellée en latin de tout temps.

En Anjou o a encor plusieurs villes de remarque comme Ingrāde, où il y a vne belle forest, Chasteau Gontier, Durestal de la fondation de Foulques de Nerra, & autres villes en grand nombre.

Ce Comte fut surnommé Nerra, pource qu'il n'erra point és voyages qu'il feit en la terre saincte: pour penitence d'auoir tué le fils du Comte de Nantes, dont il estoit tuteur, afin de luy succeder.

Icelui Foulques de Nerra estoit fils de Geffroy Grisegōnelle, ainsi surnommé: pour auoir porté vn hocquetō gris, allant combatre vn Geant Danoys, deuant Paris.

Enuiron dix lieuës d'Angers est la Flesche, ou de nouueau

est erigé le college Royal des *Iesuistes à la Flesche.* Peres Iesuistes, par la liberalité du Roy Henri 4. renoquez en France au grãd contentement de tous les gens de bien.

Enuirõ six à sept lieües d'Angers, est vne petite ville nommee Doüay, d'assez ancienne fondation : en laquelle est vn Theatre encor en son entier, basti par les Romains, dont Lipse faict mention, dans lequel y a des voultes & grottes soubterraines, fort admirablement basti, & à l'entree de ces voultes vn puits merueilleusement profond. Ce Theatre ne contient que cent soixante pas de circuit, & est tellement basti & composé, qu'il est capable de contenir plus de quinze mille personnes, sans que l'vn puisse empescher l'autre, de voir cõ qu'on pourroit represẽter dãs le milieu d'icelui Theatre. Sur la porte duquel sont escrits ces vers suiuans sur vne pierre de marbre noir, laquelle y a esté mise depuis peu de tēps, comme ie remarquay l'ā 1601. estāt allé voir ceste place, comme chose rare, auec feu monsieur Galland poëte Lionnois.

PERPETVÆ Douadrai Theatri memoriæ, hos versus consecrat I. Nobletus Salui locensis, medicus.

Douadius celebri percurrens acta Theatro,

Quæ tragico proflat gutture Melpomene,

Quicquid & Eooneclunt, & quicquid Ibero.

In Reges memorat noxiat facta solo:

Quisquis amas ego maiorum audire triumphos.

Hinc repetas quicquid lubricus orbis habet.

EPIGRAMME.

Quand on rapporte icy d'vne graue faconde.

Et d'vn Tragique vers, les histoires des Rois.

En extase raui syncerement ie croy.

Que ce Theatre soit vn abbregé du monde.

En plusieurs lieux, non loin d'Angers, l'on void de belles perrieres d'ardoise, lesquelles sont de grand rapport au païs.

Il y a aussi grande abondance de tuffeau blanc en ce païs, & mesme du marbre en quelques lieux, dont l'on faict de beaux bastimens.

DV PAYS DE NOR-mandie iadis appellé Neustrie, & de l'origine des Normans.

LEs habitās du païs de Normandie ont pris leur nom

2   3
    4

Pagination incorrecte — date incorrecte

NF Z 43-120-12

Normās d'où sōt venus. du mot *North*, qui signifie en langage Allemand, Septentrion: & de *Man*, qui vaut autant à dire, que Homme; comme qui diroit Homme Septentrional : Parce que ce peuple est venu des extremitez du Septentrion, & des limites d'Allemaigne.

La Normandie a pour ses limites les Picards Beauuoisins au Leuant : les Manceaux au Midi ; l'Ocean au Septentrion, & au Ponent la Bretaigne.

Du temps de l'Empereur le Debonnaire, enuiron l'an de nostre salut huict cens trente, iceux Normands n'ayans encor aucune cognoissance du vray Dieu, adorans les Idoles sortirent hors de leur pais, & se meirent courageusement en campaigne, s'asseurans en leur force: & coururent la coste des

Saxons, puis passerent iusques en Gaule: estans pour lors conioincts aux Danois (auec lesquels ils auoient eu guerre du precedent) mais le susdict Empereur Louys le Debonnaire, les poursuiuit tellement, qu'ils furent contraints de se retirer: Apres auoir faict beaucoup de maux le long de la mer, au païs d'Aquitaine, le long des costes de Bretaigne, Neustrie & Picardie : Mais ils furent deffaicts, aupres de Sithin, où est maintenant situee la ville de sainct Omer.

Or iceux ne perdans courage, & desirans faire fortune, reprennent les armes deux ans apres, & s'en viennent à Bordeaux, qui leur fut venduë par les Iuifs y habitans, & laquelle ils bruslerēt, comme aussi celle de Perigueux, puis deffaicts par les François se retirent.

Enuiron quatre ans apres s'encourageás de plus en plus, ils arment deux cens cinquante vaisseaux, & se ietterét sur le pais de Frise,& delà vindrent par mer descendre à Nátes ; où d'abordee ils tuerent l'Euesque la vigille de Pasques, comme il benissoit l'eau des fonts baptismaux. De là ils allerent à Angers, & d'Angers à Poictiers,ou ils tuerent aussi *Erebonius* ou Ebron 42. Euesque du lieu, & bruslerent l'Eglise S. Hilaire & l'Abbaye Ste. Radegonde. Puis s'en allerent à Tours, où ils bruslerent l'Eglise s. Martin(le corps duquel auoit esté transporté à Orleás) neantmoins ils furent deffaits par les Aquitaniens, aupres de Poictiers : de sorte qu'il ne s'en sauua qu'enuiron trois cents.

Toutes-

Toutesfois ne voulans quitter ainsi leurs poursuites, ils se fortifiét de iour en autre, auec plus grande resolution qu'auparauant, si bien que deux ans apres ils vindrét à Paris, qu'ils bruslerent, excepté les Eglises de S. Estienne, S. Vincent, S. Germain, & S. Denis, pour le rechapt desquelles ils eurent grand nombre d'argent; Et seirent encor plusieurs rauages sous la códuicte de Godeffroy & Sigeffroy leurs chefs: tellement qu'il n'y eut endroict, où ils ne feissent sentir l'effort de leurs bras, & où ils n'exerceassent de grandes cruautez.

Paris bruslé par les Normás

Mais en fin ils furent appaisez par le moyen d'vn mariage qui se feit: Charles le Gros donnant vne siéne niepce pour espouse à Godeffroy: lequel fut tué bien tost apres a la ruine de plusieurs bônes villes de Fráce.

Par apres vint en Gaule Rolla ou Rhou, vaillant prince, neātmoins qui affligea bien les Gaulois l'espace de treize ans; estās chef de l'armee des Normands, apres la mort du susdict Godeffroy : mais par vn accord final Charles le Simple lui donna sa fille nommee Gille pour espouse, auec la terre de Neustrie, à condition qu'il tiendroit de la couronne de France, à foy & hommage ; & que ledict Rhou se feroit baptiser comme il feit apres, & tous les autres Seigneurs d'auec lui à son imitation.

Ledict Roul fut donc baptizé à Roüen par Francion Archeuesque dudict lieu : & tenu sur les fonts par Robert Comte de Paris, frere du defunct Roy Eudes, qui de son nom l'appella Robert l'an de grace 912. Et depuis qu'il fut baptizé il fut vn des bons & deuots Princes de France: qui feit de grands dons & liberalitez és Eglises de Rouen, de Bayeux, d'Eureux, de S. Denys. S. Michiel à Tombelaine & autres.

Ce fut icelui qui voulut que la terre de Neustrie portast le nom de Normandie du mot *North*, & de *Man*, qui signifien homme Septentrionale (comme nous auons desia dict.)

Ce bon Prince auoit la iustice en telle recommandation tandis qu'il viuoit, que depuis sa mort les Normands en ont eu, & aurót tousiours la memoire. Car si on leur fait quelque tort, ils s'escrient ordinairement HA Rol, ou HA Rou: comme s'ils vouloiết encor appeller & inuocquer leur ancien Iusticier,

D'où vient le mot Harol, en Normādie.

pour leur faire raison. C'est pourquoy la clameur de HAROL n'a lieu qu'en Normandie. Il mourut l'an de grace neuf cēts dixsept. Sō fils s'appelloit Guillaume Longue espee. D'vn autre Robert sixiesme Duc de Normandie, le plus liberal & magnifique Prince de sō tēps, & d'vne concubine, nasquit Guillaume surnommé le Batard qui succeda à son pere. Touresfois il fut fort persecuté par ses parens, lui voulans oster son Duché comme illegitime; mais HENRI I. du nom Roy de France qui estoit son tuteur le secourut, & chastia les ennemis dudict Guillaume.

Iceluy Guillaume espousa Mathilde fille de Bourdoüin le Debonnaire Comte de Flandres, de laquelle il eut trois fils, sçavoir Robert Duc de Normandie, Richard qui mourut ieune, & Guillaume furnommé le Roux fondateur de Gifors, & qui fut en fin Roy d'Angleterre.

Ce mefme Guillaume le Baſtard eut encor cinq filles, la premiere nommee Cecille, qui fut Abeſſe de Caen, Gertrude mariee à Baudoüin de Boulloigne, Duc de Lorraine, & Roy de Hieruſalem; Côſtance, mariee à Allain Comte de Bretaigne, Eleſque, fiancee a Harald Prince Anglois, mais le mariage ne s'acompliſſant, Eſtienne Comte de Chartres l'eſpouſa, la cinquiefme fut Alis ou Adelis.

Ce Guillaume Baſtard fut nommé le Conquerant, ayant à force d'armes conquis & gaigné l'Angleterre, qui lui apartenoit, par le teſtament du

Roy Edoüard son cousin, qui mourut sans enfans.

Ledict Guillaume deceda le sixiesme iour de Septébre, l'an mil nonante & trois, aagé de septante quatre ans : son corps gist en l'Abbaye S. Estienne de Caen par luy fondée. Au tombeau d'iceluy (que l'Euesque de Bayeux feit ouurir, l'an mil cinq cens quarante deux) fut trouué vne lame dorée auec c'est. Epitaphe.

Qui regit rigidos Northmanos atq́;
   Britannos
Audacter vicit fortiter obtinuit,
Et Cenomanenses virtute coercuit
   enses
Imperiique sui legibus aplicuit.
Rex magnus parua iacet Guilielmus
   in vrna,
Sufficit & magno parua domus do-
   mino,
Ter septem gradibus volucrat atque

duobus.

Virginis in gremio Phebus, & hic obijt.

Il y a eu plusieurs autres grāds & puissans Ducs en Normandie, entre lesquels fut Robert le Diable & Richard sans peur, desquels l'on à conté plusieurs dicours fabuleux.

Iean Sans terre dernier Duc de Normandie de la race de Guillaume le Bastard, fut hōme de meschante vie & pour vn execrable forfait qu'il auoit commis, declaré par le Roy Philippes Auguste, & par les Pairs de France, inhabile à posseder terre, d'où il fut nommé Iean Sans terre & le pays de Normandie reuni à la couronne l'an 1022. Icelui fut enterré à Vvestmonstier lieu des sepulchres des Rois d'Angleterre, d'où l'on fut contrainct de l'oster pour les grands esfroits, & espouuentables visions desquelles estoient tourmentez de nuict ceux qui se tenoient audict lieu.

La Normandie contient sept Bailliages, sçauoir Rouë, Caux, Caen, Constantin, Eureux, Gisors, & Alençon.

Outre la capitale ville de Normandie, qui est Rouën, & les six Episcopales, qui sont Auraches, Constaces, Sees, Bayeux, Lysieux, Eureux sont encor nonante quatre villes: sans coter vn nombre infini de bourgs & de chasteaux.

Fondation de la ville de Rouen.

ROVEN est vne des premieres & capitalles villes de Normandie, & l'vne des plus anciennes de toute l'Europe,

& de laquelle ont eu bonne cognoissance les Romains.

Ceste ville est Archeuesché contenant soubs soy les Diœceses ci dessus nommez. Le docte & insigne Prelat d'Auranches Robert Cenalis, l'a dict estre moitié Belgique, & moitié Celtique: comme aussi est celle de Paris.

Rouën est dict par les latins *Rothomagus*, & prend son nom du mot *Roth*, qui estoit vne Idole anciennemét adorée en ce pais qui fut faict demolir par S. Melon 2. Archeuesque de Rouën; & au lieu mesme où il la feit abatre fonda vn temple, où plustost feit accommoder cestui ci au seruice du Dieu viuant, & le dedia pour ceste fin: lequel auparauant n'estoit basti que pour vn Dieu imaginé. Depuis ce temple a esté erigé en Prieuré de Religieux ou Chanoines de S. Augustin, portant maintenant le nom de S. Lo. Or de ce nom susdict *Roth* & de *Magus*, fils de Samothes 1. Roy des Celtes, & de toute la Gaule, fondateur de Rouen; est donc venu *Rothomagus* qui signifie Rouën.

Cette ville est des plus marchandes de toute la France, sise en ce lieu commode, sur les riuages de la Seine, & non loin d'vn bras de mer qui vient en son reflux iusqua par dessus la ville.

Rouen à du costé d'Orient deux petites riuieres qui l'arrosent, & passent au trauers de la ville, sçauoir Robec & Auberte, au Midi la Seine & au Septētrion vne grande prairie s'estēdāt en vne longue plaine, auec plusieurs hautes montaignes iadis chargees de bois de haute fustaye, lesquels ont esté abbatus pour descouurir le païs, & pour rendre lair de la ville pl⁹ sain, & pour fuir les embusches qu'on y eust peu dresser durant le temps de la guerre. A Rouën y auoit enuiron 69. Eglises, Abbayes & chapelles tant en la ville qu'aux fauxbourgs, mais durant ces troubles derniers, les faux bourgs furent ruinez & plusieurs des lieux saincts.

Entre les Eglises de Rouën, celle de l'Abbaye de S. Ouën, (fondee du teps du Roy Clothaire) est l'vn des plus beaux artifices qu'on puisse voir au monde, de ce qu'elle peut contenir ayant esté faiste comme par enuie de deux grands Architecteurs.

Aussi l'on trouuee par escrit

en vn Epitaphe de ladicte Eglise, que le seruiteur du maistre maſſon qui auoit entrepris de baſtir l'œuure oyant le renom qu'on donnoit à son maistre, pour la façõ d'vn œil d'vne des aiſles dudit edifice taillé en forme de roſe, fort magnifiquement; le ſeruiteur obtint permiſſion de son maistre de faire seul l'autre qui reſtoit. Ce qu'eſtant faict & dreſſé: le ſeruiteur receut plus de louáge que son maistre, dont icelui maiſtre faché & prins de cholere tua son ſeruiteur.

Or entre les peines à lui enjointes pour tel meurdre, il fut condamné à faire vne tombe à sondit ſeruiteur, & engrauer l'hiſtoire en maniere d'Epitaphe: laquelle ſe void encor de preſent dans vne des chapelles de ladicte Egliſe.

Quand les Rois vont visiter Rouën, ils font ordinairement leur seiour en ceste Abbaye.

Election du Parlement de Rouen

Le Roy Louys douziesme erigea le Parlement de Normandie à Rouen au mois d'Octobre l'an mil quatre cents 99. Auparauant les causes se decidoient par Eschiquier. Le Roy susdict y establit vn Parlement sedentaire & perpetuel auec les Presidens, Conseillers & autres gens de iustice y requis.

Deuant le Parlement, fut instituee la Cour des aides, qui comprend la iurisdiction des Esleus par Charles 7. D'iceux Iuges dependant plusieurs esleus, Greneriers & Contreolleurs ayans leur iurisdiction à part. Et outre les eslections du Duché de Normandie, y sont comprises celles du Perche, de la preuosté de Chaumont, &

la preuosté de Chaumont, & accroissement de Maigni, compris aussi Pontoise. A Rouën est aussi la Cour du Bailliage, & le siege presidial, & vicomté & iurisdiction ordinaire, que ceux du pais appellent la Cohuë. Il y a plusieurs autres Chambres, pour le faict de la Iustice & des tailles; &c.

Entre les edifices plus admirables de Rouen, est le pont sur Seine, fort ingenieusement basti: eu esgard à la difficulté grande de la Mer, qui deux fois le iour y faict son flux & reflux.

L'Eglise cathedrale de Rouen dediee au nom de la tressacree Vierge mere de Dieu, fondee par Roul, depuis nommé Robert, 1. Duc de Normandie, est fort superbement bastie, armee de trois grosses tours. La premiere fort ancienne & nómee la tour S. Romain. La seconde est dicte la tour deBeurre: par ce qu'elle fut bastie des deniers recueillis du peuple, pour la dispence obtenue par le Legat George d'Amboise, du S. Siege Apostolique, pour manger du beurre en Caresme chacune personne donnant six deniers De la somme desdicts deniers qui furent cueillis, l'on feit parfaire ladicte tour de hauteur admirable, dans laquelle le susdict Legat feit mettre vne cloche, la plus grosse qui soit en France, & la feit nommer de son nom George d'Amboise, sur ladicte cloche est escrit ce quatrain

Ie suis nōmee George d'Amboise
Qui plus de trente six mil poise,
Et cil qui bien me poisera
Quarante mil y trouuera.

La troisieme tour est bastie

sur le paruis de cette Eglise, & est faict d'vn artifice autant merueilleux qu'on en sçauroit voir, comme aussi tout le reste de ladicte Eglise.

Le premier pasteur des Rouennois fut S. Nichais enuoyé par S. Clement, apres la mort duquel se passerent enuiron cēt ou six vings ans d'interualle iusques au 2. pasteur qui fut S. Melon: à cause de la grande persecution que l'on faisoit aux Chrestiens. L'on conte iusques au nombre de 13. ou quatorze des Euesques de Roüen lesquels sont canonisez en Paradis.

Plusieurs des prelats de Rouē ont faict octroyer à leur Eglise de beaux priuileges par les Roys de France: Entre lesquels est celui que le Roy Dagobert donna & octroya aux Chanoines,

Chanoines, par les prieres de S. Oüen son Chancelier, vingt vnieſme Archeueſque de Rouën, & ſucceſſeur de S. Romain; & lequel priuilege tous les Rois de France ont confirmé l'vn apres l'autre. C'eſt que le iour de l'Aſcenſion de noſtre Sauueur Ieſus Chriſt, tous les ans leſdits Chanoines ont puiſſance de deliurer vn priſonnier le plus preſt à eſtre condamné, & à leur choix en eſt faict la deliurance en ceſte ſorte.

Meſſieurs de la iuſtice ſomment le Chapitre de leur deliurer le priſonnier qu'ils demandent, lequel ayãt obtenu, le conduiſent en la chapelle S. Romain, baſtie en vne grãde tour nommee la vieille tour, où il ſe confeſſe de ſes pechez: puis leue la riche & ſaincte Chaſſe où ſont les ſacrez oſſements de S. Romain (20. Archeuesque de Rouen l'an 622. (Et ledict prisonnier secouru de quinze ou seize personnes il la porte en procession solennelle, où tout le Clergé assiste, & y sont portees toutes les reliques de la ville, vers la grand Eglise. Apres la Messe le mal-faicteur est conduict deuant le maistre de la confrairie S. Romain qui le traicte tres honnestement & lui dône ce soir à souper & bon giste. Et le lendemain est conduit au chapistre de l'Eglise, où par le sieur Penitentier lui est remonstré l'enormité de la vie passee, qui l'exhorte de se gouuerner sagement à l'aduenir, & apres ce il est absous & deliuré auec ses complices, & les depositions des autres criminels, qui n'ont point esté nômez ou esleus bruslez sur l'Autel du chapitre.

La cause de l'octroy de ce priuilege est que du temps de sainct Romain, il y eut vn serpent de monstrueuse grādeur, en la forest de Rouueray, de l'autre part de la riuiere de Seine, lequel faisoit de merueilleux dommages, aux enuirons de la ville, passant l'eau ; & rauissant toutes sortes de bestes, & bien souuent des hommes : lors qu'il ne treuuoit rien dās le bois, pour se repaistre. Sainct Romain se fiant en Dieu, s'adresse aux citoyens, leur proposant que s'ils vouloiēt donner des hommes pour l'accōpagner, il se faisoit fort, auec la grace de Dieu, de les deliurer de ce monstre. Mais nul ne fut si hardi de s'aduenturer à le suiure. Ce que voyant, il leur demanda deux pauures criminels qui estoient aux prisons, afin de lui tenir compagnie : lesquels on lui octroya sans aucune difficulté. Ainsi le sainct Euesque sort auec ces deux gallands, l'vn meurtrier, & l'autre larron. Le serpēt leur vint au deuant, le larron prit la fuite, l'autre croyāt en Dieu, & s'appuyant en la vertu de l'Euesque, demeure asseuré. Lors sainct Romain inuoquāt le nō de Dieu, ietta son estole au col du serpent, l'en lia, & le donna à conduire à ce prisonnier. Et estant là au milieu de la place, le feit attacher & brusler, & les cendres furent iettees en la riuiere de Seine. Le criminel qui estoit demeuré auec l'Euesque, fut absouls de ses crimes par la iustice.

Admirablement miracle.

Apres le decez de S. Romain S. Ouën lui succedant, & admirant les œuures de Dieu, & afin de ne laisser perdre la memoire de ce grand miracle, obtint du Roy Dagobert (auquel il en fit recit) le susdit priuilege.

Le Roy S. Louys fit bastir les Monasteres de s. Mathieu à Reuen, & celui des Iacobins, & le conuent des Emmurees, & des Beguines. Henry 2. du nõ Roy d'Angleterre & Duc de Normandie, fonda les Cordeliers, les Monasteres du Pré & de Mortemer à Roüen.

Des embrasemens de la ville de Roüen.

CEste ville eust peu estre vn iour esgale à vn Paris, sinõ qu'elle a esté bruslee iusques au nõbre de treze ou quatorze fois : comme ie vous deduiray suiuant que ie l'ay trouué par memoire au second chapitre du liure des Antiquitez & singularitez de Rouen.

Le premier embrasement qui aduint dōc à la ville de Rouen, (comme font mention les Annales de Normandie) fut l'an de grace huitt cens quarāte & deux, lors que Haftenc, ou Haftingue, Seneschal du Roy de Dannemarche, vint au païs de Neustrie, lequel meit le feu à la ville, & à toutes les Eglises, qui y estoient somptueusemēt edifiees.

L'an mil cent dixhuict, semblable embrasemēt aduint, qui brusla encor toute la ville, le feu commençant en la ruë des Iuifs, qui pour ceste cause furent condamnez à de grandes amendes.

L'an mil cent vingt, le tonnerre tomba sur la grāde Eglise de Rouen, lequel abatit le,

Crucifix & les vouſtes de ladicte Egliſe.

L'an mil cent vingt ſix, le feu
ſe print derechef pres le pont
de Seine qui bruſla preſque
toute la grande ruë du pont
iuſques à la ruë Beauuoiſine, &
paſſa le feu par deuant l'Egliſe
noſtre Dame, ſans toucher, ny
endommager aucunement la-
dicte Egliſe, mais par le changement du vêt ou par permiſſion diuine, aduint par apres
que le feu ſe retourna vers les
Abbayes de S. Amand & de S.
Oüen, qui bruſla ces deux
beaux monaſteres.

Ce feu dura depuis prime iuſques à heure de veſpres, le
iour de l'Exaltation S. Croix
en Septembre.

L'an 1513. le Ieudy abſolut en
la ſaincte Sepmaine, le iour que
le Sieur Guillaume de Dreux

fut sacré en la grande Eglise de Rouën, le feu prit en la ville, & bruſla treize paroiſſes, & les maiſós d'icelles, auec pluſieurs hommes & femmes, & petits enfans qui furent eſtouffez du feu.

L'an 1194. aduint par permiſſion diuine, que toutes les maiſons des Chanoines de noſtre Dame furent abattues & miſes par terre.

L'an 1203. enuiron vne heure apres minuict, le feu prit pres le pont de Robec & bruſla la grande Eglise de Rouen, l'Eglise de S. Maclou, & preſque toute celle de S. Denis, la vieille tour, & auſſi la plus gráde partie de la ville, & des Egliſes d'icelle, preſent le Roy d'Angleterre, qui pour lors eſtoit à Rouen.

L'an 1204. ladite Eglise de
noſtre

nostre Dame fut derechef toute bruslee, les cloches, les liures, ornemens, reliques, fiertes, & grande partie des autres Eglises & maisons de la ville.

L'an mil deux cens dix, la nuict ensuiuant le iour de Pasques, le feu prit aux maisõs de S. Candre le vieil, qui fut cause que l'Eglise fut toute bruslee, auec celle de sainct Denis, tellement qu'il n'y demeura que peu de maisons qui ne fussent bruslees.

L'an ensuiuant le feu prit en la parroisse de S. Maclou, en la semaine de Pasques, d'ou arriua que toute la ville fut bruslee, hors mis les maisons & edifices de l'Archeuesque, lesquels furent miraculeusement conseruez. Les monasteres de S. Ouen & de S. Lo, furent à l'instant du tout bruslez, dont fut grand dommage, tant pour la sumptuosité des bastimens, que pour les biens meubles, qui y furent perdus.

L'an mil deux cens vingt, tout le pót de Robec fut bruslé, & plusieurs autres maisons prochaines.

L'an 1228. le iour sainct Laurens au mois d'Aoust l'Eglise sainct Patrice fut bruslee, & toutes les maisons iusques à la riuiere de Seine.

L'an 1243. le iour de Pasques fut esleu Odo Rigaut Cordelier, pour estre Archeuesque de Rouen, & cedit iour le feu prit en la ruë Beauuoisine, qui brusla les Eglises sainct Laurens, sainct Godard, & de sainct Ouen.

L'an mil cinq cens quatorze le 4. iour d'octobre qui est le iour sainct François, le feu prit

DE LA FRANCE. 315

en la haute tour. du milieu de l'Eglise nostre Dame de Rouë, & furent fondues les clod'icelle tour, & en tomba le clocher sur la vouste du Chœur, & vint cheoir sur les chaires des Chanoines: & fut bruslé tout le comble dudict Chœur. Vn chanoine nommé maistre Estienne Haro, Penitencier de ladicte Eglise, disoit la grande Messe pour lors, toutesfois) par la grace de Dieu) n'y eut personne blessé,

L'an mil cinq cens vint & vn, la pestilence fut si grande à Rouen, qu'il sembloit voir par apres dedans la ville, quil n'y eust plus personne au monde; tant elle fust laissée deserte, par ladicte pestilence, l'herbe y estant d'vn pied de haut.

Non loin de Rouen fut iadis le petit royaume d'Yue-

Royaume d'Yueloc.

tor, erigé du temps de Clothaire II. du nom, lequel ayāt tué sans aucun subiect, le Seigneur Gaultier d'Yuetot (qui estoit à son seruice) par le faux rapport de quelques courtisans enuieux sur la vertu dudit Seigneur d'Yuetot, fut iceluy Clotaire excommunié par le Pape Agapit, s'il ne reparoit la faute ainsi temerairement commise. Adonc sedict Clothaire exempta de tout hommage, les Seigneurs successeurs dudict deffunct Gaultier, auec pouuoir de faire battre monnoye & autres dignitez. Mais les hoirs masles destaillans en ceste maison, ce priuilege s'est aussi perdu. Messieurs du Bellay sont à present heritiers de ce lieu.

Enuiron l'an de grace 1074. fust instituee à Roüen la feste

DE LA FRANCE. 317

de la Conception nostre Dame, à cause d'vne apparition qui se fit à vn Abbé voguāt és perils de la mer, durant la tempeste: Laquelle feste est specialement solennisee à Rouen. Et y a prix & gage proposé à vn puy & eschauffaut, qui y est ouuert à ceste feste, à tous Orateurs & Poëtes, en toutes langues, qui auront le plus doctement & mieux à propos celebré les loüanges de la Vierge, sur la saincte Conception.

Conception de nostre Dame.

De la ville d'Eureux.

ENtre les peuples de la Gaule (selon les anciens Autheurs) ceux d'Eureux tiennent vne des premieres places, & s'apellent *Eburonicos*; La ville est bastie sur le fleuue d'Iton, autrement dicte Esteline du nom de la Comtesse Es-

O iij

seline, femme de Raoul iadis Comte d'Evreux,

Ceste ville est vn siege d'Euesché, & porte ce nom d'*Eburonix*, qui signifie yuoire: à cause que la pluspart du terroir d'Evreux est blanchissant comme yuoire.

Le premier Euesque qui fut à Eureux fut S. Taurin, du téps de Domitian, apres la mort duquel Euesque, Richard Comte de ce lieu fit bastir en son nom l'Eglise de S. Taurin, & vn monastere de Dames Religieuses.

Messire Iacques Dauid sieur du Perron cy deuant Euesque d'Eureux, est l'vn des plus insigne & plus sçauant Personnage de tout le Royaume: comme l'on peut voir par plusieurs œuures admirables de son inuention ; & est le vray fleau des Heretiques, tresrand zelateur de l'hôneur de Dieu ses merites & son grand sçauoir accompagné de vertus infinies, l'ont esleué en la dignité de Cardinal.

Eureux est limité de la Seine à l'Oriét du terroir de Lisieux à l'Occident; au Septentrion des finages de Roüen, & au Midi, du Perche.

Au terroir d'Eureux sont les villes de Vernon, L'aigle, Passay, Jurey Tuilliers Conches, Bretueil, Rugles, Bruin, & Hermenuille. Non loin d'Eureux fut la memorable bataille d'Iury l'an 1590. La ville d'Eureux fut toute bruslee l'an 1358. le feu ayant esté mis au fort d'icelle. par Iean Meudon, pour lors gouuerneur; afin dempescher que l'ennemi n'en iouyst. Il y a Bailliage & Cour de Presidiaux.

De Lysieux & autres villes.

LYsieux, non loin d'Eureux, est vne ville Episcopale, ayant ces païs pour limites: Eureux à l'Orient, le païs d'Auge au Septentrion, & au Midi le Perche & Alençonnois, & à l'Occident les finages de Sees. Et est le pays de Lysieux fort anciē & biē cogneu par Cesar.

Ceste partie de Normandie qui regarde les Armoriques est Celtique, n'y ayant de Belgique qu'vne partie du Rouennois, & le pays de Caux auoisinant la Picardie. Lysieux est bastie entre Seez & Vernueil, assez loin de la mer.

Le pays Lexouien est arrosé du fleuue d'Iue qui le sepàre d'auec celui de Seez.

Non loin de Lysieux est Ponteau de mer: & en ce cartier est

l'abbaye de Bernay, fondee par la femme du Comte Richard ci deuant nommé.

Apres est Honfleu, ville maritime portant ce nom à cause des eaux qui s'escoulent en la mer, par cest endroict.

En ce pays y a plusieurs monasteres & Abbayes de l'anciēne fondation des Normands; comme ceux des Preaux & de Grestain, & autres villes & places, comme sont le Pont de Larche, la Bouille, sur le bordage de la Seine.

Du pays de Caux.

CE pays est celui que Cesar appelle *Galetes*, & est de belle estendue & plus en long qu'en large, ayant le terroir d'Abeuille au leuant : au Midi le Beauuoisis : au Septentrion l'Ocean, & à l'Occident la riviere de Seine, auec partie du Rouennois.

Les villes plus fameuses de ce pays sont Gisors S. Cler sur Epte, Pontoise, Gournay, Aumale, maintenant Duché, apartenant à l'illustre maison de Guise neuf-chastel siege Royal, Heu Comté apartenante aux heritiers des Ducs de Nevers, Arques, & le fameux port de Dieppe, l'vne des plus fortes places de la coste Belgique, ayant son nom d'vne petite riuiere laquelle y passe.

Le long de ceste coste Septentrionale de Normandie, est la place de S. Valeri situee sur la mer,

---

Fondation de Fescamp, & autres.

EN ce pays de Caux est la fameuse & ancienne place de Fescamp, ainsi nommee cóme qui diroit Champ de Fisc, ou cãpagne publique, fondee par S. Vvandrille, nepueu du Roy Pepin, lequel ayant abandonné le palais Royal, se rendit Religieux. Il fonda aussi l'Abbaye de Fontenelles en Normãdie, Richard 1. du nom, & Richard son fils Duc de Normandie, reedifierent ledit monastere, & y donna cestui-ci, la Baronnie d'Argences.

A Fescamp est bastie ceste grãd riche & memorable Abbaye, où furent iadis enterrez les Rois d'Angleterre, & Ducs de Normãdie; tant pour la deuotiõ du lieu, que pour la sainsteté des hommes qui y celebroiẽt le diuin seruice; pource que aussi ils en auoient esté les fondateurs.

En la Normandie Belgique est encor assise ceste forte & imprenable place du Haure de grace feruãt de clef au Royaume de France, pour faire tefte à l'Anglois, laquelle le Roy François I. du nom feit baftir.

Outre les villes fufdictes font encor au pays de Caux les villes maritimes de Harfleu, qui fignifie autant que contre flux du mer & Gaudebec, laquelle femble porter le nom du pays, bien qu'il y ait encor vne place nommee Cailli fe reffentant de l'ancienne apellation de Calet ruinee par les Romains. Caux eft vn Bailliage reffortant au parlement de Rouën, & ayant fous foy les villes fufdites, excepté celles qui font fubiettes à leurs Comtés, ou Ducs, & ayás leur Baillage, vont refpondre à la Cour fouueraine.

En ce pays eft vne loy par laquelle tant Nobles que Roturiers venans à mourir, il n'y a que l'aisné qui emporte l'heritage solidement; & sans que partie aucune d'icelui puisse estre conferee au puisné, sinon quelque prouisiō pour s'ō viure.

Loy se-uure pour les enfans de Caux

Et ceste coustume est procedee des anciens Noruegiens & Danoys, lesquels de tout tēps faisoient leurs aisnez heritiers generaux de toute la successiō & patrimoine. Et les autres enfans estoient enuoyez hors de leur païs, pour conquerir leur fortune.

Ceste loy fut occasion que les premiers Normands qui passerent en Gaule, auoient quicté leur pais; ne leur restant par la coustume que l'espee & le courage pour s'en aller ailleurs cercher leur auātage. Dequoy l'effect donne plus de foy que escriture qu'on en puisse montrer. Voyla pour la Normandie Belgique, reste encor la Celtique.

Du païs de Sees, & D'Alençon.

DV terroir de Lisieux est voisin celui de Sees, le peuple duquel s'appelloit iadis *Sesuuien*, ou Sagien. La capitalle ville de ce païs est situee sur la riuiere d'Orne, laquelle se va ruer dans l'Ocean, au dessoubs de Caé. Ceste ville est illustree de Siege Episcopal, ayát soubs soy plusieurs bónes villes, & la plusparc de l'Alençónois, auec partie du perche.

La terre de Sees est au milieu de Normádie entre l'Orient & l'Occident, ayant le terroir de Lisieux au Leuant, le Bessin au ponent, la Duché d'Alençon a Midi, & au Septentrion les

Baillahes de Caen & d'Auge en la besse Normandie.

L'Eglise cathedrale de Sees est dediee en l'honneur de nostre Dame : le premier Euesque de laquelle s'apelloit Sigebol de Celui qui tient à present le siege Episcopal, est nómé Messire N. Berrault.

Alençon estoit iadis vn comté, dont Pierre quatriesme fils de S. Louys fut le Premier comte, lequel espousa Ieanne fille vnique de Iean de Chastillon, comte de Blois.

Alençon fut erigé en Duché soubs Charles 6. l'an 1414. Le Bailliage de ce lieu est vn des plus grands de Normandie, ayant Iuges, Conseillers & autres gens de Iustice.

―――――――――――

Fondation de la Ville de Falaize, & autres.

Soubs le Diocese de Sees est la ville de Falaize, ainsi dicte, de *Fales*, ou *Feles*, mot Hebrieu; qui signifie la languette qui tient vne balance en son contrepoids; lequel nom fut iadis donné à ceste ville, par les enfans de Noé possedans la Gaule; A cause que ladicte ville est situee, comme en esgale distance, au fond d'vn vallon, enuironnee de mõtaignes de toutes parts.

La figure de Falaize est comme vne nef, estant longue & estroicte, n'ayant que trois rues, deux desquelles võt d'vn bout à l'autre de la ville, où le chasteau (qui fut faict bastir par Cesar) est comme la poupe de la nauire, estant situé sur vn roc, commandant à la ville, ayãt des fossez fort profonds, & enuironné de deux estangs, l'vn l'vn desquels ne tarist point, à causes des sources qui y sont.

En icelui chasteau se tenoiét jadis les premiers Ducs de Normandie.

Il n'y a que deux parroisses à Falaize l'vne fondee au nó de la tres-saincte & indiuisee Trinité, & l'autre de S. Geruais. La ville de Falaize est plus habitee de gens de Iustice & Noblesse que de marchans; Parquoy il n'y a pas grand trafic.

Non loin de Falaize est ce gros & fameux bourg nommé la Guibray, où se tient la foire tant renómee par toute la Fráce & Germanie; laquelle se cómence le lendemain de la mi-Aoust, & dure huict iours. A vne lieuë de Falaize vers le Ponent, est le mont surnommé d'Aircinne, où l'on prend les oiseaux de proye, & passagers:

tels que sont Faucons, Sacres, Tiercelets, Espreuiers, Esmerillons, & souuent des Aigles, & plusieurs autres sorte d'oyseaux.

Guillaume le Conquerant fils de Robert 1. du nom, Duc de Normandie estoit natif de Falaize.

Falaize est du Bailliage de Caen, comme aussi Bayeux & Vire qui est vne assez belle ville, ayant chasteau & siege d'assises, & receptes de tailles & aides. Par ainsi les citoyens sont fort honorables.

Robert & Anthoine dicts le Cheualier freres sieurs d'Agneaux Poetes François (lesquels ont elegáment traduict les œuures de Virgile & d'Horace) estoiēt natifs de Vire. Le terroir voisin de ceste ville porte le nom de Vau-de-Vire, de laquelle & du susdict païs ont & tiennent leur nom les chansons anciennes & communes, appellee vulgairement Vaudevires. Desquelles fut autheur vn appellé Oliuier Basselin.

Fondation de la ville & terroir de Bayeux

BAYEVX est vne ville Episcopale, voisine de Sees, & des plus anciennes de la Gaule, & la capitale du Bessin. Lequel pais est limité du terroir de Sees à l'Orient, & du Constantint au Ponent, du Maine au Midi Et du Bailliage de Caen au Septentrion.

L'estendue du Bailliage de Bayeux est plus grāde que celle de l'Euesché, ayant sous sa iurisdiction la plusparc des villes de Sees.

Quelques vns tiennent que Bayeux prēd son nom de *Belus* 2. Roy de Babilone, estant venu surgir vers les parties du Nort du costé de la basse Normandie, là où il fonda cette ville, apellee de son nom Belocase: comme qui diroit *Beli casa*, c. à d. la maison ou la demeure de *Belus*. Comme aussi ce peuple est nommé *Bellocassi*.

Ceux de Bayeux furent des premiers appellez à la cognoissance de l'Euangile par S. Exupere, qui fut enuoyé en ce païs au temps de Domitiā l'Empereur, par S. Clement successeur de S. Pierre: duquel il fut promeut, & vint comme Euesque à Bayeux prescher la parole diuine.

L'Eglise de Bayeux est des plus belle de Normandie, pour la magnificēce de sa structure,

& colomnes de toutes sortes : embellie de divers ouurages, & les deux tours de merueilleuse hauteur, & faictes en forme de piramides: estans soustenues du corps de cest edifice, & au milieu est vne magnifique tour, ornée d'arches, & arcs boutants, & claires voyes, que feit faire Louys de Harcourt iadis Euesque de Bayeux, en laquelle tour est l'horloge de la ville, qui est des plus exquis, qu'ô sçauroit desirer, marquât & sonnât les quarts, & demi heures, d'vne agreable melodie, par le moyen de quelques clochettes sonnâtes l'antienne *Regina cæli &c.*

Ceste Eglise est des bien seruie de la France, ayât sô Euesque qui est vn Doyen entre les Prelats de Normandie, & lequel es assemblees publiques,

est Lieutenant de l'Archeuefque ou Metropolitain.

Il y a cinquāte Chanoines en
ceste Eglise, y comprenant les
douze dignitez telles que sont
le Doyen, Chantre, Chancel-
lier, Archidiacre, soubs Doyen, maistre Escole : puis les
grands Vicaires, & grāds nombre de Chapelains, & le Theologal, & la Salete & enfans de
Chœur.

Il y auoit de grands thresors
& riches chasses, où reposoiēt
les sacrez ossemēts & reliques
de plusieurs saincts, emportee
par les Huguenots & Caluinistes, l'an mil cinq cents soixante & trois, durant les troubles
& guere Ciuiles du Royaume.
Soubs ce Bailliage & Vicomté
Thorygni iadis ville. est la place de Thorigny, qui
n'est qu'vn petit bourg, & qui
iadis estoit vne belle ville com-

me les marques tant de murs que de portaux le font paroistre. En ce pais est encor la ville d'Argenten, situee sur la riuiere d'Orne, de laquelle ont sorti plusieurs braues esprits, Non loin de laquelle est Hiesnes dicte *Oxinium*.

Fondation de la ville de Caen, &c.

CAen est apellee *Cadomus* par les latins, comme qui diroit *Caii domus*, & non pas de *Cadinus*, comme quelques vns ont pensé; D'autant que le Dictateur Caïe Cesar, en fut le premier fondateur & est ceste ville situee sur la riuiere d'Orne ou d'Aulne, & est la seconde en ordre entre les principales de Normandie estimee des plus belle & plaisantes qu'on puisse voir à cause de son assiette.

La maison de ville de Caen est fort magnifique ; bastie sur des acs boutants, & faicte à quatre beaux & grãds estages, & armee de quatre tours és quatre coings de l'edifice. La principale tour est celle de Befroy, en laquelle est la grosse horloge, ou l'on void des cadrans pour cognoistre l'accroissement & decroissement de la Lune.

C'estoit en ceste ville que faisoit iadis sa demeure Guillaume le Conquerant auec son espouse Mathilde, & ou ils feirent bastir l'Abbaye S. Estiẽne, & le monastere des Religieuses, dedié au nom de la saincte Trinité auquel la premiere Abesse fut vne des filles du susdict Duc comme nous auõs dict, & lequel y fut enterré, cõme aussi sa femme. Les Epitaphes

phes desquels y sont engra-
uez & leurs effigies dressees;
parce que i'ay mis cy deuant
celui du Duc, ie mettray celui
de sa femme qui est tel.

*Egregiam pulchri tegit hæc stru-
   ctura sepulchri*

*Moribus insignem, germen Regale
   Mathildem*

*Dux Flandrita pater, huic extitit
   Adala mater,*

*Francorum gentis, Roberti filia
   Regis,*

*Et soror Henrici Regalis æde po-
   titi,*

*Regi magnifico Gulielmo iuncta
   marito.*

*Præsentem sedem, præsentem fecit
   & ædem,*

*Tam multis terris, quàm multis re-
   bus honestis,*

A se ditatem, se procurante dicatam.

*Hæc consolatrix inopum, pietatis
   amatrix*

P.

Gazis dispersis, pauper sibi diues egenis.
Sic infinita petiit consortia vitæ,
In prima mensis, post primam lucem Nouembris.

1087.

Ce Duc Guillume secouru de Henri 1. de ce nom, Roy de France, gaigna vne bataille aupres de Caen, au val de Dunes, contre les Comtes de Bessin & de Constantin, qui le vouloiẽt chasser de sa Seigneurie, cõme illegitime. Apres ceste bastaille il feit vne assemblee de Prelats à Caen, où presida Maurille Archeuesque de Roüen: & pour ce que les susdicts Prelats auoient porté les reliques de leur Eglises, & mises toutes en vn lieu: il feit depuis bastir en la mesme places vne Eglise, apellee l'Eglise saincte Paix de Toussaincts: en l'an mil cinquante & cinq.

Le chasteau de Caen est haut esleué sur la ville, & est situé sur vn roc, & fortifié de son Dongeon. Au milieu y a vne tour fort haute & grosse, flanquee aux quatre coings de quatre autres grosses tours, & armee de fossez tres-profonds.

A Caen y a Bailli, Lieutenant general, Ciuil, Criminel & particulier, auec les Conseillers, Aduocats, & procureurs du Roy, gardes des Seaux, & autres Officiers necessaire. Il y a en outre vne chambre de Generaux, & la demeure des Thresoriers & Financiers & Esleuz, maistre des eaux & des forests, le Grenetier, Vice bailli, Vice admiral, chambre des monnoyes, & de la Cour Episcopale de l'Euesché de Bayeux.

L'vniuersité y fut instituee,

l'an mil quatre cens trente vn, auec fondation de plusieurs Colleges, regie par son Recteur, Chancelier, & Conseruateur des priuileges, tant Ecclesiastiques que Royaux.

Les Ecclesiastiques sont tels, que l'Euesque de Bayeux en est Chancelier, & ceux de Lisieux & Constances Conseruateurs pour l'Eglise. Le Bailly de Caen l'est pour les priuileges Royaux.

Encore qu'on die qu'il ne croist de vin en Normandie, si est-ce qu'à Argence qui est enuiron quatre lieuës pres de Caen il y en croist quantité, comme aussi en la haute Normandie y en croist de tresbon, dont est fournie la pluspart de la Prouince.

A Caen y a dixneuf ou vingt maisons consacrees à Dieu,

tant en la ville qu'aux fauxbourgs, c'est à dire Eglises, Cõ-
uents, Hostel Dieu, & autres
lieux saincts.

De Normandie reste encor
le terroir de Constantin comprenant les Eueschez d'Auranches & de Cõstances, les deux
pieces plus Occidentales de
toute la Normandie.

DE LA VILLE ET
pais d'Auranches.

La ville d'Aurâche est celle qui fut iadis chef des
Ambiliates, renõmez par Cesar, & est dicte en latin *Arbori-
ca*, ou *Abrincæ*, en nombre plu-
riel, pour la grande abondance des bois, qui iadis l'auoisi-
noient, & qui depuis furent
couppez.

Auranches est situee sur le

sommet d'vne montaigne, sur vn rocher assez difficile à monter du costé de la mer. Estant sur les murailles de la ville on descouure du costé du mont S. Michel, plus de trois à quatre lieuës de terre blâche, ou greve : sur laquelle la mer vient floter, iusques fort pres du rocher : lors qu'elle est en son plain flux, venant s'espendre sur vne petite riuiere nommee See, laquelle passe par le bourg de Ponts soubs Auranches.

Du costé de Septentrion l'on void le plat païs, couuert de bois de haute fustaye, en plusieurs endroicts; & celui du parc à deux lieuës d'Auraches, apartenant au Seigneur Euesque de ce lieu; où il y a aussi vn fort beau chasteau basti par Louys de Bourbon quarante

Chasteau du parc.

vniesme Euesque d'Auraches, lequel fit aussi bastir la maison Episcopales d'Auranches, laquelle est l'vne des plus fortes, & plus belles du Royaume: mais ce magnifique bastiment fut tout ruiné par le dedans (ne demeurant que la superficie du logis) en l'an mil cinq cens quatre vingts dix, ce qui fut faict pour fortifier la ville, qui estoit assiegee: les fauxbourgs de laquelle furent aussi presque tous ruinez.

De dessus les murs d'Auranches l'on void le merueilleux rocher, sur lequel est situee dans la mer, l'Eglise & monastere de Sainct Michel, tant renommé par toute la France, & honnoré des Catholiques, qui de loingtain païs y vont en voyage; n'estant distant d'Auraches qu'enuiró de 3. lieues.

Le mont S. Michel.

La figure d'Auranches est presque toute ronde en sa circonferéce, bien close, muree, ayant des fossez profonds, & larges, estant des plus fortes.

Les faux-bourgs sont plus grands que la ville, contenans trois Eglises parochiales: sçauoir nostre Dame des-champs, aupres de laquelle est le College (qui est vn des meilleurs & plus fameux de Normandie) apres est Sainct Geruais, & puis S. Saturnin où estoit autrefois le corps entier d'vn des Innocens martyrisez par Herodes : mais du temps que les Caluinistes ruinerent les Eglises de ce lieu; celles-cy entre autres fut bruslee auec le corps du susdict Innocent, & y fut perdu vn calice d'argent doré, le plus grand, & le plus beau qu'on eust peu voir. Ceste ville est Episcopale: l'Eglise cathedrale de laquelle est dediee au nom de S. André Apostre & disciple de nostre Seigneur: en icelle ont presidé les Euesques qui ensuiuent: Le premier fut sainct Leoce qui presidoit dés le temps que les Fraçois commençoient a se domicilier en la Gaule. Le 2. fut Nepe, qui viuoit du temps de Clouis I. du nom, & assista au premier Concile national d'Orleans, le 3: fut S. Perpetue, qui fut au deuxiesme Concile d'Orleans, le 4. fut sainct Pair, le 5. fut Fegase ou Fegasie, qui assista au quatriesme Concile d'Orleás, le 6. fut sainct Senier, le 7. S. Seuer, le 8. sainct Rahentrace, le 9. Leodenalt, le 10. sainct Aubert. Et du temps de cestuy qui fut enuiron l'an de grace sept ceus & huict, Childebert

P v

deuxiesme du nom regnant en France, fut bastie l'Eglise & monastere du mont S. Michel pres Tombelaine, au peril de la mer, à cause de l'apparition d'vn Ange faicte audict Euesque. Le 11. fut Norgot, le 12. fut Iean 1. du nom, le 13. fut Maugis, Euesque de grand renom: lequel institua les Moines au mont sainct Michel, & en chassa les Chanoines, qui n'estoient pas bien viuans en leur estat. Le 14. qui succeda à Maugis fut Ansegand, le 15. fut Ieã deuxiesme du nom, fils de Raoul Comte d'Eureux & viuoit l'an mil soixante & trois. Et fut cestui qui conceda aux Euesques d'Auranches, le lieu de sainct Philebert, auprés de Rouen, d'où il fut Archeuesque, & vn iour comme il vouloit dire la messe solennelle le tour de sainct Oüen, en l'an mil soixante & treize, les Religieux de l'Abbaye S. Oüen le chasserent auec main armee, & le iotterent furieusement hors de l'Eglise. Parquoy le conseil assemblé par ceux de nostre Dame Eglise cathedrale, là, où presidoit le Duc de Normandie, Roy d'Angleterre, furent lesdits Religieux, les vns punis & mis en prison, & les autres s'enfuyrent. Le 16. fut nommé Michel qui assista au Concile de Roüen, l'an mil septante quatre. Le 17. Turgis, le 18. Richard de Subligny, le 19. fut Richard de Belle-faye, lequel est inhumé en l'Eglise nostre Dame du Bec, il deceda l'an mil cent soixante & vn. Le 20. estoit nómé Hebert, qui mourut l'an mesme, le 21. fut Richard Abbé de S. Victor, le 22. fut Richard de Constantin troisiesme du nom auparauant Archidiacre de Constance, le 23. Guillaume Burel, le 24. Guillaume Foulon, lequel fut tout surmonté d'orgueil en son viuant, le 25. Guillaume d'Ostilli, le xxvj. Guillaume quatriesme du nom, Doyen de nostre Dame de Paris, esleu l'an mil deux cens trente neuf, le vingtseptiesme fut Richard l'Ange, 4. du nom. Son corps repose en la chappelle nostre Dame dans l'Eglise cathedrale d'Auranches, le 28. Raoul de Thieuille, qui fut Euesque l'espace de vingtquatre ans, & deceda l'an mil deux cens nonante, le 29. fut Geoffroy le Boucher, le 30. Nicolas de Luzerche, lequel est inhumé en l'Eglise S. Geneuiefue de Paris le 31. fut Michel de Pontorson, qui fut Euesque vn an cinq mois, le 32. fut Ieā de la Mousche, qui plaida contre les Seigneurs, pour les poissons de la greue, & pour les bestes rousses de la forest de Lande pourrie, & pour les franchises d'ibelle. Le 33. fut Iean dict Vienne lequel regit son Euesché en bonne paix, puis il mourut à Rheims en Champaigne, le 34. fut Iean cinquiesme du nom, surnómé de Hautfumé, lequel est enterré à Rouen, en l'Eglise S. Oüen, le 35. auoit nō Foulques Bardoul natif de Rhennes, le 36. auoit nom Robert de la Porte, le 37. Robert du Fay, qui trepassa subittement tout auprés de la porte l'an mil quatre cents nonante, le 38. Iean sixiesme dict de S. Auit, le 39. Martin Pinard, natif de Bayeux, qui tint l'Eueſché dix ans, le 40. auoit nom Iean Bouquard, septiesme du nom Docteur en la Sorbonne de Paris, le 41. Louys de Bourbon lequel mourut le vingt vnieſme d'Octobre mil cinq cents dix. Iceluy auoit faict baſtir la maiſon Epiſcopale, le 42. fut Louys Herbert Prelat de grand merite & auctorité, natif de Paris & fils d'vn des douze Pairs de France. Ce fut iceluy qui feit baſtir la Chapelle de noſtre Dame de Pitié, dans l'Egliſe cathedrale & y eſt inhumé: & regit l'Eueſché seize ans puis deceda le quatrieſme iour d'Auril, mil cinq cents vingt ſix, au chaſteau du parc, qu'il auoit auſſi faict reedifier. Le 43. fut Iean de Langheac, le 44. auoit nom Robert Cenalis Pariſien né de bas lieu, qui fut comme vne lumiere, de tous les Docteurs & Prelats de son temps, iceluy fut esleu Euesque l'an mil cinq cents soixante, & est enterré dans le Chœur de l'Eglise S. Paul à Paris, & aupres est vn tableau de cuiure, sur lequel est graué son Epitaphe dont voici l'extraict.

Ego Iehouad, hoc est nomen meum
Vni trino nomini ac nomini sacrum,
Huc ades, quisquis, es Christianæ cultor
Pietatis, hoc monumentum vocat
Suadetque, vt te esse mortalem vel casibus
Discas nostris, túmque sequuntur legas.

EPITAPHIVM RO-
berti Cenalis Arboricensis
Episcopi, Doctoris Theolo-
gi, ordine Parisiensis.

En moriturus ego vixi, quo vivere possim
Iam moriens mortem vita beata manet,
Vixi equidem, fateor, sed quem vexisse pigeret,
Ni mihi spem faceret gratia larga Dei,
Busta tui miseranda vides qui forte Roberti,
Dic tandem æterna pacem fruatur, Amen.
Obiit 27. Aprilis 1560.

Le 45. Euesque fut Anthoine le Cirier, Parisien aussi hôme de grande & singuliere doctrine, lequel fit son entree à
l'Euesché le iour & feste sainct
André, l'an 1562. il assista au
Concile de Trente. Le 46. Augustin le Cirier, frere dudit Anthoine, lequel gouuerna fort
vertueusement son Euesché
quatre ans & demi, & trespas-
sa le troisiesme iour de Mars,
mil cinq cens quatre vingt, le
47. fut

47. fut Georges Pericard, natif de Rouen, Prelat tresdigne, & de grand merite, qui mourut l'an 1587, le 13. de Iuillet, enuiron minuict. Son corps repose en la chappelle S. George en l'Eglise cathedrale d'Auranches, & y est son Epitaphe graué sur vn grand tableau de cuiure le 48. est Messire François Pericard, frere dudict Georges, à present tenant le siege Episcopal: qui est l'vn des insignes pasteurs, qui soit en la France, homme de saincte vie: lequel entreprint le voyage de Rome, l'an 1597. enuiron la S. Michel, só retour fut l'an 1600. à l'entree du Caresme au grád desir & contentement de son troupeau, icelui visitant incótinét apres sondict retour toutes les paroisses de son Diœcese, faisant en chacun lieu de

belles & sainctes exhorttaions, conferant le sacrement de Cõfirmation à vn-chacun qui se presentoit: d'auantage il feit imprimer plusieurs beaux liures, tant pour l'instruction de son troupeau que pour le reglement de son Eglise. Ce qui a incité le peuple à grande deuotion. Bref c'est vn pasteur qui peut veritablement dire & prononcer de soy ceste herueuse rencontre comprise sous le voile de son illustre nom.

François Periçard Euesque d'Auranches
I'acquers Paradis facond en heur sacré.

Multipliant tousiours d'vn fidelle
   deuoir
Le sainct talent duquel Dieu m'a
   voulu pourvoir.
A chercher le salut, la paix, & l'asseurance

De mon troupeau tref-cher, ou mon
foin eſt ancré:
L'augure de mon nom me faict auoir
croyance.

Que l'ACQVERS PARADIS,
FAECONDEN HEVR SACRÉ. Entre les Eueſques Normands, celuy d'Aurāches eſt le ſecond en honneur és Conciles de la Prouince, & autres aſſemblees, qui s'y font pour le faict du Clergé (comme il eſt plus amplement porté es anciennes memoires.)

L'Egliſe cathedrale d'Auranches eſt des mieux ſeruie, y ayāt 20. Chanoines (cōprenant les dignitez ordinaires des Egliſes cathedrales) leſquels viuent conuenablement à leur eſtat. Et entre iceux, y en a quatre qui ſont comme les quatre lumieres, ſçauoir maiſtre Iean Fortin Docteur en la Sorbōne de Paris, Doyen & grand Vicaire du Seigneur Euesque d'Auranches, homme des plus celebres & plus parfaicts de ce temps. Maistre Vincent le Got Docteur en l'vn & l'autre droit, & Archidiacre, lequel est aussi assez cogneu par la Fráce pour son sçauoir: Maistre Denis Luquin, aussi Docteur Theologal, & Official, grand Orateur & des plus eloquens: Cóme aussi Maistre Christofle de saincte Geneuiefue, Penitentier en ladicte Eglise, lequel a passé la meilleure part de son aage pour profiter au public en la famense vniuersité de Paris, ainsi qu'ont faict les precedēts nommez.

A Auranches y a siege de Bailliage, Vicomté, & Ellectió, auec les Lieutenãts generaux & particuliers, & autres gents du Roy, fort signalez.

Enuiron sept lieues d'Auranches est la petite ville de Mortain, appartenante à monsieur de Mont-pensier, laquelle fut erigee en Comté, & donnee à Messire Pierre de Nauarre en l'an 1041. Il y a aussi Bailliage & Vicomté, dont les appeaux vont à la Cour de Parlement à Roüen. Aupres ceste ville sont deux Monasteres de Religieuses.

Au terroir de Mortain est aussi l'Abbaye de Sauigny, situee sur les bornes de la Normādie, de la Bretaigne Armorique, & du pais du Maine, dōt est à present Abbé Messire Claude du Bellay, sorti de l'illustre maison du Bellay.

Apres est encor l'Abbaye de Mont-morel, non loin du bourg de Ducey, appartenant

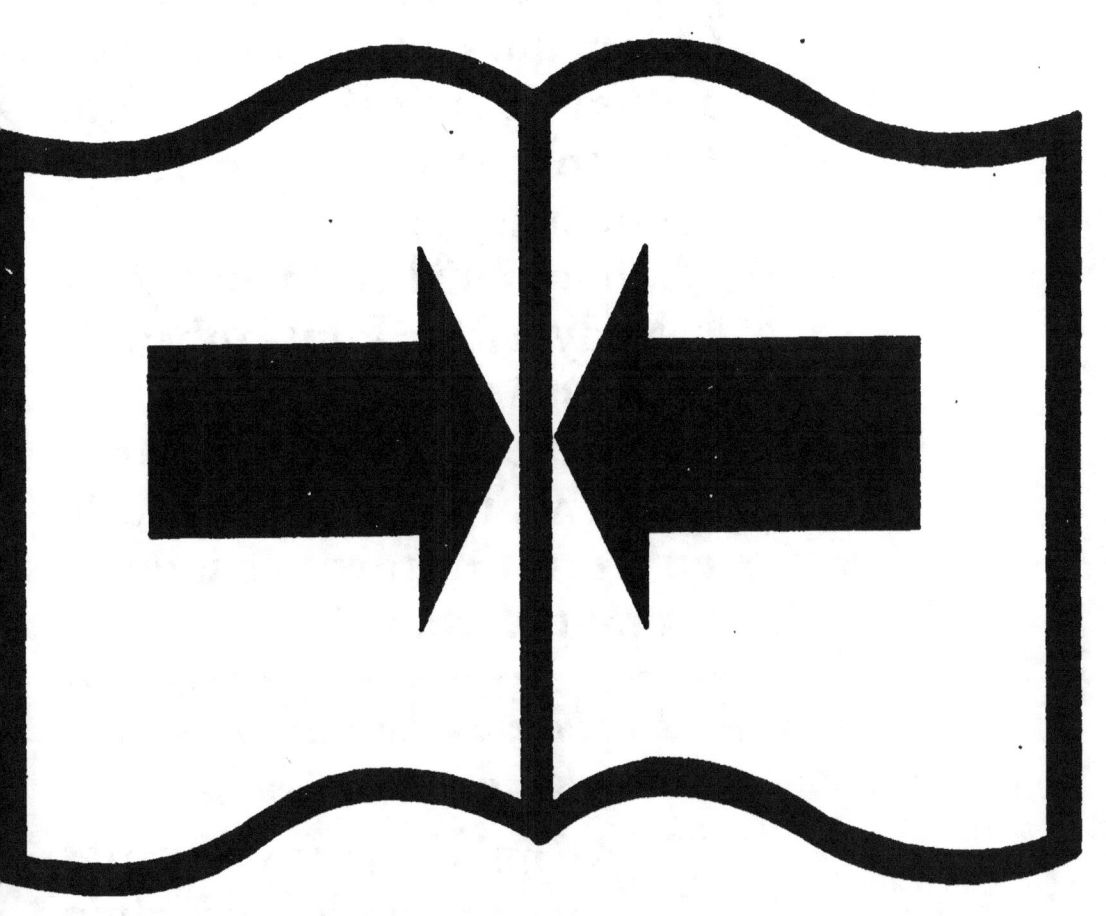

Reliure serrée

au Seigneur de Mongomeri, gouuerneur de la ville de Pont Orson, qui est vne forte place arrosée de la riuiére de Cœsnó, separante la Bretaigne d'auec la Normandie.

A vne lieuë d'Auraches vers le Midy, est le Pont-aubault, fort remarquable, par sous lequel passe la riuiere de Selune, qui se va ruer non loin de là en la mer Occidentale, ioignāt le mont S. Michel.

De plusieurs choses memorable aduenues d'Auranches.

L'An mil cinq cens soixante deux, vn lundi huictiesme iour de Mars, fut venduë & trahie la ville d'Auranches aux Huguenots Caluinistes ; lesquels ruinerent entierement l'Eglise cathedrale, & en emporterent tous les thresors &

richesses, comme aussi des autres Eglises.

L'an mil cinq cens soixante sept, l'Eglise cathedrale d'Auranches fut poluë, par vn nommé le Preudhomme, lequel dōna vn coup de cousteau à vn sergeant nommé Noel le Follon, estát dans le Chœur de ladicte Eglise: laquelle fut recōciliee & rebenie par l'Euesque de Rhennes, le 29. iour de Iuillet audit an.

L'an mil cinq cens soixante dixneuf, le iour de la decolation S. Iean, le feu prit en la rue pendátes aux fauxbourgs d'Auranches, & brusla grád nombre de maisons.

L'an mil cinq cens quatrevingt dixsept, le feu prit le Ieudy de deuant Pasques en la rue des trois Rois aux fauxbourgs d'Auranches, & y eut plusieurs maisons bruslees; & d'autant que le feu estoit si violét qu'on ne le pouuoit esteindre, à cause du grand vent qu'il faisoit, & que les forces humaines estoient trop foibles contre sa force, l'on alla querir auec grãde reuerence le S. Sacrement, & aussi tost que le peuple se feust mis en deuotion & prieres, le feu cessa & s'esteignit miraculeusement.

Miracle memorable au pres d'Aurãches.

L'an 1597. le 25. iour d'Aoust, qui est le iour S. Louys, vn nómé Iean Alix, aagé de 28. ans ou enuiron, sourd & muet de nature: natif de la parroisse du Mesnilthoue, Diœcese d'Autanches, Comté de Morrain, receut le don de l'ouye & de la parolle dans l'Eglise S. Pair le Seruain, paroisse voisine, où se faict le fer: entre la premiere esleuation du corps de nostre Seigneur

Seigneur & celle du Calice. Vn nommé maistre Pierre Foulques prestre celebrant la Messe, en l'intention dudict Alix, lequel Alix en (presence de grãd nombre de peuple qui estoit assistant) vint à prononcer hautement IESVS IESVS IESVS misericorde, *Corpus domini, &c.* Monsieur S. Louys que i'aye la parole: Et lors luy fut aduis qu'il auoit sorti vn brãdon de feu de sa bouche. Et du depuis à tousiours ledit Alix bien parlé & entendu. Et est ce miracle tres-veritable, comme plus amplement on peut voir par le docte discours, qui en a esté mis en lumiere, par maistre Anthoine de Morri, Conseiller & Aumosnier du Roy Henry quatriesme lequel discours est dedié à sa Maiesté.

Q

L'an mil cinq cens nonante & trois vn mercredi 15. d'Auril enuiron neuf heures de matin le tónerre tomba tout à coup, & contre la saison, sur la tour de l'Abbaye du mont S. Michel, pres Auranches, laquelle estoit vne des plus hautes de France, & fut toute bruslee, & plusieurs cloches fódues, auec vn dommage inestimable.

Lan mil six cens cinq le sixiesme iour d'Auril, la Mer Occidentale s'est tellement desbordee aux enuirons d'Auranches, Dol, & S. Malo, que l'on ne pourroit estimer les ruines & dommages qu'elle a faicts, n'ayant iamais esté veuë iusques où elle s'est estenduë, tellement qu'elle mesme entre presque dans la ville de S. Malo par dessus les murailles d'icelle.

Du temps de S. Louys il tôba du ciel vne petite pierre dãs le mont S. Michel, sur laquelle estoit escrit le nom de IESVS; & d'icelle furent touchez les yeux de quelques aueugles, qui recouurerent incontinent la veuë, ainsi que raporte R. Guagnin en la vie dudit sainct Louys.

Du pays de Costantin.

COstantin & Constances ne vienñt pas, de Constantin l'Empereur (comme quelques vns ont pensé mal à propos,) mais de *Castra Constantia*, ainsi dict à cause que *Constanter*, c'est à dire presque tousiours, les soldats y estoient campes, comme sur les limites tant de la grande Bretaigne que les Armoriques: les-

Ambr. Marcel. lib. 15.

quels donnoient beaucoup d'affaires aux Romains.

Le païs de Constantin est limité au Septentrion de la mer Occeane, au Midi du terroir de Sée, au Leuant des guez de S. Clement, de Thorigni, & de la riuiere de Vire; & au Ponent de la Bretaigne.

De la fondation de Carentem.

DV costé de la mer, allant du Ponent au Leuant: la premiere ville qu'on void est Carentem, fondee par vn ancien Colonel de Cesar nommé *Caros*, & est ceste place tresforte, quoy que petite, estant enuironnee de la mer & fort marchande.

Sainct Leon iadis Archeuesque de Rouën, estoit natif de Carentem, en son temps vn des plus celebres Docteurs

& signalez Lecteurs de la faculté de Theologie de Paris. Estant Archeuesque de Rouen il eut commandement du Pape d'aller en Espagne conuertir quelques vns qui estoient disposez : Ce qu'il executa promptement & heureusement. Mais s'en reuenant il fut pris à Bayonne, par des Pyrates (gents sans mercy) lequels apres plusieurs sortes de tourments & cruautez, le decapiterent & martyrizerent, & auec luy ses deux freres Philippe & Geruais, lesquels l'auoient assisté en son voyage.

Apres que ceux de Bayonne furent Chrestiens, ils prindrẽt pour leur patron ce sainct Archeuesque Leon, à cause des miracles que Dieu a faist en ce pays, à l'inuocation dudict sainct: duquel ils ont les reliques & de ses deux freres aussi.

De Carentem estoit aussi natif maistre Robert le Rocquez Docteur en Theologie, lequel laissa apres sa mort vn liure intitulé le miroir d'Eternité, cóprenant plusieurs antiquitez & choses memorables ; quoy qu'il soit en vers ressantans vn peu le vieil style. Lequel liure à esté mis en lumiere par Robert le Rocquez nepueu du susdict Maistre Robert, homme d'assez galland esprit, comme l'on peut voir par quelques œuures de son inuention, de nouueau imprimees.

Non loin de Carentem est le closet de Costentin abondant en paturage, à raison des eaux qui l'atrousent vers Penesme, & les ponts Douue. Et en ce pais est encor la ville de

Valongnes assez belle & remarquable où il y a vn fort chasteau, auec haute & basse iustice. Comme aussi le bourg de Sainct Sauueur le Viconte, lieu de remarque tant pour son estenduë, que pour vn fort chasteau y estant, où passe par le pied d'iceluy la riuiere du pont Douue, arrosãt plusieurs bonnes prairies là estantes. Il y à aussi le bourg de Poiriers.

Fondation de la ville de S. Lo.

LA ville de S. Lo est renõmee d'vn Euesque de Cõstances portant ce nom: l'Eglise duquel lieu est de la fondation de Charlemaigne (selon l'opinion de quelques vns) lequel l'auoit premierement dediee au nom de S. Croix, en l'an de nostre Seigneur 815. pour vne vision qu'eut ledict

Charlemaigne.

Ceste pauure ville fut saccagee par les anciens Normadns, lesquels tuerent & mirent en pieces les pauures citoyens : quoy qu'ils se fussent rendus à composition: & y massacrerēt aussi vn Euesque de Constance nommé Algerunde.

Ceste ville fut aussi assiegee du temps des Caluinistes & encor vne autrefois, peu apres.

Fondation de la ville de Constance.

CEste ville (comme dit est) porte le nō de *Castra Constantia*, à cause que les soldats Gaulois y resistoient constamment tousiours contre les Romains. Quelques Autheurs ont voulu dire que Auguste Cesar lui donna les premiers fondemens : & que *Constantius Cæsar*, quarāte deuxiefme Empereur de Rome, l'apella Cōstances, de son nom: par ce qu'il y faisoit ordinairement son sejour. Et mesme qu'il mourut en Normandie à Eureux.

Constances est comme chápestre & sans murailles ny closture quelcōque, dōt est dommage, eu esgard à sa beauté & situatiō: Toutesfois elle a esté autresfois fermee de murailles, qui furent abbatues apres que les Anglois en furēt chassez en l'an quatre cens.

Au costé d'Occidēt de ceste ville au bas d'vn vallon se voyent plusieurs pilliers, fort hauts & d'vne belle structure, industrie & artifice, faicts comme vn pont à plusieurs arcades, & furent anciennement bastis par les Seigneurs du nō de Paisnel. Par dessoubs ces

Q v

pilliers, passe vn ruisseau nommé Bussard, & par dessus vne fontaine qui vient de demie lieuë loin de là, conduit par des canaux de plomb, iusqu'au milieu de la ville.

Fontainere marquable à ½ distance.

L'Eglise cathedrale de Constances est vne des plus belles, & plus admirablement bastie, de tout le Royaume.

Dans icelle ont presidé plusieurs insignes Euesques depuis l'Eglise primitiue, car le 5. sçauoir S. Lo, estoit en l'an quatre cens septante & trois, d'où l'on peut voir que les premiers ont esté durant la persecution des Idolatres & Payens, contre les deffenseurs de l'Euangile.

Or le premier des Euesques de Constâces fut S. Ereptiole, le 2. S. Exuperance, le 3. Leonard, le 4. fut S. Possesseur, le 5.

S. Lo: le corps duquel gist à Roüen, où il fut porté à cause des guerres. Ce qui a esté occasion que les Euesques de ce lieu ont longuement porté le titre d'Euesques de S. Lo, pource que l'Euesque Thierry, se tint à Roüen, en quelques possessions que le Duc de Normandie luy auoit donnees, en la cité Metropolitaine pres l'Eglise S. Lo, attendant que Constāces ruinee fust remise en vigueur: le 6. fut S. Romphaire, le 7. Leon, le 8. S. Leontian, qui signa au premier Concile d'Orleans, le 9. fut S. Vrsin, qui soubscriuit au second & au troisiesme Concile d'Orleans, le 10. fut S. Vlphobert, le 11. fut Lupicie, le 12. Nepe, le 13. Machaire, apellé par Gregoire de Tours Romachaire: disant que ce fut luy qui enter-

372 DESCRIPTION

ra le sainct Archeuesque de Rouën Pretexat, lequel fut fait massacrer par la meurdriere Fredegonde, l'an mil cinq cens trente quatre: comme le susdict Archeuesque celebroit la Messe vn iour de Pasques. Le 14. Euesque fut Hulderic, le 15. Vvaldomat, le 16. Trahe, le 17. Rothumud, le 18. Salomon, le 19. Agathee, le 20. Lauin, le 21. Vvifride, le 22. Aldebert, le 23. Iosué, le 24. Leon, le 25. Angulon, le 26. Hubert, le 27. Vvibard, le 28. Herluin, le 29. Sigenand, le 30. Lisle, le 31. Ragenard, le 32. Hellebold, le 33. Aggebert, le 34. Theodoric ou Thierry: qui fut nommé Euesque de S. Lo, le 35. fut Herbert, le 36. Algeronde, lequel fut massacré à S. Lo, par les Normands comme nous auons desia dict, le 37.

Gillebert, le 38. Hugo, le 39. Herbert, le 40. Robert, le 41. Geffroy, surnommé le bõ Geffroy, qui gouuerna l'Eglise quarante cinq ans, & la reedifia sur les fondements par Robert son predecesseur, & apres la consacra en presence de Guillaume Duc de Normandie, l'Archeuesque de Rouën, de plusieurs Euesques, & de plusieurs Seigneurs & Barons tant de Normandie que Bretaigne, en l'annee mil cinquãte six. Le 42. Raoul, le 43. Roger, le 44. Richard, qui viuoit l'an mil cent cinquante sept, le 45. Algari, le 46. Richard second du nom, le 47. Guillaume, le 48. Viuien, le 49. Hugues de Morville deuxiesme du nõ, qui feit bastir & fonda la maison Dieu dudit Constances, le 50. Gillan de Caen, le 51. Iean d'Esſey, le 52. Euſtache, le 53. Robert de Harcourt 3. du nom. Il fut auparauant Archidiacre de Conſtantin & fut lui qui fonda le College appellé de Harcourt à Paris, le 54. Guillaume de Tyeuuille, le 55. Louys de Equierci, le 56. Silueſtre de la Ceruelle, le 57. Nicolas de Tholon, le 58. Guillaume de Crepicordier, le 59. Gilles Deſchamps, le 60. Iean de Marle, le 61. Panoulphe, le 62. Philbert de Mot-ioyeux, le 63. Gilles de Duremort, le 64. Iean de Chaſtillon, le 65. Richard Oliuier Cardinal, le 66. Benoiſt de Montferrand, le 67. Iulian natif de Geneue, qui du depuis fut faict Pape ſoubs le nom de Iules 2. & lequel fut plus adōné aux armes qu'aux lettres, il poſſeda le ſiege neuf ans trois mois douze iours, le

68. fut Geffroy Hebert Parisien, qui gouuerna ledict Euesché trente 7. ans, & feist beaucoup de biens à l'Eglise, & augmenta le reuenu, & fonda les vespres en icelle & les enfans de Chœur, le 69. Adrian Gouffier Cardinal de Boisi, le 70. fut nómé Bernard D'vnce Cardinal, le 71. René de Breche, Religieux de l'ordre de sainct Benoist, le 72. fut Philippes de Cossey, en l'an de grace 1530. lequel auoit esté precepteur du grand Roy François. Le 73. Poyen d'Hector, le 74. Estienne Martel, le 75. fut Artus de Cossey, fils du Mareschal de Brissac, le 76. est Nicolas de Briroy, Pasteur tres-digne de sa charge, tant pour son integrité de mœurs que pour la liberalité, dont il vse enuers les pauures: estant vn des plus au-

mosniers de la France, selon son reuenu:& lequel a faict vne infinité d'autres œuures pieuses, qui tesmoignent assez sa preud'hommie, il fut pourueu à Rome par le Pape Clement huictiesme apres la reconciliation des troubles de la France, le seizielme en Septẽbre 1597. & consacré à la Chapelle nostre Dame à l'Abbaye sainct Germain Desprez à Paris, par les sieurs Euesques d'Amiens, de Digne & de Beauvais, le Dimanche 7. de Decembre 1597. Ha tousiours residé & reside en son Euesché, faisant ses fonctions, visitant les paroisses d'icelui, où l'on estime qu'il a cõferé le Sacrement de Confirmation à pres de trois cens mil personnes.

Il y a aussi bon nombre de Chanoines en l'Eglise cathedrale

drale de Constances, lesquels se gouuernent prudemment en leurs charges; & y en a de signalez en doctrine, assez cōgneus en la France pour leur merite.

La ville de Constance est grāde & fameuse & en laquelle y a grand nombre de riches marchands faisans trafic tant par mer que par terre. En icelle est aussi le siege presidial de Costentin fort recommandable, pour la bonne iustice, qui est en ce lieu fort equitablement gardee à l'endroit d'vn chacun. Il y a maintenant vn President homme de grand & singulier merite nommé Monsieur Poirier, auec douze Nonseillers, en outre sont les Lieutenants Ciuil & Criminel, pour le siege du Bailliage.

Quand pour le faict de la police, il y a vn Seneſchal. D'auantage ſont les ſieges de Viconté & Eſlection.

Du bourg de Ville Dieu.

ENuiron ſept lieuës de Conſtances, eſt le bourg de VilleDieu, & y eſt vne commanderie des Cheualiers de Rhodes, iadis inſtituees par le Roy d'Angleterre Richard III. du nõ, lequel y feit de fort belles fondations, y a Bailliage.

Les habitans de Ville Dieu ſont fort groſſiers, pour la pluſpart; neantmoins il y en a de fort ingenieux entre les autres Ils ſont principalement adonnez au trafic de paellerie; eſtãs preſque tous fondeurs de cloches, paelles, chaudrons, & autres ouurages de metal & de cuiure.

De la lande d'Herould, jadis place remarquable.

Tout auprès de Ville Dieu, est la lande d'Herould, ou d'Airou, qui n'est maintenant qu'une simple paroisse. Anciennement y auoit vn bourg contenant enuiron demie lieuë de long, fort superbement basty sur le grand chemin tendant à Auranches, mais il est ruiné, & ne reste plus que fort peu d'enseignemens. Il y auoit aussi vn beau chasteau, dont on apperçoit encore quelques vestiges; le champ voisin & proche d'iceluy s'appelle encor le pré du chasteau.

Enuiron deux traicts d'arbaleste du bourg susdict, est sur le grand chemin vne petite Chapelle, des puis anciennes, où il y auoit autresfois vn Monastere de Religieux qu'on appelloit S. Leonard des bois, à cause qu'il estoit situé en vn bout du bois de la lande d'Herould

Prodige admirable.
L'an de grace mil cent cinquante & huict, vn samedy de la sepmaine de Pasque, enuiron midy, s'esleua de terre à la lande d'Airou vn grand tourbillon, qui enleuoit auec luy tout ce qu'il rencontroit: & en fin se haussant en l'air, s'apparut vne forme de colóne montant auec le tourbillon, laquelle estoit couloree de bleu, & rouge, & s'arresta en l'air. Cependant on voyoit des flesches & dards, qui s'eslançoient contre ceste colomne : sans qu'on veist ceux qui tiroiēt ces coups & au haut du tourbillon, qui estoit sur la colóne, on voyoit crier & voltiger vn grād nóbre d'oyseaux, de diuerses sortes.

Bien tost apres ce prodige, aduint vne estrange mortalité au peuple de ce lieu (dont le Seigneur mourut des premiers) & s'espendit ceste cruelle maladie par toute la Normandie, & Regions circonuoisines.

De Grand-ville & autres places.

ENuiron sept lieuë de ce pais est la forte Place de Grandville, qui est vn bon port de mer: seruant comme de clef & deffence ste ce costé, contre les incursions des Anglois.

Le long de la coste de la mer le pais de Costentin est orné d'infinis chasteaux, & quelques villes, & premieremét on void vne presque isle dite la Hogue, par les latins *Ogigies*, qui est infertille, ne seruant qu'a transporter de la marchandise de là en autres lieux, sçauoir en terre ferme. Apres est Montebourg, où il y a vne belle Abbaye de la fondatiō d'vn nommé de sainct Benoist, nommé Roger de S. Croix qui en fut le premier Abbé, & les frais en furent faicts par Henry premier Roy d'Angleterre & Duc de Normandie.

Ce monastere estant passé on void la Hogue, S. Vast, & puis Barfleu, où y a vn Conuent d'Augustins.

Fondation de la ville de Cherbourg, & autres.

Non loin de Barfleu, est la fameuse place de Cherbourg, en Latin *Cæsaris Burgus*, d'autāt que Cæsar la feit bastir: ayāt arresté son Camp en ceste basse marche de Constentin. Ceste ville & chasteau, fut la derniere ostee aux Anglois, par Charles septiesme: lors qu'il les chassa du tout de la France, l'an mil quatre cents quarāteneuf. En memoire dequoy se faict procession generale le dozielme iour du moys d'Aoust, par toutes les Eglises plus signalees de la Normandie.

Apres ceste place sont encor Breual ou Barfleur, Briquebec, (où l'ō a descouuert depuis vn an quelques mines d'argent, cuiure & autre metaux) & Hanbie, qui appartient à la maison d'Estouteuille, & iadis appartenoiēt aux Painels: mais en fin Ieanne Paisnel estant mariee à Louys d'Estouteuille; iceluy feit passer ceste grande succession en sa famille.

Le Bourg de la Haye Paisnel porte encor le nom de ceste

ancienne famille.

Non loin de là est vn petit Bourg dict Gauuray, où l'on void les ruines d'vn anciē chasteau sur vne petite montagne fort haute & admirable, qui estoit iadis vne insigne forteresse.

A Hambye y a vne Abbaye de la fondation des Seigneurs d'Estouteuille, qui de tout tēps y ont esleu leur sepulture.

Des Isles qui sont au pays de Costentin.

LE pays de Costentin a quelques Isles, comme Iarsay ou Gersay, auquel lieu la deuotion des gens de bien auoient fondé vn conuent de Freres Mineurs, mais la Barbarie & l'impieté des Huguenots & heretiques a ruiné ceste saincte maison, & chassé les Religieux seruans

seruans à Dieu en ceste insulaire solitude. Leur maison est à present en vn lieu champestre tout aupres de Grandville par la liberalité de feu madame de Hambie & d'Estouteuille.

Apres sont encor les Isles de Grenezay & de Sere qui est fortifiee d'vn fort contre les Pyrates lesquelles Isles ne recognoissent en rien l'obeissance deuë au sainct Siege, voila tout le traict de la Normandie & ses Bailliage, dont cestuy-cy de Costentin est le dernier; lequel comprend encor sous soy les Chastelenies qui ensuiuēt, sçauoir Briquebec, Moyon, S. Sauueur le Vicōte, sainct Sauueur Lendelin, la Haye du Puis, Cerances & Ville-dieu, lesquels ressortissent à Constāces. Et de la les appeaux vont en la Cour souueraine de

R

Roüen. Du ressort de Consta-ces est aussi le Bourg de Poitiers: auquel y a Bailliage, Vi-Comté & Ellection.

Louäge de Normandie.

Or les lecteurs pourront icy dessus voir succintement descrite vne des plus belles, riches, & florissantes Prouinces du Royoume, & terres subiectes au Roy de France: eu esgard au grand nombre de noblesse, à la fertilité du païs & bonté de la terre, à laquelle ne manque chose qui serue pour la vie & l'entretien de l'homme; & où l'on descouure maintenant des mines propres pour faire l'argent & autres metaux, sçauoir en la forest de Briquebec & à trois lieüs d'Auraches en vne paroisse nommee Caroles. La mer de son costé donnant toute sorte de trafic & commerce, la terre y fournissant les viures, le Ciel y departant son influence aux hommes, qui sont des plus accords, subtils, & spirituels de la Gaule, difficiles à estre trompez, affables, courtois, grands harengueurs, adonnez aux lettres & à leur profit, sincerement Catholiques, non subiects aux loix ny coustumes d'aucuns estrangers, vaillans en guerre, & qui ont tousiours faict paroistre en quelques lieux qu'ils ayent esté leur vertu, & la force de leurs armees, & mesme parmy les nations estrangeres. Leurs entreprises se sõt faict voir en la conqueste de l'Angleterre, laquelle ils oserent entreprédre, leur Duc n'estant encor seurement estably en son heritage.

Mais sur tout sont à admirer les conquestes des enfans de

Vallougees, au païs de Costentin, & de Hautefueille: sçauoir Robert surnommé Guischard, (c'est à dire en langage Normand ingenieux & rusé) auec ses freres puisnez de leur maison, qui n'estant que simple Gentil-homme se feit neantmoins par sa vertu & prouesse, Seigneur & Duc de Calabre & la Pouille, & se voulant (qui plus est) faire Empereur de Constatinople, ledict Robert dressa vne grosse armee & cóbattit contre les Veniciens & troupe Imperiale par deux fois & les vainquit. Mais s'estát retiré à Cassiopoli Promontoire de l'Isle de Corfeu surpris d'vne fieure tres aiguë, finit en ce lieu la ses iours au mois de Iuillet l'an mil octante deux. Ceste tresnoble & illustre famille des Normáds Guischards print lamantable fin, l'an mil cent nonante cinq en Guillaume, que l'Empereur Hēry sixiesme feit chastrer; afin de ne produire plus lignee, & luy feit en outre perdre la lumiere des yeux auec des bassins eschauffez & ardans, lesquels il le contraignoit de regarder directemēt iusques à ce que la reuerberation de la chaleur luy eust peu à peu osté la veuë, laquelle cruauté iceluy Empereur commist, afin que nul de ceste race ne lui donnast empeschement au Royanme de Sicile.

Du pais de Bretaigne, iadis nommé Armorique.

CE pais s'apelloit autrefois Armorique, & encor du temps de Cesar; depuis il a porté le nō de Bretaigne, mais les Autheurs modernes &

mieux approuuez reiettēt l'opinion de l'Annaliste Breton, lequel veut forger ie ne fcay quel *Brutus* Troyed fugitif, quatriefme defcēdant d'Ænee, auoir donné telle appellation à ce païs. Et fouftiennent les fufdits Autheurs que les peuples Bretons font defcendus des anciens Gaulois, & leurs Princes des Romains : & que la Bretaigne peut bien auoir ce nó, pour la grāde nourriture de Beftiail & Brutes que l'on faict en cefte terre, laquelle eft diuifee de la Normandie par la riuiere de Cœfnon.

La Bretaigne eft prefque toute enclofe d'eau, & contient quelque fix vingts lieues en lōgueur, ayāt le pais du Maine à l'Oriēt, & vne partie de l'Anjou, au Septentrion la mer Britannique, & partie du Coftentin; au Ponent la mer Oceane, & au Midi le Poictou.

Ce païs est divisé en littoral & maritime & en terre ferme: de sorte que les Doloys, Leonnois, Brioçois, ceux de Triguier, & sainct Paul, anciennement nommez Diablintres, sont le long de la mer Septentrionale, appellee Británique, & les autres sont en terre ferme.

La Bretaigne donc est divisee en trois langues, sçavoir en Breton Bretonnant, dont les Dioceses sont Cornoüalle (les habitans de laquelle sont dicts Cornubiens) s. Paul & Triguier.

Apres sont les Bretons Gallors, qui sêblent estre ainsi nómez, comme qui diroit Bretós Gaulois sont descédus des Gaulois, lesquels parlent François, sçavoir Dol, Rhênes & S. Malo.

Les trois autres sont meslez, parlans tantost le langage Breton; tantost le François, scauoir Nantes, Vannes, S. Brieu: qui sont en tout neuf Eueschez en Bretaigne, & dependās de l'Archeuesché de Tours.

De la ville de Dol.

Dol n'estoit anciennement qu'vn chasteau presle quel fut fondée vne Abbaye; qui estoit assise sur vn mont. A present il n'y a qu'vne petite chapelle dediée au nom du glorieux Archange S. Michel.

Dol fut erigé en Eueschë enuirō l'an 566. Le premier Euesque du lieu fut S. Sāsō, auquel succeda S. Magloire, le corps duquel gist à Paris.

De la ville de S. Malo, & lieux qui en dependent.

LE terroir de S. Malo se nõmoit anciennement Alete, & le premier par qui fut chãgé le nõ fut S. Malo premier Euesque de ce lieu, parent de S. Sanson, la memoire duquel estoit si aggreable aux habitans de ce païs, qu'ils attribuerent son nom à ceste ville.

De la ville de S. Malo estoit natif ce grand & illustre pilote Iacques le Cartier, lequel soubs le regne du grand Roy Frãçois, descouurit le païs & Isles de Canada, & autres terres en la mer Septentrionale auec honneur & gloire immortelle.

Ceste ville est situee sur la mer & comme en vne Isle, en icelle y a grand trafic principalement sur la mer.

Soubs le Diocese de S. Malo sont cõprinses les Abbayes de Beau-lieu, Monfort & de la

Pree, & de là on vient au port de Cancale, puis à Cambourg, Cambriard, & à Dinan.

Fondation de la ville de Dinan, & autres.

Dinã est vne fort belle ville, anciennement le seiour & plaisir des Ducs de Bretaigne, situee sur le fleuue de Meuse, lequel se va couler en la mer non loin de là qui est occasion, que la ville est de grand trafic. Il y a quelques Autheurs qui tiennent que ce païs est ainsi nommé à cause de la Deesse Diane, & que certains peuples estrangers se vestans de peaux de bestes, & viuans des fruicts des arbres, d'herbes & de fueilles, bastirent vne ville nommee *Dionicum* au milieu d'vne forest qu'on appelloit la forest du Faigne; Et enuiron l'an du móde trois mil cinq cents vingt, les Flamans enuahirēt ces peuples, & les meirēt à mort : ayās mesme destruict leur Cité, & le reste qui se sauua rebastit encor vne autre ville, au nom de la Deesse Dianne, qui est à present la ville de Dinam.

Non loin d'icelle est le Liege ou il y a de belles foires & renommees par la France.

Leliege.

Apres les places susdictes, est la ville de Lambales, & terroir Lābalois, que plusieurs pēsent estre le vray païs des anciens Ambiliates, iadis apartenant à la maison de Clisson.

A Lambales y a plus grād trafic de parchemins qu'en ville de France, à cause de l'abondāce du bestial. Ce terroir depend de l'Euelché de S. Brieu, dont il faut faire la description.

Fondation de la Ville de S. Brieu & autres places.

Ceste place est assez ancienne, les habitans de laquelle estoiët iadis appellez Biduceës, & ny auoit qu'vne Abbaye, laquelle fut erigee en Euesché du temps du Pape Pelagie, enuiron l'an de grace cinq cens cinquante deux, le premier Pasteur ou Euesque fut S. Brieu, lequel auoit esté nourri & instruict par S. Germain Euesque de Paris, au nom d'iceluy est appellee ceste ville S. Brieu.

Au bon Euesque S. Brieu succeda S. Guillaume, lequel fut banny par son peuple; parce qu'il reprenoit les vices. Et ayant demeuré long temps en Poictou, en fin ce sainct personnage reuint mourir en son Euesché.

A S. Brien est l'Eglise S. Michel bastie sur vn fort haut rocher, lequel sert d'abry aux Nauires cōtre les vents & orages: sur iceluy rocher est vn fort Chasteau pour la garde de la ville, y ayant vn Capitaine, & Morte payes ordinaires : pour la deffence des vaisseaux qui sont au port.

Es enuirons de S. Brieu sont encor les places de Lambales (dont nous auons parlé) puis la ville & chasteau de Quintin, où y a grand trafic de toilles & tout aupres est l'Abbaye de Cormorue, nō loin de laquelle est vne forest ayās dix grandes lieuës d'estendue. En outre est la ville de Iungon, qui fut iadis vne chambre Ducale à present presque ruinee : Auprés de laquelle est la forest de la Hunaudaye, au milieu de laquelle est l'Abbaye de sainct Aubin des bois, où il y a des Religieux de Cisteaux, & nõ loin de là est le chasteau de Corlay, puis laville d'Auangour ancienne place de la maison des Ducs de Bretaigne. Apres est Guingãp apartenante aux heritiers des anciens Comtes d'Estampes, issus par aliance de la maison de Bretaigne, puis est Morlais tout contre la mer Britannique.

l'oublyois à faire mention parlãt de S. Brieu, du Seigneur Iean du Tillet, homme de singuliere & rare doctrine, grand historien & fort versé en l'Antiquité, lequel en ce dernier siecle a presidé dans le siecle Episcopal de sainct Brieu, & depuis a esté Euesque de Meaux; non sans grand regret des Bretons, qui honoroient fort ce bon personnage.

Fondation de Ville de Treguier autrement dicte Lantreguet ou Quinpercorentin.

LA ville de Treguier ou Latreguet, iadis nommee Trecorense est situee côme au milieu des eaux, & souuent arrosee de la mer, lors qu'elle est en son flux & reflux, & où les vaisseaux abordent auec grand profit pour ceux du pays.

L'Eglise de Lantreguet ou Quinpercorentin fut erigee Euesché par vn nommé Thudual natif d'Angleterre, qui commandoit pour lors au pais Armorique, & en fut icelui 1. Euesque. Laquelle Eglise long temps apres (sçauoir du temps que Philippes le Bel regnoit en France) fut faict rebastir par S. Yues Official de Quinpercorentin, en son téps grand

Iurifconfulte & patrõ des Aduocats & autres gens de Iuftice, lequel fut Canonifé par Clement 6. du nom.

De la Ville de Vennes.

CEfte ville eft des plus anciēnes de Gaule, fituee cōtre la mer Oceane, & qui fut iadis fort puiffante, tāt par mer que par terre, ayant mefme liuré la guerre aux Romains.
On faict grand trafic en cefte ville principalemēt fur la mer.

La ville de Venife en Italie fut baftie par les peuples defcendus du pays de Vennes.

Cefte ville eft embellie du chafteau, qu'on nōme d'Hermine, qui feruoit de Palais & maifon de plaifir aux Ducs de Bretaigne, icelui chafteau fut bafty par le Duc Iean de Montfort.

A Ven-

A Vennes y a plusieurs belles Eglises & principalement la Cathedrale, en laquelle ont presidé plusieurs grands & insignes Prelats, le premier desquels fut S. Paterne, apellé par les Bretons S. Poix, lequel fit bastir la susdicte Eglise Cathedrale au nom de la tres-sacree vierge mere de Dieu, & des Apostres s. Pierre & S. Paul.

A S. Paterne ou sainct Poix succeda S. Gobriã gentil homme de grande maison, qui feit plusieurs miracles, tant en son vivant qu'apres sa mort.

De Vennes fut natif S. Melan, ou Melaine Euesque de Rennes, & S. Aubin Euesque d'Angers, & Vincent grãd personnage, & insigne Predicateur de l'ordre de S. Dominique, mourut à Vennes.

De la ville & pays de S. Paul, iadis appellé Leonnois.

TOut aupres de la mer est située la ville de S. Paul maintenát ainsi apellee à cause d'vn S. Euesque qui y presida, lequel pour sa saincteté à esté occasion qu'apre sa mort la ville a porté son nom.

Leó fut erigé en Euesché l'an de nostre Seigneur cinq cens septante, seant à Rome Iean 3. Le Roy Chilperic regnant en France, & le premier Euesque fut le susdict S. Paul, qui auparauant estoit Abbé en l'Eglise du Monastere dë Leó: laquelle fut erigee en Cathedrale.

A S. Paul succeda S. Gauuain lequel mourut 'a Rennes, son corps gist en l'Abbaye S. Melaine de Leonnois, ou S. Paul fut iadis Seigneur de Tristan, du-

quelles liures fabuleux, racõ-
tent tant de folies. Toutesfois
ce Tristan estoit de maison illustre, & des premieres de Bretaigne, comme aussi Lancelot
du Lac.

Les Seigneurs de Rohan
estãs descendus du susdict Tristan, ou bien luy succedans par
alliãce, ont possedé le Vicomté de Leonnois pres de sept cẽs
ans: iusques à ce que enuiron
l'an de nostre Seigneur 1254.
vn Seigneur de Rohan le vendit à Iean 1. du nom, Duc de
Bretaigne. Ce qui faict foy que
la maison de Rohan est tres-
ancienne, & qu'elle est sortie
des premiers Princes Chrestiens.

Au Diœcese de Leon ou S.
Paul, sont les Abbayes de Ger-
ber, dicte de Relignes: celle de
sainct Matthieu de fin de ter-

re. & celle de saincte Marie de Carler, qui est des Moynes de Cisteaux.

De la ville & pays de Cornoüille.

Cornoüille anciennement dicte Curiosolite, est encor vn Euesché de basse Bretaigne : & est ceste place de grande antiquité, & dont le fondateur est incertain ; Quoy que l'Annaliste breton, & autres autheurs nõ assez approuuez, vueillent dire que Cornoüille soit de la fondation de ie ne sçay quel *Corineus* fugitif de Troye.

Ce premier Euesque de Cornoüille fut S. Hervé, lequel est en si grande recommandation entre les Bretons, & sa memoire si agreable, que ces peuples font imposer à leurs enfans (pour la plufpart) le nom de

Herué. En la basse Bretaigne sont encor les villes & places de Hennebont, Auray, Malestroict Iosseli, Roban Guimenay, Laderneau, le Conquest, Brest, le Four, le Pont, Fontenau, Quemperlay, Ponsecorf & autres.

De la ville de Rhennes Capitale de Bretaigne.

LA ville de Rhennes est Episcopale, & situee sur la riuiere de Vilaines, non loing de Chambourg & de la Guerche, & est des plus anciennes de la Gaule fort bien recogneuë par Cesar il y a haute & basse ville.

Le Parlement de Bretaigne fut institué à Rhennes, par le Roy François premier du nom, la ville de Rhennes fut saccagee & brulee par les Bretons mesme, s'estans mutinez les vns côtre les autres, du temps du Roy Chilperic.

En ceste ville a esté ceste presente annee 1604. estably vn College des Peres Iesuistes, pour instruire & enseigner la ieunesse, au grand contentement de tout le païs, & de tous les gens de bien, par la liberalité du treschrestien Roy de France Henry 4.

Fondation de la ville de Nantes.

Nantes est aussi vne des villes capitales de la haute Bretaigne, fondee par Nanner l'vn des arriere-nepueux de Noé, pere de Rheme, qui bastit la ville de Rheins, & est situee sur la riuiere de Loire, il y a grād trafic sur mer en icelle.

Ceste ville est Episcopale dont le premier Euesque fut

Sainct Cler.

L'Eglise Collegiale de nostre Dame de Nantes fut fondee par Allain Barbe-torte, Duc de Bretaigne.

Nantes est le siege des Ducs de Bretaigne, & tousiours fort fidele au Roy de France : en ceste ville y a Chambre de Comtes.

L'Abaye de Villeneufue, pres Nantes, fut fondee par Constãce fille de Conam premiere Duchesse de Bretaigne, femme en secondes nopces de Gui Vicõte de Thouars : apres la mort de Geffroy, Comte de Richemõt son premier mary.

Aupres de Nantes est vn beau Monastere de Chartreux, lequel est dedié en l'honneur de S. Donatian.

Il y a grãd nombre d'autres Monasteres & Abbayes, tant

en la haute qu'en baſſe Bretaigne, ſcauoir Redon (qui porte encor le nom des anciens Rhedós és finances de Rhennes) ſainct Melaine, S. Meen, au tombeau duquel ſe font encor tous les iours pluſieurs grands miracles; Quemperlay place notable fondee par Allain Caignard Comte de Cornoüaille. Le Conuent des Iacobins de Quemperlay eſt de la fondation de Blanche, fille de Thibauld Roy de Nauarre: en l'an 1254.

Apres ſōt encor les places & Abbayes de S. Iagu, S. Mathieu, Landeuenec, Lantenac, Ruis, S. Guelidas, le Tronchet, Lachamne, Blanche couronne, Bugar, Buſay, Prieres, S. Aubin Bāguien, Lāgonnet, Meleray, Lauraux, S. Marſaut, la Vieux ville, S. Iacques pres Montfort,
Beau-

Beaulieu, S. Iean des Prez, S. Croix, Doulgas, Porinc, Beauport, Kaermauonem, Geneston, & Critinaloen.

Il n'y a que deux Seneschauffee en Bretaigne, sçauoir Rhénes & Nantes, de ceste derniere estoit natif Pierre Bouaysteau, Seigneur de Lausnay, hôme de singuliere & rare sçauoir.

Il y a plusieurs villes & places remarquables qui restent encor en la haute Bretaigne, comme Laual (dót nous auós parlé traictant du pays du Maine) laquelle est situee sur les frontieres de Bretaigne & du Maine, Garende, Chasteau briant, S. Lazare, la Val, Gyró, la Roche Besnard, Vitré qui est vne forte place. Fougeres fondee par vn Seigneur nommé Raoul de Fougeres, en laquelS ley a vn beau Chasteau fortifié de deux grosse Tours, puis Ancenis situee sur Loire, és finages du terroir de Nantes, dont le chasteau fut basty par Aremburge, femme de Guerec Comte de Bretaigne: & autres places en grand nombre.

Le premier Principe de Bretaigne fut Conant, lequel y fut côstitué & estably par l'Empereur Maximain.

Soubs iceluy Conant furent martyrisée les vnze mille vierges, desquelles la feste est solemnisée par les Catholiques, le 21. iour d'Octobre.

Martyre des vnze mille vierges.

La Bretaigne est fort fertile en toutes sortes de commoditez, Les hommes y sont complexionnez selon les Cōtrees, les vns plus ciuilisez & mieux appris, les autres moins: d'autant que ceux qui sont pres la mer, ne sont pas si courtois que les autres. En general tous les Bretons sont assez sociables & de bonne conuersation; ils ayment leur profit, & ne hayent point les tauernes; ayans de coustume d'y traicter la plus part de leurs affaires. Ils sont gens Religieux & fort Catholiques: car combien que plusieurs grāds Seigneurs se ressētant du Caluinisme ayāt possedé de grādes terres en ce païs, toutefois il n'a esté en leur puissance d'esbransler tant soit peu ce peuple bien affectionné l'Eglise Romaine.

Du païs de Poictou.

E païs de poictou est de grāde estenduë, ayant plus de ent lieuës françoises en lonueur, sçauoit depuis le Limoin iusques au Comté de Nan-

S ij

tes qui est du midi au Septentrion: & en largeur il contient depuis le Berry, iusques à la mer, vers le lieu de S. Michel en l'Her qui est de l'Orient à l'Occident : ayant mil deux cents Paroisses contenues en trois Eueschez, sçauoir de Poictiers, Luçon, & Millezais, dont nous parlerons cy apres.

Les Poicteuins ou habitás de Poictou sont descēdus de certains peuples, nommez Scythes & Agathyrses: lesquels se fardoient les cheueux, & le visage, & pour ceste cause appellez *Picti*, qui signifie Painct̃s.

Ces Pictés estás sortis de leur païs, par seditions, & vagabonds par le monde, vindrent en Angleterre; & de là descendirent en Acquitaine, où ils bastirent vne vile qu'ils nommerent *Pictauis*, sçauoir Poictiers, plus de mille ans deuant la Natiuité de noſtre Seigneur.

En Poictou y a cinq villes Royales ayans ſiege de Iuſtice, ſcauoir Poictiers, Niort, Fotenay, Mommorillon, & Luſignan, & puis Ciuray erigé en Seneſchauſſee, & pluſieurs autres villes & places, dont toucherós quelque choſes en paſſant.

Fondation de la ville de Poictiers, & autres places.

LA ville de Poictiers fut premierement baſtie, à vne lieuë de Chaſtelleraut, en vne place qu'ó apelle encor de preſent le vieil Poictiers, où l'on trouue ſoubs terre des veſtiges, & reſtes de grandes murailles; mais ayant eſté ruince, Elle fut rebaſtie au lieu où elle eſt de preſent (ſcauoir ſur la riuiere de Clin) par les Poicteuins mesmes, soubs l'Empire de *Claudius*, successeur de Caligula qui leur permist, & depuis accruë par plusieurs fois: Ceste ville est fort grande, & y a dans icelle plusieurs iardins & places vagues.

La Cité de Poictiers est vn Siege Presidial de plus grande estenduë qu'aucun du Royaume, ayāt vn Seneschal, les Lieutenants General, Ciuil, Criminel, & Particulier, auec les Conseilliers & autres gens de Iustice; puis le conseruateur de ceste ancienne Vniuersité, qui rēd ceste ville fameuse par toute l'Europe; & y a plusieurs beaux Priuileges.

Le palais de Poictiers fut basty par vn Comte de Poictou nommé Guillaume Geffroy, & aussi l'Abbaye de Mōstierneuf aux Fauxbours, & le prieuré & paroisse de S. Paul. Iceluy ayant commandé soixante cinq ans en Aquitaine, mourut l'an de grace mil quatre vingt six.

L'vniuersité de Poiters fut fondee & establie l'an de nostre Seigneur mil quatre cents trente vn, soubs le Regne de Charles septiesme, & fut auctorisee par les Bulles du Pape Eugene 4. du nom.

Les Poicteuins furent conuertis à la foy de l'Euangile par S. Martial premier Euesque de Poictiers, lequel preschant vn iour publiquement au lieu où est de present l'Eglise Cathedrale: Et en faisant sa Predication, fut ouye vne voix qui dist Martial ie suis ton maistre Iesus Christ, qui t'aduertis que ce iourd'huy mon bien aymé Apostre Pier-

Reuelation de la mort de S. Pierre à S. Martial.

ré, a esté crucifié pour mon nom à Rome & veux qu'à l'honneur d'iceluy, & en commemoration de son martyre tu faces icy bastir vne Eglise. Laquelle fut apres commercee à faire edifier par sainct Martial; toutesfois non en telle grādeur, qu'elle est à present; Iusques au temps de Hēry 2. du nom Duc de Normandie, depuis Roy d'Angleterre & vnziesme Duc d'Acquitaine; lequel ayant espousé Marguerite fille du Roy Louys le Ieune, feit accroistre la ville de Poictiers du circuit qu'elle est à present; & au mesme temps qui fut enuiron l'an mil cent soixante & douze, il feit recommencer & accroistre auec magnificence ladicte Eglise S. Pierre, par la priere & suasion de son Espouse; laquelle Eglise ne fut parfaicte iusques à plus de deux cens ans apres; & ne fut poursuiuie suiuāt la premiere entreprise; parce que la vouste du milieu deuoit estre faicte auec arcs-boutans, par dessus les deux autres vouttes, ainsi qu'on peut voir par les pilliers qui estoient bastis à ce dessein.

Enuiron trois cens ans apres la premiere fondation de l'Eglise Sainct Pierre, par Sainct Martial y eut vn Concille à Rome contre les Arriens: auquel Sainct Hylaire assista, & disputa vertueusement. Et en son voyage ayāt declaré, comme la susdicte Eglise de Poictiers auoit esté fondee par reuelation diuine, il demanda quelques reliques de Sainct Pierre; ce qui luy fut accordé: & aporta auec luy partie de la barbe de sainct Pierre.

qui est en la grande chasse de
ladicte Eglise, laquelle fut
acheuee l'an mil trois cents
soixante & dix neuf, & fut dediee
& consacree le 17. d'Octobre
par l'Euesque dudict lieu
nommé Maumont, & y assisterent
tous les Abbez du Diocese,
& autre Clergé.

Le susdict Pasteur des Poicteuins
S. Hilaire, fut le dixiesme
en nombre, lequel fut le plus
grand Docteur de son temps,
& mourut l'an trois cens septante
deux: ayant esté fort affligé
& persecuté en son viuãt,
chassé, banny, mocqué: puis enfin
fut restabli en son Euesché.
Il feit infinis miracles apres sa
mort & pendant qu'il vescut,
& laissa plusieurs liures pleins
de grande doctrine, lesquels il
auoit composez.

Le Roy Robert feit bastir

DE LA FRANCE 419

l'Eglise de Sainct Hilaire à Poictiers en l'honneur du susdict
Euesque.

L'Abbaye de sainct Cyprian
de Poictiers fut fondee par vn
Euesque nommé Frotaire, auparauant Pasteur à Bordeaux,
& puis par transport Archeuesque de Bourges, neantmoins
fut contrainct par le Pape de
retourner en sõ premier siege.

Les Prieurez de S. Nicolas &
de la Celle à Poictiers furent
fondez par Guillaume surnõ-
mé Teste d'estoupe & Agnes
sa femme.

L'Eglise nostre Dame la grãde, fut fondee enuiron l'an mil
cent soixãte quatorze par Richard Comte de Poictou, &
Duc d'Aquitaine.

L'abbaye de la Trinité de Poictiers fut fondee par vn Comte
de Poictou nommé Eblé, su-

S vj

cesseur de Guillaume le Debonnaire: & y meit des Religieuses qui estoient à sainct Pierre le Pueillier; & vn College de Chanoines à S. Pierre, en la place desdictes Religieuses.

Le Monastere de Saincte Croix de Poictiers fut fondé par le Roy Clothaire, à la priere & requeste de sa femme saincte Radegonde, laquelle y meit deux cens Religeuses yssuës des plus grãdes & nobles maisons de Fráce. Ledit Clothaire y fonda aussi vne Eglise collegiale de Chanoines au nom de nostre Dame, où S. Radegonde fut enteree: à cause dequoi ladicte Eglise est ores nommee saincte Radegonde.

Le Conuent des Freres Mineurs de Poictiers fut fondee par Hugues & Guy de Luzi-

DE LA FRANCE. 421
gnen, & augmenté de beaucoup par Alphons Comte de Poictou, enuiron. l'an 1267.

En la ville de Poictiers y a plusieurs autres Eglises & Monasteres iusques au nombre de 32. ou enuirón. On trouue qu'il y a vingt sept Abbayes au Diœcese de Poictiers.

Au Siege Presidial de Poictiers ressortissent Luzignen, place bastie par Mellusine Dame de Melle, & de Lusignen. Chasteleraut, qui est vn Duché bastie non loin du fleuue de Vienne, Mommorilló, la Basse Marche, Ledorat, comprenát vn traict de Lymosin, & de Berri, Fontenay le Comte, Niort, qui est vne bonne ville & marchande, Ciuray & S. Maixent, qui n'estoit iadis qu'vn petit Hermitage, ou cellule, la où demeuroit S. Maixent, duquel ceste place porte le nom.

Il y a encor plusieurs autres villes, comme Thoûars Vicomté, auoisinant le païs de Touraine & d'Aniou; qui estoit autresfois de lancienne maison d'Amboise, Melle, la Roche Suryon principauté apartenante à la Royalle maison de Bourbon, Chizé, Chauuigny, Angle, Lussac, Oyruan-S. Lou, Bressuire, le Blanc qui est du ressort de Mommorilló, quoy qu'il soit du Diœcese de Bourges, Charoux lieu celebré à cause qu'en l'Abbaye d'icelle-ville, estoit la chair coupee du prepuce de nostre Seigneur à sa Circoncision, Gençay, & vn nombre infini de Chastellenies & grosses Bourgades: telles que sont la Chasteigneraye, S. Mesmin, Sainct Gilles sur Vin, Paluyau,

Charoux place remarquable

les Sables, Aulonne, Mareuil, Saincte Hermine, Montagu, la Motte saincte Beraye, Coué, qui est vne ville close, Viuonne ancienne & illustre famille, Chastellacher, S. Hilaire, Mortemer maison iadis fort honorable, & qui a esté en authorité & alliee en Angleterre. Lezay, S. Sauin, Lisle, Iourdain, sainct Benoist du Sault, Bourganeuf, Maigné, Brigue, l'Asne, Vouuent, Merneut, Chiefbetonne, Tusson, Villefaignant, Marcilhac, Chasteauneuf Villeneufue la Comtesse, Dompierre, puygarreau, Gironde, Iarnac, Argenton, puy Belliard, la Creue, Cheze le Vicomté, Moteachard, Aspremond, Comiquiers, Rie, sainct Michel en l'Her, sise en vne solitude, non loin de la mer, & pource dicte en l'her, comme qui diroit en l'Hermitage, sont encor Bournizieaux, la Canache, Mouleon, Mortaigne, Tiffauges, Roche, Seruiere, Aunay, & la Roche-Chouard, des plus anciénes maisons de Poiƈtou. Les Essars, Pouzanges, la Flereliere, Bazoges, Chasteaumur, Prahec, Mongamer, le Fou, Menigouste, Bonniuet, & autres places fortes, comme Talmond, ancienne principauté, apartenante à l'illustre maison de la Trimoille, laquelle place semble estre ainsi nommee; comme qui diroit, Talon du monde, pour estre sur l'extremité de la Gaule Aquitanique. En Poiƈtou est aussi la ville & chasteau de Sanzay, sise sur vne petite colline entre deux riuieres, és limites d'Anjou & Poiƈtou.

Il y a eu grand nombre de sçauans

sçauans & illustres personnages qui ont sorti de Poictiers, excellents en toutes facultez, entre lesquels a esté Gillebert Porctan 60. Euesque de Poictiers, homme de grandes lettres, neantmoins souspçonné d'Heresie au Cõcile de Rheins; pource qu'il escriuoit les passages de la S. Escriture auec trop d'obscurité; come s'il eust voulu cacher quelque venin par telles obscuritez.

A Poictiers l'on void les ruines d'vn ancien Theatre nommé les arenes, basty par les Romains, & les vestiges de plusieurs cauernes & prisõs soubsterraines, où l'on mettoit les bestes sauuages, aupres estoit vn palais, dict le palais Galienne, basti par Galien Empereur.

Guillaume cinquieme du nom Comte de Poictou, s'estát

sagement gouuerné au commencement de son aage, deuint fort meschant sur le milieu, se bandant contre le Pape, & deposant les Euesques de son pays, pour y en mettre à son plaisir. En fin il se conuertit & emenda sa vie, se rendant Hermitte, & passa le reste de ses iours auec grande austerité. Ce fut luy qui fut le premier fondateur de l'Ordre des Blancs Manteaux qu'on apelle de son nom Guillemins.

L'abbaye de Fronteuaux, au Diœcese de Angers fut fondee par le Seigneur de Monstreul Bellay : Et du depuis grandement accreuë & enrichie par Henry Roy d'Angleterre, qui espousa Madame Alienor Duchesse d'Angleterre. La ville de Poictiers a esté ruinee & saccagee par plusieurs fois, tant par les Romains, Goths, Vandales, que par les Huns, Danois, Normonds & Anglois. Et en fin ayant esté prise par les Caluinistes l'an mil cinq cents soixante deux: les lieux Ss. prophanez, les biés des Citoyens rauis & emportez, & la ville tombee en extreme misere: Mais le Roy ayāt repris ceste place, elle fut encor assiegee par Gaspar de Coligni (lors admiral) & ses complices, battue, canōnee & tourmentee, mais vaillament deffendüe par Henri de Lorraine, Duc de Guise, & autres Seigneurs & Capitaines. Sy bien que l'ennemi fut contrainct de se retirer: Ce fut en l'an mil cinq cents soixante neuf.

L'année mesme & peu de temps apres, fut donnee la bataille de Mōt-Contour, sur les

Bataille de Mōt-Cōtour.

fins de Poictou, vers la haute Bretaigne, au grand defauantage des Caluinistes.

Les Isles de Ré & d'Oleron, sōt aussi de la Contribution & finages de Poictou.

Fondation de Luçon, Euesché contenu au Poictou.

LVçon ne fut iadis qu'vne abbaye dediee au nom de nostre Dame, par *Lucius*, fils de Saincte Helaine ; lequel ayant tué son frere aîné, fut banni du païs, & condamné à tenir religion perpetuelle, & pour ce faire, son pere le meist sur mer, en vn Nauire garny de grandes richesses & reliques, auec plusieurs prestres & autres deuotes personnes, qui se rendirent (par permission diuine, au lieu de present nommé Luçon, pres la mer: où *Lucius* ayant pris port, y feit baſtir la ſuſdicte Abbaye, & l'apella de ſon nom Luçon, & en icelle paſſa le reſte de ſes iours fort vertueuſement & en toute ſainéteté de vie, auec les preſtres qui eſtoient auec lui.

Ladicte Abbaye fut erigée en Eueſché enuiron l'an 1361, ſous le Pape Iean vingtdeuxieſme, tenant le ſiege Epiſcopal de poictiers Arnaut d'Auches, qui fut Cardinal.

La fondation de Maillezais.

CEſte ville n'eſtoit auſſi anciennement qu'vne Abbaye, laquelle fut fondée l'an ſixieſme du regne du Roy Robert, ſçauoir l'an de noſtre ſalut mil & trois, par Guillaume Duc d'Aquitaine ſurnommé Teſte d'eſtouppe, & Adomalde ſon eſpouſe, ayás iceux faict assembler à Poictiers, au mois de Iuin l'Euesque dudict lieu nommé Gilbert, Gombault Archeuesque de Bordeaux, & autres Euesques touchant la fondation de ladicte Abbaye.

Ceste place fut erigee en Euesché au mesme temps que Luçon & par le mesme Pape.

Les villes & places côtenues sons Luçon & Maillezais sont au denombrement des villes de Poictou cy dessus.

Fondation de la Rochelle & Comté d'Aulnis.

LE pays Rochelois, qui est le Comté d'Aulnis s'estent plus en largeur qu'en lógueur, & est limité du Poictou au leuant & Septentrion, & au midi d'vne partie de Sainctonge au ponent de la mer Oceane.

La ville de la Rochelle est

située sur vn bras de mer, receuant deux fois le iour le flux & reflux de la mer, & de toutes parts presque environnee de marests, ayant vn bon port, & vn païs voisin des plus fertiles de la Gaule; & est ceste place presque imprenable, & des plus fortes qu'on sçache voir. Les habitans d'icelle tiennent la doctrine de Caluin.

Ceste place ayant esté gouuernee anciennement par des chefs Anglois, fut remise en l'obeissance du Roy de France par les Citoyens, qui chasserent les Anglois. A cause dequoy, furẽt octroyez plusieurs beaux priuileges à ceux de la Rochelle par le Roy Charles V. l'an de grace 1362. à present ils ne veulent recognoistre aucuns seigneurs. A la Rochelle y a siege presidial auec les Cõseilliers & autres gens de Iustice.

Ceste ville a esté bastie depuis six à sept cens ans, par les Rois de France, pour la commodité du port, & pour faire teste aux Pyrates, qui escumoient toute la coste Armorique.

La Rochelle est appellee par les anciens Autheurs, *Santonū Portus*, c. à d. le Cap, ou Promótoire de Saintongeois.

Du pays de Saintonge.

LE pays de Saintongeois est d'assez belle estendue, duquel les villes principales sont Saintes, qui est la capitale, S. Iean d'Angeli, Merénes, Soubise, Blaye, Ponts, Bourg, Barbesyeux, & autres villes, & Chastelenies, en grand nombre.

Ce pays

Ce pays est fort ancien: les Saintongeois estans nombrez par graues Autheurs entre les premiers de la Gaule. Et est limité à l'Orient du pais Engoulesmois; au Ponent de l'Ocean, où sont les Isles d'Oleró & de Marennes, au Septentrion du païs Rochelois, & au midi du Bordelois, & païs d'entre deux mers selon la riuiere de Dordonne. Le pais de Saintonge est du ressort de Bordeaux.

De la Ville de Saintes.

CEste ville est la Capitale du Saintongeois, bastie par les anciens Gaulois, & laquelle fut iadis appellee *Mediolanium*, mais ce peuple ayant esté subiugué par Cæsar, & les Capitaines Romains, le nom de la ville fut changé.

T

Saintes est situee sur la fertile riuiere de Charante, laquelle prend sa source en vn lieu apellé Charemac, entre Limoges & Engoulesme.

Pour tesmoignage de l'antiquité de Saintes, on void encor les ruines d'vn Amphiteatre, qui rapporte à celui qui fut à Perigueux, hors de la ville, pres l'Eglise S. Eutrope, qui fut le premier Euesque Saintongeois (enuoyé par S. Clement) lequel ayant conuerti ce peuple à la foy Euangelique, fut martirizé soubs Domitian l'Empereur.

Sur le pont de Charante, deuant la ville de Saintes, y a vn arcade fort antique & remarquable, à vn costé duquel sont escrits ces mots.

Cæsari Nep. Diui Iulij Pontifici Auguri.

Et de l'autre cofté y a encor plufieurs lettres, à demy effacees; d'où l'on ne peut tirer aucune fubftáce. Il y a auffi quelques ruines d'aqueducts à Saintes & conduits de fontaines, qui conduifoient l'eau en la ville, qui furent iadis rompuë.

L'an mil quarante fept, Geoffroy Comte de Saintonge, & Agnes fon efponfe fonderent le monaftere des Religieufes de Saintes au nó de noftre Dame.

Le trétiefme Euefque de Saintes nommé Pierre de Confoulant feit faire la maifon Epifcopale, en l'an mil cent deux, & feit auffi reedifier les murailles de l'Eglife Cathedrale.

De la Ville de Blaye, & de celle de Bourg.

BLaye eft vne place tref-anciéne portát le titre de cha-

T ij

steau, premier que les François fusset habituez en Gaule; de laquelle place fut Seigneur ce fort & vaillant Pallatin Rolland, du temps de Charles le Grand, lequel Charles y feit bastir vne Eglise au nom de S. Romain.

Vers le port Saintongeois est aussi la ville de Bourge, assez belle & en bonne situation & forte.

Des places de Marans & de Ponts.

Marans n'est qu'vn gros bourg deffendu d'vn fort chasteau, par le milieu duquel passe vn coulant d'eau de mer, & pour ce lieu, porte le tiltre du port de Marans.

A quatre lieuës de Saintes, est la ville de Ponts; bastie cõme en arcade, entant que po sée sur vne petite montaigne ou colline: elle couure le sommet & pendant d'icelle. Au plus haut de laquelle est le chasteau, fortifié de bons murs, & bien fossoyé, qui est cause qu'ō ne s'est soucié de fortifier la ville, au pied de laquelle passe la riuiere de Seugne par trois diuers cours.

La ville de Ponts est diuisée en haute & basse ville, & celle partie qu'on nomme S. Viuian est maintenāt presque deserte: parce que les Iuifs s'y tenās iadis, & y ayans pendu vn Croisé de l'Hospital, le Seigneur les ruina tous, sans en auoir pitié quelconque. L'autre partie de la ville vers le Septentrion est dicte les Hairs & S. Martin, & est embellie de plusieurs Eglises, Conuents & lieux d'Oraison, tels que les maisós des Iacobins, Cordeliers, (le Conuent desquels fut fondé par vn Seigneur du lieu nommé Regnaut, du temps de Charles cinquiesme) les Moines de s. Benoist, & celui des Freres de S. Iean de Hierusalem (fondé par Guy d'Engoulesme) trois paroisses & trois hospitaux, dōt y en a deux pour les estrangers & vn pour ceux du pais, du reuenu duquel l'ō auoit de coustume d'ētretenir les escholes.

L'estendue de la iurisdiction de Pōts est de cinquāte & deux paroisses, deux cents cinquante fiefs nobles. Ceux de la maison de Pōts en sont seigneurs, lesquels tiennent leur origine des Ponces anciens Romains, & d'où ladicte ville a son nom: cōme il se void plusieurs marques qui en donnent tesmoignage, comme en des medalles de Bronze trouuees en quelques murailles: entre lesquelles y en auoit vne sur laquelle estoient ces mots.

AElius Pontius, Nepos Pomp. Magn. Tumul.

Fondation de la ville de S. Iean d'Angely.

SAinct Iean d'Angely est vne ville assez moderne, quoy qu'elle soit des principales, & plus grandes & mieux basties de Saintonge.

Ceste place porte le nõ d'vne Abbaye qui y est fondee en l'honneur de S. Iean dont la fondation est du regne du Roy Pepin, qui se tenoit au Palais Angerien (où l'on void qu'il n'y a changement que d'vne lettre d'Angeri à Angeli) sur le fleuue de Boutonne, & au terroir d'Aulnis.

Il y eut quelques Religieux venans de la terre saincte lesquels apporterēt en ce lieu là le chef de S. Iean Baptiste, par la venuë desquels le Roy auoit obtenu vne grande victoire sur ses ennemis; qui fut cause que pour recognoissāce d'vn tel secours, il fonda au mesme lieu où estoit ce sien Palais Angerien, vne Abbaie au nom de S. Iean: & y establit des Religieux bien rentez, pour y seruir Dieu à perpetuité.

Par ce moyen le peuple y abordāt, & faisant bastir à l'entour de l'Abbaye; peu à peu on y feit vne ville, telle qu'on void à present, laquelle porte le nom de S. Iean, & retiēt encor son ancienne apellation.

Tout ceci aduint enuiron l'an de nostre Seigneur sept cēs soixante huict, lors que Pepin auoit guerre côtre Gaifer Roy d'Aquitaine: contre lequel il r'emporta la victoire, comme il est porté dans l'histoire de la fondation de ceste Abbaye.

De la ville de Barbesieux.

Barbesieux est à neuf lieuës de Sainctes & a cinq d'Angoulesme, de Coignac & de Ponts. Et est vne ville qui fut autresfois fort belle & bien close de murailles, ainsi que les ruines & restes de murailles le demonstrent, situee en païs fort fertil, quoy qu'elle soit esloignee de riuieres.

En ceste ville y a deux paroisses, l'vne au nõ de S. Mathieu, iadis dediee à nostre Dame, l'autre dediee à S. Eumachie en latin *Imas*. Le Chasteau est fort beau lequel fut rebasti par l'ayeule d'vn des Comtes de

T v

Rochefault, il n'y a pas long temps: d'autant que c'est de ceste maison que sont sortis les Seigneurs de Barbesieux. Il y a encor d'autres villes en Saintonge.

Du païs d'Engoulesme.

LE pays Royal d'Engoulesme contient 24. lieues de long, & 16. de large estant limité au leuāt du Limosin, au Ponent de Saintonge, au midi du Perigort, & de partie du Saintonge, & au Septentrion du Poictou.

Les villes principalles de ce païs sont Engoulesme, qui est la Capitale, puis Chasteau-neuf & Coignac, Sieges Royaux ressortissans à celui d'Engoulesme Apres sont encor les villes d'Aubeterre. La Rochefaut (qui est vne fort ancienne maison, & bien signalee iadis Baronnie, laquelle commença à porter, tiltre de Comté, lors qu'Engoulesme fut erigee en Duché, comme la premiere Baronnie du païs, & des plus illustres & notables races de Guyenne) Mathon sur le Gandiat, apartenant à vn des puisnez de la maison de Rochefoucaut; comme aussi faict Blāzac, Villebois & Mareil.

De la ville d'Engoulesme & autres lieux.

LA ville d'Engoulesme est fort anciéne, ainsi qu'il est aysé à voir; & la capitale de tout le païs, ayāt siege de Seneschal & Presidiaux, Ellection & Chastelenie, y ayant plusieurs villages dependans des droicts Chastelains; & ayant son Hostel de Ville, auec le Maire &

Escheuins iouyssans de grands priuileges, immunitez & franchises.

Ceste ville est bastie sur vn promõtoire, & lieu fort à merueilles, qui faict comme vn coin d'vne grande & longue plaine, esleuee & estendue entre les riuieres d'Engenie & Charente, qui s'assemblent en ce lieu. Ce qui rẽd ceste place plus admirable, c'est que le mont n'est estendu qu'autant qu'il est besoin, pour la circonference des murailles d'icelle: estant reuestue de tous costez d'vn roc naturel, qui se continue par tout l'enceint, en vn lieu plus aspre, & en l'autre moins: de sorte qu'il faut monter de tous costez qu'on y arriue, excepté du costé de sainct Martial.

L'an 1562. ou enuiron, les

Caluinistes ruinerēt deux belles Abbayes aux faux bourgs d'Engoulesme, l'vn de Religieux, & l'autre de Religieuses.

En la ville, fut encor plus grande pitié, car ils ruinerent l'Eglise cathedrale de S. Pierre, vn des plus beaux vaisseaux de Guienne, ayant vne des plus hautes tours & aiguilles de France, qui luy seruoit de clocher, & laquelle on tient auoir esté bastie par Clouis premier Roy Chrestien.

Apres furent encor ruinees celles de S. André paroisse de S. Cibard, S. Vincent, nostre Dame de la Penne, Beaulieu, les Cordeliers, les Iacobins, & S. Martial, ou ce sexe de Caluinistes dissipa tout, rauissant les ornemens, profanant les vases sacrez, & bruslant les ossemens de plusieurs saincts. La Comté d'Engoulesme est vnie à la couronne de France. Ce Grand personnage André Theuet, excellent Cosmographe, estoit de ce pais. La forest Braconne, voisine d'Engoulesme, plus grande qu'aucun de la contree contient 14500. iournaux de terre. Auprés de la ville est vn bon bois taillis appellé la Garenne, autant plaisát que profitables proche de Charante fleuue principal du païs.

Pres d'Engoulesme est ceste source, ou plustost abisme admirable de Touure, si profond qu'il n'a iamais esté possible d'en trouuer le fond, & ne sçait on d'où vient ceste source. Le peuple d'Engoulesmois (i'entends ceux de la ville) sont gens de bon esprit, tenás quelque côte de la reputation, assez

Abisme admirable.

hauts à la main, se vantants volontiers, se plaisans peu au trafic, la pluspart viuans de leur reuenu; & faisans des gentils-hommes. Ils ayment les lettres, sont magnifiques & courtois, se plaisent à choses nouuelles.

Au plat païs ils sont grossiers & rudes, ressentás la lourderie de leurs voisins, adónez au trauail, opiniastrés & testus; au reste propres aux armes, de grand courage, & fort hardis.

Les maisons signalees d'Engoulesme sót Corlieux, les Fenestres, Voyons, Baiols, Arnauts, Estinales, Iauuiers, Tillets. Poiriers, Terrassons, Nemós les Piles, la Place, & autres.

De la Ville & païs de Perigueux.

LE païs de Perigord est fort salubre, & des plus cogneus

& renómé de l'Acquitaine, & mis en regiſtre par les Romains.

Le Perigord eſt ſeparé de la Gaſcongne, au coſté du midi par la riuiere de Dordonne. Et eſt ce pays limité du Limoſin à l'Orient, & de l'Engoulmois au Ponent, comme auſſi d'vne partie de Saintonge, au ſeptentrion de l'Engoulmois, (dans lequel il s'enclaue) comme auſſi ce pays lui eſt limitrophe, au Midi ſelon la riuiere de Dordonne.

Le Perigord eſt vn pays montaigneux, pierreux, aſpre, & raboteux, pour la pluſpart chargé de boſcages, y ayant principalement force chaſtagniers, qui ſont de grád profit au peuple. En ce pays y a grand nombre de forges à fer & acier.

L'air de ce pays eſt tellement bó & ſubtil qu'on n'y void que bien

bien rarement la peste & maladies contagieuses. Ce qui est cause que le terroir est peuplé à merueilles, & que les hommes y sont sains, dispos, gaillards, & de longue vie, pour leur naturelle sobrieté : Car ils se contentent de peu, & font de grands exercices, ils sont fort affables en ce pays, accords, propres à toutes honnestes actions, & exercices, soit aux lettres, armes, arts mechaniques, ou autres perfections.

Le pays de Perigord est arrosé de plusieurs belles & bonnes riuieres, ayant d'vn costé la Dordonne, laquelle prend sa source en Auuergne, & arrosé partie du Quercy, costoye l'Agenois & laue le Perigord; s'allant en fin rendre dans vn bras de mer, au dessoubs de Libourne, non loin du chasteau de Fronsac.

Outre la Dordóne sont encor les rivieres de Lisle, Vezere, Hosuezere, Drome, qui passe par Brantôme, puis Badiat, qui passe à Nontró; & y a plusieurs autres gros ruisseaux & torrens d'eau vive, pleins de carpes, brochets, truites, perches, anguilles & plusieurs autres sortes de poissons fort savoureux.

Toutes les petites rivieres sont d'emolument singulier au pais, tant pour les martinets & forges à fer, que pour les paelliers & chaudronniers, & mesmes pour les moulins à bled qui y sont en grand nombre, & pour les papetiers, & mesmes sur la Courze, qui n'ayāt qu'vne lieüe de cours, faict neātmoins moudre six vingts moulins tant à bled qu'à papier.

La riuiere de Dronne a vne infinité de forges à fer & celle de Bandiat, qui ne lui cede en mesme commodité.

Il y a grand nombre de Fontaines desquelles prouiennent tant de ruisseaux, que ce n'est sans occasion que l'Aquitaine porte son nom à cause de l'abondance des eaux.

D'entre ces fontaines y en a de sulphurees & fort grandes, & pource beaucoup medicinales; il y en a aussi d'autrs allumineuses: comme est pareillement vne qui fut faict bastir par Charlemagne; dont elle porte le nom.

Enuiron demie lieuë de là est vne autre fontaine merueilleuse prés le bourg de Marsac, laquelle a son flux & reflux, cóme le bras de mer qui passe par Bordeaux, quoy qu'elle en

Fontaine merueilleuse

soit esloignee de deux grandes iournees. Et apres de laLinde, qui est vne petite ville situee sur la riuiere de Dordonne, y a aussi vne fontaine sortant d'vne tour carree, haute de dix pieds ou enuiron, & ayant demie toise de largeur, carree au dedans en sa circonference, la source de laquelle regorge ordinairement, & sans cesse tant d'eau, que deux moulins à bled en meulent en toute saison, mais par vn estrange façon, car l'eau estant sortie de la tour, elle court quelque cinquáte pas d'icelle, & estant empeschee de passer outre, à cause de la terre qui est là naturellement esleuee, elle retourne au pied de la mesme tour, d'où elle auoit sorti, & à son retour elle faict moudre les moulins, lors qu'elle se va ruer dás la Dordonne.

Pres de Miramont, qui est Cauer-
aussi vne petite ville en Peri- ne ad-
gord, se void vne cauerne, ou mirable.
grotesque (que ceux du païs
appellent Cluzeau) de laquelle ceux qui y sont entrez, ra-
cótent merueilles, disans qu'elle va par dessous terre, de cinq
à six lieuës; & qu'au dedãs sont
plusieurs belles salles, & chã-
bres, les vnes estans pauees de
pierre menüe, & diuersifieés en
couleur à la Mosaïque, & là on
void quelques Autels, & des
painctures en plusieurs endroits. Ceux qui y sont entrez
disent qu'il y a plusieurs fontaines & ruisseaux, & entre autres vn qui a de cẽt à si vingt
pieds de large, lequel court
d'vne grande roideur & vistes-
se, estãt fort creux & profond:
outre lequel on n'ose passer,
quoy qu'il y ait encor vne grã-

de estenduë en la grotesque. Et ne peut-on entrer en ce lieu qu'à grãdes troupes, auec force torches, flambeaux & lãternes, a cause qu'il n'y a clarté ny lueur quelcõque, sinon par l'entree, & faut porter des viures, afin de s'en seruir si d'aduenture l'on s'esgaroit.

Non loin des monts de Pyrenee fut trouué vn tel lieu sous-terrain en Cominge; mais non si grand ni si obscur, dans lequel estoit encor l'Idole de Venes, & plusieurs figures de Priapees, & autres saletez.

Le pays de Perigord est fort propre pour les Herboristes, à cause du grand nombre de simples & herbes fort rares, qui s'y trouuent. Dauantage y a grande abondance de mineraux fort propres pour la sãté.

Enuiron quatre lieuës de Perigueux est vne place, nõmee la Roche, appartenãte au sieur de Trigónau, où il y a vn creux large dans vn rocher, pres la maison du susdict Seigneur, d'ou l'on tire grande abondance de Boliarmenic pour les Apoticaires.

Fondation de la Ville de Perigueux.

LA ville de Perigueux est situee au milieu au païs sur lequel elle commãde, & est en vne plaine, enuirõnee de montaignes & costaux, & est de la fondatiõ des anciens Gaulois, descendus de Noé : cõme il se pourra voir cy apres. Elle a esté ainsi appellee, du nom *Petragorensis*, qui viẽt de *petra*, en François Pierre, à cause (comme dit est) que ce pais est fort pierreux & montaigneux.

Perigueux est erigee en Euesché, des le temps des Apostres, & s'appelloit anciennemét ceste ville Iaphet, d'où l'on peut voir qu'elle est tres-anciēne, & que les enfans ou arriere-nepueux de Noé venans en Gaule, peu apres le Deluge, la bastirent & luy dónerét ce nó de Iaphet. Elle estois iadis de fort grande estendue contenant enuiron septante arpens de terre, où il s'en faut beaucoup que la moderne n'en aproche. L'on void encor des voustes antiques, de vieux pilliers, & autres ruines de sa premiere fondation lesquelles sont tres-remarquables.

Ceste ville fut aussi nómee Vessune, lequel nom est encor demeure à vne vieille tour rōde distante enuirō de cinquāte toises de la Cité, & est ceste tour bastie de fort ciment, de chaux

chaux & tuille. L'on tient que c'estoit vn temple de Mars, ou de Venus.

Ioignant la ville de Perigueux vers le Septentrion sont les ruines d'vn Amphiteatre, fort magnique en forme d'ouale, long de trête toises, & large de vingt: au dedans l'on y void encor les caues où l'on mettoit les bestes furieuses pour combattre, & donner plaisir aux spectateurs.

L'Eglise cathedrale est fort magnifique, ayant la tour faicte en Pyramide, & est dediee au nom de sainct Estienne premier martyr.

Il y a des belles immunitez & priuileges en la ville de Perigueux octroyez par Charles 5. comme de tailles, sudsides, & autres imposts: pour auoir esté tres-fidelles au Roy. La ville est

V

séparée de la cité, enuiron de cinquante pas.

Le Chapitre de Periguenx estoit iadis Seigneur de la ville, prenant encor de present les droicts de lauts & ventes, receuant hommage du Maire & des Consuls de la ville.

La ville pour le faict de la police est regie par vn Maire & six Consuls, y esleus & changez annuellement par les habitans du Puis S. Front. Quand pour la Iustice Royale, comme la spiritualité, elle despēd de Bordeaux. Perigueux est siege de Senechal & Cour de Presidiaux y ayant pour Iuge le Seneschal, les Cōseillers, Lieutenants General, Ciuil, & Criminel, & autres gens du Roy. Les appeaux vont au Parlement de Bordeaux.

L'Eglise collegiale de sainct

Front à Perigueux, n'estoit anciennement qu'vne Abbaye seculiere, laquelle est maintenāt vn des beaux bastimens qu'on puisse voir, composé de forts materiaux, & ressentants grandement leur antiquité, & est voustee à sept faces, & contient encor soubs terre vn grand traict de beaux edifices, voustez & soustenus de pilliers massifs; & y a vn fort magnifique clocher à pyramide ronde, situé sur vne tour carree, portant le le nom de S. Front premier Euesque de ceste ville, annoncer l'Euangile par S. Pierre duquel il auoit esté baptizé en vne cité d'Asie nommee Ianie, doù ce sainct estoit natif.

De plusieurs villes & places de Perigord.

Satlant & Bergerat sont deux Eueschez qui dependent du pays de Perigord, esquels y a siege Royal: & sont du ressort de la Senechaussée de Perigueux; outre lesquelles y a vne infinité de petites villes, comme Linde, Mussidan (en laquelle fut tué le Comte de Brissac, en l'an mil cinq cens soixante neuf) Lisle, Riberac, Aubeterre, Nontron, & autres.

Branthomme est vne petite ville de Perigueux sur le fleuue de Dronne, où il y a vne des plus belles Abbayes & mieux bastie de l'Aquitaine; posee au pied d'vn roc, duquel sourcelent vne infinité de fontaines, & y a vn beau bois au dessus.

Il y a plusieurs autres belles Abbayes, & Prieurez au païs de Perigord, tant de Moines que de Religeuses.

DE LA FRANCE. 461

Nõ loing de Perigueux est vn petit village ou bourg appellé Cadoin ou estoit le sainct suaire de nostre Seigneur.

Du païs de Lymosin & des villes & places qui en dependent.

LE païs de Lymosin, est diuisé en haut Lymosin, & bas Lymosin; & est fort abondant en boscages, & n'a iamais chãgé son nom fort remarqué par Cesar, & autres Romains. Et n'y a qu'vn gouuernement dependant du Parlemẽt de Bourdeaux.

Le haut pays de Limosin est arrosé de la riuiere de Vienne, que les Limosins apellent Viguenne, & a quarante deux lieues Françoises de longueur.

Fondation de la ville de Lymoges.

LImoges est la cité capitale du haut pays Limosin, vne

V iij

des plus anciennes & fameuses des Gaules, située partie en vallon, & partie sur la coupe d'vne petite montaigne, du costé de S. Martial: & le vallon est vers la riuiere de Vienne, ou est la cité & l'Eglise cathedrale, dediee au nom de S. Estienne, par le glorieux Apostre de Guyenne, S. Martial.

Ceste ville suiuant l'opinion de quelques Autheurs a son nom d'vn ancien gouuerneur des Gaules nommé Lemouix, de la race des Gomerites & successeurs des enfans de Noé. Elle estoit iadis plus grande qu'elle n'est à present, comme l'on peut voir par des remarques & vestiges de murailles, que l'on void hors de la ville, ayant esté ruinee par plusieurs fois.

Au pays de Limosin les hommes sont de grād trafic, actifs, & ennemis de l'oysiueté, grāds Catholiques, tellement que les Huguenots ou Caluinistes n'ont peu trouuer entree en leur ville; & ont esté les Limosins tousiours fort fideles au Roy de France.

Iean Daurat Poëte Royal & le Roy des Poëtes, & Marc Anthoine de Muret estoiēt natifs de Limoges, lesquels auoient esté precepteurs de cest autre excellent & insigne personnage Monsieur de Belle-forest, Muret fut faict citoyen Romain.

Les païsans du pays Limosin abhorrent la friandise, & se cōtentent de peu, & pource sont alaigres & dispos, viuans longuement, de sorte, que l'on void quelquesfois vn vieillard voir ses enfans iusques à la

T iiij

quatrieſme generation. Ils ſe maintiennent ſi bien en amitié que l'on void des maiſons en ce païs, où il y a plus de cent perſonnes demeurans tous enſemble, ſans faire partage, & viuans comme en vn College.

En ce haut païs Limoſin y a pluſieurs villes aſſez bonnes & marchandes, comme S. Yrier, la Perche, iadis hermitage, S. Iunié, où il y a Egliſe collegiale, S. Leonard Abbaye renommee, Solloignac, la Soubsterrane, Beneuent, Pierre Buſſiere, Segur, ancien ſiege du païs Limoſin appartenant aux anciens Comtes de Perigord, Chaſlus, lieu remarquable pour la grande foire de Guyēne. En ce pays eſtoit auſſi la ville de Bré, laquelle fut ruinee & raſee par les Anglois.

L'Abbaye de grand mont,

au haut Limoſin, fut inſtituee l'an de noſtre Seigneur 1316. par vn Auuergnac nommé Eſtienne, hôme noble & ſainct perſonnage, lequel enhorta pluſieurs perſonnes à ſe retirer hors du monde;

Les maiſons illuſtres du haut Limoſin ſont celles de Pierre Buſſier, Chaſteau neuf, les Cars, maintenant erigee en Comté, Vau-guion, Roche Chouard des plus anciennes de Guyéne, Magnac, & autres.

Le païs de Limoſin eſt arroſé de la riuiere de Dordonne, qui le ſepare d'Auuergne, il eſt auſſi laué du fleuue Veſere.

Ce païs, quoy que grand, n'a que trois villes de remarques: toutes trois Royalles, Tuelle, Vzerche, & Briue; leſquelles ſont ordinairemét en querelles pour la preeminence & authorité, chacune protestant d'estre la premiere.

Fondation de la Ville de Tulle.

CEste ville n'estoit autresfois qu'vne Abbaye, laquelle fut erigee en Euesché par le Pape Iean vingt deuxiesme, auquel lieu S. Martial prescha, & mesme feit plusieurs miracles au chasteau de ce lieu, cóme aussi il prescha à Bruiasac, & à Rossignac.

A Tulle y a siege presidial, & y est l'Eslection du bas Limosin, & la recepte des Tailles, & deniers du païs, y ayant grád trafic en icelle parce que sur tout autres de ce païs, les citoyens de Tulle sont laborieux, subtils, & fins au possible, aymans les proces, lesquels ils fondent sur la pointe d'vne espingle : & qui pis est, on les blasme du mestier de tesmoings à gage.

Cette ville estoit iadis fort grande, & y auoit plusieurs temples des Dieux des Payens, abbatus par le moyen & predication de S. Martial.

La ville est situee entre des montaignes & pays raboteux & montaigneux, fertil & portant de bons vins, & abondant en noyers, d'où ils tirent grād profit, pour les huilles. Le peuple y est fort deuot & Catholique.

En l'Eglise cathedrale, y a vne esguille & pointe pyramide du clocher, qu'on estime des plus belles de Frāce, sans excepter celle de S. Michel à Bordeaux; ou celle de sainct Geruais à Lectoure.

―――――――――――

De la ville D'Vzerche

V vj

Vzerche est vne ville belle, plaisäte, & bien aërée assise sur le Vezere, qui est vn torrent impetueux, & enuironnee d'eaux, de toutes parts; de sorte qu'elle semble du tout imprenable.

On tient que le Roy Pepin bataillant contre Vvaifet Roy d'Aquitaine, feit bastir ce lieu & forteresses, armee de dixhuict tours, & belles deffences. Il y a vne Abbaye establie par ledict Pepin.

Il y a vne belle Abbaye de l'ordre de S. Benoist, en laquelle estoit la nappe sur laquelle nostre Seigneurs feit la Cene: il y a aussi quelques corps de saincts personnages, où se font plusieurs miracles: & mesmes deuant sainct Leon, & sainct Coronat, où les insensez faisans leur neufuaines, recouurent santé & entendement.

Puis est encor Vinadiere, dependant de S. Iean de Hierusalem. A deux lieuës de là est la Chartreuse de Glandieres.

Les citoyens de ceste ville ayment plus les armes que la marchãdise: aussi sont ils tousiours fort belliqueux.

Ce pays fort fertil en bleds, vins & chastaignes, & la riuiere en bon poisson, & sur tout en truittes.

De la Ville de Briue.

LA troisiesme ville fameuse du bas Limosin, est Briue la Gaillarde, situee en vne belle & fertile, campaigne, ayãt bois, vignes, terres labourables, prairies, & tout ce qu'on sçauroit souhaiter pour la vie des hommes.

Ceste place est ancienne estãt

desia du temps que les Frãçois vindrent en Gaule, n'estant pour lors qu'vn village.

Il y a de present vne Seneschaussee, qui la faict plus riche & frequente. Elle estoit iadis du ressort de Perigueux, mais le Roy Charles 6. la ioignit au Limosin. Ce qui est cause de grands procez entre ceste ville, & celle de Tulle & d'Vzerche, comme auons dict.

Il y a plusieurs autres villes au bas Limosin, comme Trignac, Donsenac, Allasac, Beaulieu, Messac, Vllet, Sainct Angel, & Beaumont, iadis rasee par les Anglois.

Les illustres maisons de ce païs sont celles-icy: Vendour, Combort, Turenne, Pompadour, Maumont, Rossignac, S. Ial, Gimel, & autres.

Du païs Limosin ont sorti cinq

ou six Papes, plusieurs grands Prelats: nombre infini de braues Cheualiers & Capitaines plusieurs autres hommes de grand & rare sçauoir.

L'an mil cent nonante neuf le Roy Richard ayant esté aduerti qu'vn Cheualier Limosin auoit trouué soubs terre les Images d'vn Empereur, sa femme & ses enfans, assis à vne table, le tout de fin or; ce qu'il voulut auoir & retirer dudict Cheualier, lequel nioyt auoir rié trouué: mais ayāt entendu que le Roy le vouloit faire mettre prisónier, il se retira au Vicóté de Limoges en son chasteau de Chal°, où ledict Roy le feit assiger, à mauuaise heure pour lui, car il recent vn coup de flesche dās l'œil, dōt il mourut par apres: & ne laissa aucuns enfans pour lui succeder

Histoire notable.

Les Limosins sont gens accords, graues, sages, & fins, n'estans hastifs en leurs actiós, diligens neantmoins en leurs affaires, laborieux, prompts à faire plaisir, vn peu chiches, & sordidez chez eux, excepté les gentils-hommes, lesquels y sót magnifiques & genereux, & les citoyens des villes, qui sont mieux ciuilisez & appris que la populace.

Du païs d'Auuergne & places y comprises.

AVuergne estoit iadis regió separee & faisans vn peuple particulier a soy, depuis que les Romains la subiuguerēt. Elle est mise au denombrement de l'Aquitaine, à cause qu'elle est entre Loire & la Garonne.

Ce païs est diuisé en haut & bas,

bas. Celui qui est en la Campaigne s'apelle Limaigne, & l'autre la haute Auuergne.

Le pais d'Auuergne est limité au Leuant du pays de Forest & Liónois, & est posé vers le Midi entre Vellay & Geuoudan, au Septentriou il est enclaué entre le Bourbonnois, & la Marche Limosine : comme encor le haut Limosin lui sert de limites à l'occident.

Les Auuergnats sont vrays Gaulois d'origine, sans rié dissimuler, & à present composez du sanct Goth & Romain.

L'an cinquiesme du regne de Childebert, la region des Auuergnats fut affligee, & tourmentee de grands & estranges deluges : de sorte que par l'espace de douze jours, il ne cessa d'y plouuoir abondamment : & le fleuue de Lyman desborda tellement qu'il empescha plusieurs d'ensemencer leurs terre.

Limaigne est la plus fructucuse contree de l'Auuergne, & de tout temps chef des autres, la ville capitale (qui est Clermont) y est aussi posee.

Ce païs est ainsi appelé, selon l'aduis de quelques vns, du limon & terre grasse, ou comme tiennēt les autres, du mot *Alimonia*, qui signifie nourriture ; à cause de sa fertilité, ou finablement est dict Limaigne, à cause du fleuue Liman, qui se rend dans celui d'Allier.

De la Ville de Clermont.

Clermont est la capitalle d'Auuergne fort renommee, belle & de grãde antiquité, & s'appelloit anciēnnement Gergonie, & estoit de beaucoup plus grande estenduë qu'elle n'est à present: comme l'on void par les ruines & vestiges des antiques bastiments, qui encor apparoissent demie lieuë à l'entour, comme medailles de toutes especes de metaus, colomnes, chapiteaux, cornices, & bases de colomnes anciennes.

Or ceste ville est situee au bout du plat pays sur le haut d'vn costeau, d'où sortent plusieurs ruisseaux.

Non loin d'icelle, sçauoir aupres de la cité, qui est separee de la ville, on a trouué plusieurs antiques tombeaux entre lesquels y en auoit vn, sur lequel estoient ces mots.

IVLIA PAVLINA TITILABIENI VXOR.

Au lieu où sont ces vieilles ruines, où estoit proprement

476 DESCRIPTION

Vouftes soubfterraines.

la cité de Gergonie, l'on void encor desvoustes soubsterraines, par lesquelles on pouuoit aller plus d'vne lieuë soubs-terre, mais auec clarté. On ny peut aller à present à cause que l'eauy degoute du haut du roc. En ce lieu on tient qu'estoit cápé Cesar: mais quelques vns sont d'opinion qu'il estoit faict auparauant.

L'Eglise cathedrale de Clermont est dediee à l'honneur de la vierge Marie, & fut premierement bastie par S. Martial. Le premier Euesque de Clermont fut S. Austremonie, qui fut disciple de nostre Seigneur.

Le quatorziesme Euesque de ce lieu fut S. Sidonie Apolinaire, tresdocte personnage, du temps des Gots.

Au deaunt de la maison Episcopale de Clermont, on void

vne des plus belles fôtaines de Gaule, laquelle est conduicte d'vn lieu nommé Royac, qui est côme vne source, des ruisseaux & fontaines arrosans la ville, & le pays voisin.

Billesiains d Clermont.

Il y a des Conuents de Iacobins, Cordeliers & Carmes. Il y a en outre vne Eglise nommee nostre Dame du Port, premierement fondee par S. Auit, destruicte par les Normands, & rebastie par Sigon Euesque d'Auuergne.

Au dessous de ceste Eglise y en a vne sous terraine, aussi grande & spatieuse que celle d'enhaut. Il y a plusieurs autres belles Eglises, & vn somptueux Hospital fondé par Guillaume du Prat Euesque de Clermont.

En outre est vne belle Abbaye de S. Allire qui estoit cinquiesme Euesque d'Auuergne.

Ces Monasteres iadis estoiēt enclos dans la ville, mais les guerres ayās tout ruiné de tēps en temps, la ville a esté mise & reduite en plus petit circuit; & sont à present ces Eglises & Monasteres hors de l'enclos.

En l'Abbaye de S. Allire est le tombeau de deux amans, dont Gregoire de Tours faict mention au liure de la gloire des Confesseurs.

Merueilleux Pōt de pierre naturelle. Au dadans de ceste Abbaye passe vn fleuue iadis nommé Scateon, maintenāt Tiretaine, sur lequel est vn merueilleux Pont de pierre naturelle, faict de l'eau d'vne fōtaine, qui s'endurcit en pierre, non sans estōnement des grands & admirables effects de nature; laquelle fontaine est loin de la susdicte riuiere de 300. pas.

Le susdict pont a trente brasses de longueur & six d'espoisseur, & huict de large.

Ceste fontaine est dicte Saule, & est allumineuse, & depēd de l'Abbaye, qui est fort magnifique, ayant de belles tours & deffences, comme vn chasteau, & y sont plusieurs colōnes, sepulchres, & Autels de marbre, & de iaspe, de diuerses couleurs à la Mosaïque. En icelle est la chappelle de S. Venerad, où reposent les corps de plusieurs martyrs & saincts personnages.

Aux fauxbourgs de Clermont sont encor le Prieuré de S. Bonnet, & hors la porte S. Pierre, vn Monastere de Religieuses, & vn vieil edifice, nōmé la tour des Sarrazins. En vn autre faux bourg est l'Abbaye de S. André iadis Prieuré, où est vn tombeau clos & couuert d'vn cuir rouge, qui est plein d'os d'vn desmesuree gradeur; & tient-on que ce sont les os des premiers fondateurs de ce Prieuré.

Non loin de ceste place est le villages de Chamailleres, iadis faux-bourg de l'ancienne cité d'Auuergne, où il y a vne Eglise fort ancienne dediee à nostre Dame, & fondee par S. Tecle. En outre est le Prieuré S. Marc, en vn vallon; où il y a deux bains, l'vn d'eau calcineuse, l'autre de sulphuree, & au dessoubs vne fontaine, ayant goust de vin, mais fort mauuaise à boire. A Chamailleres est encor vn viel chasteau, que l'on dict auoir esté à Gannelon.

Bains salutaires.

A Clermont se faict du meilleur papier de France tant à escrire qu'à imprimer.

Deux

eux Conciles ont esté tenus [à] Clermont, l'vn Prouincial, [en] l'ã de nostre Seigneur 540. [o]ù assisterent quinze Euesques [d]e Gaule, l'autre general, l'an [de] grace mil nonante cinq, par [l']authorité du Pape Vrbain 5. [n]atif du Limosin.

Les Estats furent tenus en ce[tt]e ville soubs Charles cinquiesme l'an mil trois cens setante quatre.

Pres Clermont est vne petite [m]ôtaigne où le bithume cou[l]e côme d'vne fontaine, noir au possible & gluant

---

De la ville de Rion & autres.

[R]Iõ deuxiesme ville de Limaigne, est riche & opulente dicte en latin *Reoricum* situee en la fertilité du pays, en laquelle y a Cour de Presi[d]eaux establie par Henri 2. du

X

nom & est la Seneschaussee du bas Auuergne.

Du presidial de Rion dependēt les sieges de Montferrand, vne des belles villes d'Auuergne: où il y a Cour de generaux pour les Finances; Apres sont encor Combraille, Montaigu Aigue-perse & Mompensier apartenant à la maison de Bourbon.

Les autres villes de Limaigne sont Bilhon, & Yssoire, Brioude, Anzeon, Langheac, S. Germain, S. Lambron, Aigue perse, Eubreusle, S. Poursain & Cusset, qui sont auec les susnommées treze villes en nombre, sans d'autres villes & gros bourgs, villages, & chasteaux, apartenants à plusieurs grands Seigneurs, comme Montaigu, Mommorin, Monguaçon, Entragues, Chuzeron, Randan,

Rauel, Fontauilles, & autres.

La source du fleuue Allier est quatre lieués au dessoubs de Brionde, & passe pres d'Vson, où l'on trouue vne belle mine d'or & d'azur.

LA haute Auuergne a pour ville capitale S. Flour, qui est vn Bailliage & siege presidial, situee sur vn haut lieu esleué, & entaillé tout à plomb. C'estoit iadis vn Prieuré fondé par les Sieurs de Bresons L'an mil trois cens deux S. Flour fut erigé Euesché par le Pape Boniface 8. L'autre ville principale de la haute Auuergne est Orilhac, qui est vn siege ancien du Bailliage, & y a Cour de presideaux, d'ou dependant les sieges d'Orilhac, S. Flour, Carlat, & Murat, auec les villages de Sallers, Mauriac, S.

Martin de Marmarons, & autres qui n'ont autre trafic que du bestail qu'ils nourrissent.

Les montaignes de Cantal en Auuergne, sont perpetuellement chargees de neges à cause de leur hauteur.

Pont Gibaut est vne petite ville à quatre lieuës de Clermont, ayans pres d'elle vn village nommé Rore; là est vne mine d'argent abondante.

Dome est vne montaigne fort plaisante, à vne lieuë de Clermont, & des plus hautes de la France, fertile en pasturage, & simples autát exquis que Medecin pourroit souhaiter; au sómet de laquelle on void encor plusieurs ruines & fondements, qui font paroistre qu'il y eut iadis quelques sóptueux bastiments: Il y a aussi les montaignes de Frumental, la Vedrine & le Girene.

Pres du mont de Cosme, leque est aussi fort estimé, est vn lieu nommé la Cherre, où est vne fontaine, qui est glacee durant les plus grandes chaleurs de l'esté, & lors que l'hiuer est plus violent, elle desgele, & est chaude, sortant d'icelle des fumees & exhalations, comme d'vne fournaise.

Le mont Dor abonde en fontaines, de l'eau desquelles sort la riuiere de Dordonne. Il y a des bains fort salutaires en ceste montaigne.

D'où sourd la Dordonne.

Pres ce mont est la ville de Besse, à demie lieuë de laquelle on void vn lac de grande estenduë, & presque au sommet d'vne montaigne, duquel on n'a peu trouuer le fonds, & est for admirable à voir, & encor plus effroyable, car si l'on iette quelque pierre dedans, on se peut tenir bien tost asseuré d'auoir du tonnerre, des esclairs, pluyes & gresles.

Non loin de là est vn creux ou abisme nommé Soucis, rõd à son ouuerture, sans fonds qu'on aye peu trouuer, presque pareil au precedent.

En ce païs est la Chappelle de Voisinieres, ou se font de grands miracles.

Il y a aussi en ce pays vne fontaine dicte Vichy, l'eau de laquelle est naturellement chaude, iettant sans cesse de gros & assidus boüillons, d'ou vient qu'aupres y a des bains souuerains en Auril, May & en Septembre.

A Chaudes Aigues, qui est dix lieuës de S. Flour, y a de pareils bains & fontaines.

A Roche Dagou, qui est aussi

dix lieuës de Clermont en vn village ainſi appellé, ſe trouuent des pierres pareilles au diament & fort admirables.

Au bas des montaignes qui tirent vers Limaigne, eſt vn eſtang nommé Montœil Degelat, du nom d'vn village ou il eſt, ayant des ſablós, & arenes luiſans comme orlimé, duquel les financiers ſe ſeruent ſur leur eſcriture, l'eau duquel eſtang eſt treſclaire. *Sablons de rezin vn eſtãg.*

Le pays d'Auuergne eſt illuſtré des Abbayes qui s'enſuiuét: la Chaize Dieu, ſainct Allire, ſainct André, Mont-peiroux, le Bouchet, Mauriac, Champoing, Sainct Gilbert, Ebrueſle, Tiers, Yſſoire, Menat, Maulieu, Feniers, & Bellaigne.

Les Religions des Dames ſót: Cuſſet, Beaumót, Lauoine

X iiij

Megemont, Lesclache, Corpiere.

Les Prieurez plus fameux sont Saucillanges, Sainct Poursain, les Celestins, Augeroles, Montferrand, Sauuigni, de Ris, Cullat, la Chartrouse, & Morissac.

Du pays de Bourbonnois.

APres l'Auuergne vient les Boyes (maintenant Bourbonnois) fort renommez, lesquels auec les Cenomans, ou Manceaux, donterent iadis les Toscás, s'emparás de leurs Seigneuries, & establissás vne demeure perpetuelle en Italie, qui est maintenant nommee Romaigne, par les anciens latins *Gallia Togata*, pource que les Gaulois ia faicts Romains, s'y estoiēt domiciliez: ils donnerent aussi le nom au païs de

Bauiere, de Boefme, & mefme celle de Boullongne.

Le païs de Bourbonois est limité au Septentrion du Niuernois, selon Loire, au Midi, d'Auuergne, à l'Occident du Berri, & au ponent de la Bourguigne.

Ce païs est arrosé de deux grands fleuues, sçauoir de Loire & d'Allier, riuiere naturelle d'Auuergne.

L'an mil trois cents trente, ou enuiron, la Seigneurie de bourbon fut erigee en Duché, par le Roy Philippes de Vallois, & en fut le premier Duc Louys Comte de Clermont, fils de Robert Comte de Clermont, fils du Roy S. Louys.

Bourbon erigé en Duché.

Les Comtes de Flandres sont yssus du sang de Bourbon, de la premiere lignee. Plusieurs grands Rois & princes ont de-

X v

sité l'alliance de ceste Royalle & illustre maison.

Des Villes du païs Bourbonnois

La capitale ville de ce païs est Moulins, iadis nōmee Gergobine par Cesar, & est situee sur le fleuue d'Allier, & l'ancien siege des Seigneurs & Ducs du païs, & depuis le plaisir des Rois de France. Il y a siege presidial, pour la Seneschaussee de Bourbonnois, erigé par le Roy François premier du nom.

Apres est S. Pierre le Mōstier place moderne, neantmoins belle & remarquable, & où il y a aussi siege presidial, comprenant le Bailliage de ladicte ville, & les sieges de Douziois, Xaincois, Cusset, & autres pieces, qui sont partie en Auuerne, partie en Niuernois.

La ville de Bourbon est fort ancienne, & de laquelle le païs prend son nom; Elle est situee entre les fluues d'Allier & du Cher, & bien cogneue & renómee des le temps de Charlemaigne.

DE L'ANCIEN ROYaume & païs d'Austrasie ou Prouince des Mediomatrices.

LE païs d'Austrasie a esté de grande estendue, comprenant depuis la Meuse iusques au Rhin, sçauoir depuis Colloigne iusques au païs d'Elsace, ayant la cité de Mets pour capitale, d'où aduint que ce Royaume se nommoit plustost de Mets, que d'Austrasie.

La premiere consideration du traict de ce païs est contenue sous la Gaule Belgique, qui auoit iadis deux Metropolitaines, la premiere Treues, l'autre Rheims.

Fondation de la ville de Treues.

CEste ville a iadis vaincu en gloire toute celle de Gaule, & est situee sur la riuiere de Moselle. Le premier fondateur d'icelle fut vn Assyrien nommé Trebore, fils de Nine premier du nom, lequel persecuté par sa belle mere Semiramis (laquelle vsurpoit le Royaume Babilonien qui lui apartenoit) passa par mer & s'en vint en Europe, trauersant tant de pais, qu'en fin il s'arresta sur le Rhin, puis passa outre iusques à la Moselle, pres laquelle ayāt trouué vne valee tresplaisante, se meit à y bastir vne cité, qu'il appella de son nom.

Ceste ville a esté tres-puissanté & des premieres en l'amitié des Romains. Elle a esté ruinee & saccagee plusieurs fois par les Vvandales, Bourguignons, & les François, les edifices renuersez & ruinez, & les citoyens massacrez & taillez en pieces par les Barbares. Elle a esté rebastie fort magnifiquement, sauf pour la construction de plusieurs bastimens. En icelle se void edcor vn palais faict de Brique dont les murs sont si forts qu'on ne les peut rompre; & du tout semblable au bastiment des anciens murs de Babylone en Assirie.

Treues est la cité Metropolitaine du pais Belgique, dont l'Archeuesque est Electeur de l'Empire. Elle fut conuertie à la foy par S. Eucharie, disciple de sainct Pierre.

De la Ville de Mets.

LA premiere cité dependante de la premiere Belgique est Mets, portant ce nom des Mediomatrices, parce que les peuples s'y tenans auoiēt trois villes, & que leur metropolitaine estoit au milieu d'icelles, sçauoir que Mets estoit entre Toul, Verdun & Treues. Ceste ville en vn mot à pris le nom du peuple habitant en ces finages.

Mets fut capitale d'Austrasie; Elle est grande & forte, arrosee du fleuue Moselle & de la Seine.

Il y eut plusieurs Eglises & autres edifices abbatus auec la plusparc des fauxbourgs, lors qu'ils furent assiegez par Charles Quint; parce que les assiegez voyoient ces bastimens leur estre par trop nuisibles.

Dans la ville furent aussi abbatues les Eglises de S. Martin, au pied de la coste de S. Quentin, S. Croix, & S. Eloy pres la porte de Pontefroy, & S. Syphorian, & la citadelle dans la ville.

La ville de Mets fut conuertie à la foy par S. Clemét oncle de S. Clement Pape, lequel y fut enuoyé par S. Pierre. Iadis l'Euesque de Mets estoit Seigneur souuerain, establissant la Iustice à son vouloir, & ayant puissance de faire battre sa mónoye. Eleuthere Chácelier de France du rēps du Roy Thieri 2. fonda le Monastere des Dames de Mets.

En ce païs on ne plaide point par loy escrite, ains la coustume y est seulement obseruee: de sorte que les Iuges & autre exerçans la Iustice, ne sçauent lettre quelconque : & le plus souuent ce sont gens de mestier, qui sont les Iusticiers. S'il y a quelques hommes signalez, ils ne sont pourtant Legistes, Aduocats, ni Procureurs, & y est le seul Seigneur du païs President pour les loix & pour en iuger.

A Mets n'y a Bailliage, ny prenosté, sauf que l'Euesque à son Bailli, pour son droict, mais les plaids se font à Vvic, entant que les citoyens ne veulent souffrir autre Iustice que la leur, & celle de leur Prince.

Le pays est gras & fertille, abondāt en bleds, vins, chairs, poisson, foings, sel, boids & mineraux.

Le peuple y est rude & grossier ressentant desia son Allemand, dont ils sont proches.

De la

De la ville de Verdun.

LA secóde ville des Mediomatrices est Verdun assise sur vn costau, le long de la riuiere de Meuse, belle, riche, & en païs fort plaisant & de grande antiquité nommee par Cesar *Virodunm*.

S. Denis y enuoya Sainctin son disciple, pour conuertir ce peuple, lequel y profita beaucoup & y bastit vn 'oratoire au nó de S. Pierre & S. Paul hors la ville, & la fut só premier siege Episcopal; depuis ceste Eglise a esté dediee à S. Vanne, & y ont demeuré les Euesques enuiron l'espace de trois cés ans, iusques à ce que le grand & superbe temple dedié, en l'honneur de nostre Dame, ait esté basti & erigé, en l'Eglise cathedrale. Ceste dicte Eglise fut fondée par sainct Pulchronie, cinquiesme Euesque du lieu, lequel assista au Concile de Calcedoine, l'an 455. où l'on códamna l'erreur de ceux qui nioyent que la vierge Marie fust mere de Dieu.

Le susdict Euesque, apres le Concile, feit faire vn image de nostre Dame, ayant vn serpent sous les pieds, signifiant qu'elle a dompté les Heretiques, supposts & ministres de l'ancien serpent, ennemi de l'humain lignage; ayant à l'entour de ceste image: *Gaude Maria Virgo, cuncta hæreses sola interemisti in vniuerso mundo.* Ce qui auoit esté ordonné au susdict Concile de chanter par toutes les Eglises.

Le 58. Euesque de ce lieu appellé Iacques, Docteur en Theologie, fut Patriarche de

Hierusalé, & en fin Pape sous le nom d'Vrbain 4. Il estoit natif de Troye en Champaigne, fils d'vn conrayeur ou lauetier.

De la Ville de Toul.

LA troisiesme cité Medio-matrices est Toul en Lorraine, qui receut l'Euãgile aussi tost que S. Pierre fut à Rome. Le premier Euesque fut Mansuit, enuoyé en Gaule, auec S. Clement Euesque de Mets.

Ceste ville est situee sur la Moselle au dessous de pont à Mousson ville fort ancienne, en vn pais fertil.

Pape Leon 9. du nom fut Euesque de Toul, auparauant nommé Baunon, & fut sainct personnage; lequel feit des miracles en son viuant, il estoit natif du païs d'Allemagne.

DV PAYS DE BOVRgoigne & places y comprises.

LEs Bourguignós sont descendus des anciés Gaulois, & iceux (du temps que Druse & les Tiberes enfans adoptifs d'Auguste Cesar domterent la Germanie) se tenoient en la Campaigne par cartiers, s'estás multipliez en nóbre fort grãd & populeux, & ayans basti plusieurs hameaux le long des limites, lesquels ils appelloient Bourgs, à cause dequoy ces peuples sont dicts Bourguignons. Il y a d'autres opinions mais trop lógues à deduire, & comme ils furent chassez de leurs sieges, & cõte lõg temps apres ils se r'habituerent; & en fin se feirent Chrestiens, en l'an quatre cens trente quatre Surquoy on pourra voir les Annales & Histoires de France.

Fondation de la ville de Dijon.

LA ville de Dijon n'estoit anciennement qu'vn chasteau du temps que S. Benigne 1. Apostre des Dijonois vint en ce pays; qui fut l'an de nostre salut mil sept cens. Et est la fondation des anciens Gaulois, qui lui donnerent ce nom de Dijon ou Diuion) au raport de quelques vns) du mot *Dii, Diui*, à cause qu'en ce lieu y auoit autresfois plusieurs temples des Dieux,

Ceste ville fut accreuë par l'Empereur Aurelien & est situee presque sur les frontieres & derniers limites de France, en vne belle campaigne, qui se continuë iusques à Marseille, & sur laquelle croissent les meilleurs vins de la Gaule. Et est ceste ville forte d'assiete, & plus encor d'artifice, à cause des grands bouleuerts & fortifications qu'on y a faictes, pour seruir de repars contre les aduersaires des Roys de France: desquels sont tresloyaux seruiteurs les Dijonnois.

Le chasteau de Dijon estoit iadis armé de trête trois tours, & fortifié de belles murailles, ayans trente pieds de hauteur, & quinze de largeur.

Le chasteau qu'ō y void à, presēt fut rebasti par le Roy Louys vnziesme, s'estant emparé legitimement du Duché.

Sainct Benigue fut le premier pasteur des Dijonnois, lequel souffrit martyre soubs l'Empereur Seuere, l'an de nostre salut mil sept cens. Long temps apres la mort de ce bon Euesque, fut trouué son corps par S. Gregoire, lequel y baſtit vne Egliſe & Monaſtere.

Il y a pluſieurs Egliſes à Dijon, iuſques au nóbre de ſeize.

La ſainéte Chapelle y fut fondee par le bó Duc de Bourgoigne Philippe, lequel y meit la S. Hoſtie que le Pape Eugene lui enuoya l'an mil quatre cens trete. Ce meſme Duc inſtitua le Parlement en ce lieu, & y fóda le Conuent des Chartreux ou il giſt: auec pluſieurs autres Ducs releuez en marbre.

En l'Egliſe S. Benigne eſt enterré vn Roy de Pollogne, qui eſtant Moine, fut tiré de ſon Abbaye, pour eſtre faict Roy, & voulut apres ſa mort y eſtre porté & inhume. Il s'apelloit Boſdelaus ; ſon epitaphe y eſt, il mourut en l'an mil trois cens quatre vingts vn.

Choſe notable d'vn Roy.

Les edifices ſignalez de Dijõ sont la maison du Roy, (où est vne forte & haute tour presque ruinee) la maison de la chambre des Comtes, qui est le logis des Estats, & l'hostel de ville. Apres sont les maisós des Seigneurs s'y tenans du temps des Ducs de Bourgoigne, cóme sont les logis d'Orenge, le Vergir, Russé, Conches, Saux, Luz, & celui du Mareschal de Tauennes, Ventoux, Senecy, le logis du Marquis de Rotelin, & du Seigneur de Pleuuot. Puis y sõt les maisons de Cisteaux, Cleruaux Auberine, Morimond, Oigni, & autres.

Les Estats de Bourgoigne se tiennent de trois ans en trois ans à Dijon, ou il y a Parlement depuis que le Duché est vni à la couronne.

Au Parlement de Dijon ressortissortissent les Bailliages de Dijon, Authun, Chaslon, Auxois, & la Montaigne.

Le Bailli de Dijon a soubs luy quatre sieges, sçauoir Beaulnes, Nuits, Auxône, & S. Iean de l'Osne. En outre ceste iustice est encor le siege & chambre des Comtes, le Baillage, la Gruërie, la Monnoye, & le Gouuerneur de la Chancelerie.

La ville est gouuernee pour le faict particulier par vn magistrat Politique, appellé Vicomte Maieur de la ville, & est annuel & electif, par la pluralité des voix : & se faict l'ellection trois iours deuant la S. Iean.

Le Maire de Bourgoigne est apellé Vicomte, à cause que la ville à iadis achepté le Vicomté, & est perpetuel chef du tiers estat de tout le pais de Bourgoigne.

C'est à la requeste du Maire de Dijon que les Rois entrans en ceste ville, iurent en l'Eglise S. Benigne de conseruer & confirmer les priuileges inuiolables de ladicte ville : & reciproquement iceluy Maire iure au Roy fidelité & secours pour & au nom de tout le païs: en signe dequoy ce Maieur ou Maire, lie vne banderole ou ceinture de tafetas blanc à la bride du cheual du Roy, & le conduict iusques à la saincte Chapelle, estant accompagné de 21. Escheuins.

A Dijon y auoit iadis vne iurisdiction qu'on nommoit la Chrestienté, à laquelle releuoient tous les sieges du païs, en memoire que la foy Euägelique auoit premierement esté annoncee en ce lieu. Le chef de l'Eglise parochiale de sainct Iean se nommoit encor Doyen de la Chrestienté.

Les Dijonnois ont priuilege de tenir fief, sans payer finance ou indamnité quelconque, & l'estranger y peut habiter sans droict d'Aubenage.

Priuileges des Dijonnois.

Tout aupres de Dijon est la merueilleuse fortereffe de Talát, situee sur vn costau; & sur vn autre costau est le chateau & village de Fontaines; d'ou estoit natif ce grand Docteur S. Bernard, chef de l'ordre de Cleruaux yssu d'ancienne & noble race.

Fondation de la ville de Beaulne & autres.

LA ville de Beaulne n'estoit iadis qu'vn simple chasteau; mais l'Empereur Aurelian le feist accroistre & embellir,

Y ij

comme il auoit faict Dijon.

Beaulne (suiuant l'opinion de quelques vns) est ainsi nommee pour sa beauté, & fertilité, estans presque situee au milieu dn païs, & pres d'vne montaigne, en vne belle plaine: ayant le terroir gras & fertil, & principalement en bons vins, & des plus exquis de France.

Ceste ville est voisine d'vn lac, fortifiee de bonnes murailles & fosiez, & presque imprenable, ayãt vn fort chasteau, que le Roy Louys 12. y feit bastir aux quatre coings principaux de ceste place, y a quatre bouleuers, d'vn artifice admirable & effroyable: pour ceux qui la vaudroient assieger.

En ceste ville y a vn Hospital, qui ressent plustost vn chasteau Royal que le logis, des pauures lequel fut fondé par Rauin Chácelier de Philippes 3. du nó, Duc de Bourgoigne.

Le Monastere des Chartreux de Beaulne fut fondé par le Duc Eude, l'an de nostre salut 1332.

Au terroir de Beaulne est le fameux Monastere de Cisteaux (ainsi appellé à cause de l'abondáce des cisternes) fondé par le Duc l'an 1098. Lequel Monastere est chef de 180. autres Monasteres de Religieux, & de presque autant de Vierges ou Nonnes voilees, pour le seruice de Dieu.

Non loin de Dijon est la ville de Nuits, où il y a Bailliage; laquelle est de la fondation des Nuitons, peuples decendus d'Allemagne, auec les Bourguignons, s'estans domiciliez en la Gaule.

Y iij

De la ville d'Authun.

CEste ville est de tresgrande antiquité, fondee par Samothes 1. Roy des Gaules, ainsi que tiennent quelques vns. Elle s'appelloit anciennement Bibracté, puis fut nōmee Hedus à cause des Heduens, peuples fort renommez par Cesar. Et est situee au pied des monts de Senis, sur le fleuue Arroux: & est fort vague & esparse, sans edifices, sinon vers le chasteau, où est l'Eglise cathedrale dediee au nom de S. Lazare, en laquelle ont presidé plusieurs dignes Euesques, desquels le premier fut S. Amateur, du temps de l'Empereur Aurelian.

Auprès de ce lieu est le fort nommé Marchault, qui estoit le champ de Mars, plus bas que le chasteau, iadis en latin *Campus Martius*.

Aupres l'Eglise cathedrale, est aussi vne Eglise collegiale, dediee à la Vierge; & est de la fondation de Raulin Chancelier de Bourgoigne. Il y a aussi vne Eglise pour les Mendians & deux Monasteres, l'vn au nõ de S. Symphorian, fondé par Euphronie Euesque d'Authũ.

En outre est le Monastere & Abbaye de S. Martin, de l'ordre de S. Benoist, de la fondation de la Royne Brunehaut.

Le Bailliage d'Authun est vn des principaux du ressort du parlement de Dijon. Soubs lequel Bailliage neantmoins ressortissent ceux du Mont Cenis, Bourbon, Lanci, & Semur en Brionnois.

Pour la police de la ville il y a vn Maire auec les Escheuins, qui iadis iugeoyent des causes ciuiles & criminelles.

A Authun y auoit anciennement vne assemblee iudiciaire de Druydes, le lieu s'apelle encor Mont Drud.

Il y auoit aussi vn Capitole en ceste ville, & plusieurs temples des Dieux. Comme aussi le lieu de Genestoye, se deuroit nommer selon nostre langue Ianitect; par ce qu'il y auoit vn temple dedié à *Ianus*, & aux autres Dieux.

Non loin d'Authun estoit aussi vn lieu nommé *Mons Iouis*, d'autāt que Iupiter y estoit adoré, on l'appelle maintenant Mont-Ieu.

Mont de Iupiter.

Du pays Auxois & villes y contenues.

CE païs a prins sa denomination de la ville d'Alxie,

iadis fort renommee par Cesar, laquelle estoit situee sur le haut du mont qu'on apelle encor Auxois, mais elle fut ruinee par le mesme Cesar, & n'en reste maintenant aucun enseignement. Le peuple s'apelloit Mandubiens.

Au bas de la montaigne est le village d'Alise, qui retient encor presque le nom de la susdite ville demolie, & y a vne Eglise dediee à saincte Regne, laquelle y auoit esté martyrizee, & dedans icelle y a vne fontaine prouenante du mont Auxois, l'eau de laquelle guerit miraculeusemēt plusieurs sortes de maladies.

Le païs d'Auxois est montaigneux, mais fort fertile, tāt en vins, bleds, que bestial, & grande quantité de bois.

L'Auxois est limité au Leuāt

du Dijonnois, au Midi de l'Au
thunois, au Ponent du Niuer
nois, & au Septétrion de l'Au
xerrois, & de la môtagne. E
contient ce païs vingt lieuës
en longueur, & presque au
tant en largeur, & a plusieurs
villes & gros bourgs.

De la Ville de Semur, &c.

SEmur est la capitale du païs
d'Auxois, situee au milieu
de la contree, sur le fleuue de
Armanson, & enuironnee de
montaigne de tous costez,
fors du costé d'Orient, & en
son enceint elle comprend
trois clostures de partie diuerses, & si bien côioinctes qu'on
les iuge pour vne mesme ville,
& enclos de murailles, le premier enclos porte le nom de
Bourg, celuy du milieu est
dict le Donjon, & le troisiesme

est le Chasteau : par ainsi l'on void qu'elle a esté bastie à trois fois, le Bourg est le plus peuplé, & où se tiennent les plus riches citoyens de la ville, & est imprenable.

L'Eglise de nostre Dame de Semur est admirablement bastie, en ce que les murs, bien que hauts, ne sont que de la largeur d'vne seule pierre, sauf les pilliers qui soustiennent la voulte de l'edifice. Il y a vn Prieuré de Religieux de S. Benoist & sert encor de paroisse à la ville.

Dans le chasteau de Semur, qui est de forme ronde, & armé de tours, de 15. pas en 15. pas, y a plusieurs beaux logis, auec vn Prieuré de Religieux dedié à S. Maurice. En iceluy chasteau se trouuet plus de 40. puits d'eau viue qui ne sechét point, le plus profond ayant trente pieds de creux, & n'y a cofté de la ville qui ne foit embelli de fon fauxbourg.

Il y a Conuent des freres de l'ordre de noftre Dame du môt Carmel, duquel sôt fortis plufieurs grands perfonnages, & qui ont tres-bien trauaillé en la vie Ecclefiaftique.

Au Donjon eft vne Chapelle dediee à S. Marguerite, en laquelle faut que les Religieux S. Iean de Rhodes facēt le feruice, ayans leur reuenu affigné fur les falines de Salins, en la franche Comté de Bourgoigne.

La police de la ville eft adminiftree par le Maieur & fix Efcheuins, & le Procureur de la ville electifs d'an en an.

L'ã 1477. la ville de Semur fut bruflée & faccagee par Meffire

Charles d'Amboife, Lieutenant general de l'armee du Roy Louys vnziefme.

Les autres villes & Bailliages du païs Auxois sont Auallon, Arnay le Duc, Noyers, Saulieu, Flauigny (qui est vne ville affez ancienne, de la fondation de Claude Flaué Empereur, en laquelle y a vne belle Abbaye) Moulibard Viteaux, Rauieres, Mont S. Iean, & autres, cóme Miffery, Thafi l'Euefque, Montigni fur Armançon, Thoillon, Saumaife le Duc, Bourbilli, Epoiffe, Raigny & autres.

Il y a plufieurs belles Abbayes & Prieurez en ce païs, comme Monftier Sainct Iean, Fontenois, Flauigny, Oigny, Vaulfe, Vaulatiffant, noftre Dame de Semur, & plufieurs autres.

DE LA VILLE DE Chalon & pays Chalonnoys.

LE païs Chalonnoys est voisin d'Auxois, & porte le nó de la cité principale qui est Chalon sur Saone, anciennement nommée Cabilló & Caualone, en laquelle estoit le grenier des Romains, du téps de Cesar: lequel y meit Ciceron, & P. Sulpice, pour la prouision des viures: mais ceste ville n'est bastie en telle forme qu'elle fut autrefois.

Ceste ville est Espicopale, & des premieres conuertie à la foy par Sainct Marcel, qui y presidoit du temps de S. Policarpe, en l'an de nostre salut 1060. ayant esté mené prisonnier à Lion, auec Sainct Photin (premier euesque du lieu) par commandemét d'Anthoin Vere il en fut miraculeusement deliuré, & apres alla prescher à Tournus, & à Mascon, & en fin à Chalon.

L'Eglise Cathedrale de Chalon fut premierement dediee au nom de Dieu & de la Vierge, soubs le tiltre de S. Estiéne; depuis ayant esté ruinee, le Roy Childebert I. du nom la feit rebastir, & y ayant aporté d'Espaigne plusieurs reliques de Sainct Vincent, la feit dedier au nom d'iceluy. Il y a plusieurs autres Eglises comme celle de S. George qui est collegiale & paroisse, l'Abbaye de S. Pierre; Il y auoit aussi 4. Prieurez, qui estoient iadis de beaux Monasteres, sçauoir de S. Cosme, de S. Croix, S. Marie & S. Laurens.

En outre sont deux Conuéts des Mendians, l'vn des Car-

mes, aux fauxbourgs de S. Iea
de Moizeau; l'autre de Cordeliers aux fauxbours S. Laurens,
fondez par Philippes Duc de
Bourgoigne. Au faux-bourgs
Saincte Marie, y a vn monastere de Religieuses de l'ordre de
Sainct Benoist, &c.

A Chaló y a vn Hostel de ville auec le Maire & Escheuins.

En ceste ville sont plusieurs
maisons des Seigneurs du païs
à cause des beaux & anciens
priuileges pour la Noblesse;
laquelle y est fort accomplie en toute perfection & hóneur.

La Iustice est diuisée à Chalon, en sorte que l'vne est pour
le Roy & l'autre pour l'Euesque qui iadis estoit Comte de
Chalon.

Ceste ville fut ruinee par Attile Roy des Huns, mais le
Roy

DE LA FRANCE. 521
Roy Gontran la feit rebaſtir.
En ce païs eſt le maignifique chaſteau de la Baronnie de Seeccy, l'vn des plus beaux & [p]lus forts de Bourgoigne ſi[t]ué en vne plaine, ſur le grand [c]hemin de Dijon, allant à Lió: eſt diſtant de la Saone enuiron d'vne lieuë.
Tout auprès de ce chaſteau [e]ſt vne perriere d'ou l'on tire [l]es pierres des plus belles & [j]olies qu'on ſçauroit deſirer; [t]ant les couleurs y ſont diuer[s]es, & par le ſeul artifice de na[t]ure.

De la Ville de Tournus.

[T]ournus eſt arroſee de la riuiere de Saone de tous co[ſt]ez, & eſt ſituee en vn terroir fertil, elle eſt plus longue [q]ue large, & eſt voiſine de [q]uelques montaines & collines abondantes en bons vins. Elle n'est de la fondation des Troyens ains des anciens Gaulois.

Ceste ville fut iadis divisée en trois parties, ayans nom divers; le premier Apostre ou Pasteur de laquelle fut S. Valerian, lequel fut martirizé, devant vne maison à present nómee Verius.

Il y a vne Abbaye à Tournus qui aproche plustost de quelque insigne forteresse, que nó pas d'vne Abbaye, estans située au plus haut de la ville, & separee par murs particuliers.

Ceste susdicte Abbaye est chef de plusieurs Prieurez, tã en Masconois, Bourbonnois, Dauphiné, Velay, Auuergne, Poictou, le Maine, qu'en Anjou & en Bretaigne. Les Religieux sont de l'ordre de S. Benoist.

Hors la ville de Tournus y uoit vn fort magnifique Hopital basti par Marguerite [f]emme en secondes nopces de [C]harles Roy de Sicile, laquel[l]e du temps de Philippes le Bel [s]'y retira, & y seruoit elle mes[m]e les pauures passans, & leur [g]uerissoit leurs playes, forçant [l]es portes du Ciel auec ses œu[v]res tant pitoyables. Les Cal[u]inistes ruinerent ceste place [a]u temps des troubles.

[D]E LA VILLE DE Mascon, & pays Masconnois.

[T]Out auprès du terroir de Tournus est celui de Mas[c]on, qui en est du Bailliage; & [e]st ce païs Masconnois limité [a]u Leuant de la Saone & païs [d]e Bresse; à l'Occident du païs de Forests, au Septentrion du

Charrolois, & au Midi d[u]
Beauioulois.

Origine de la Saone.

Ce païs est renommé de [sa]
ville principale nommee Ma[s]
con fort ancienne, iadis ape[l]
lee *Matiscon*, *Matissine*, & *Ma*[n]
tiscense, & est situee le long [de]
la Saone, ou fleuue Arar ;
qui prend sa source aux mon[s]
taignes de Voge.

Ceste ville a esté ruinee & ra[-]
see plusieurs fois tant par Ati[l]
le, que par les François, & p[ar]
Lothaire fils de Louys le De[s]
bonnaire : de sorte qu'on n[e]
peut remarquer aucune chos[e]
de son antiquité ; Il y a sieg[e]
Episcopal.

Ceste ville fut rebastie d[u]
temps de Philippes August[e]
en l'an 1222. les citoyens l'aya[ns]
faict reclore tout de nouueau,
& y ayans mis six portes.

L'Eglise cathedrale de Masco[n]

ſt dedice à l'hôneur de S. Vinent, depuis que Childebert 1. u nom y eut donné des Reliues dudict ſainct. Il y a plueurs autres belles Egliſes, Abayes & Conuents à Maſcon, ſquels reſſentirent la rage es Caluiniſtes en l'an 1562. & 67. comme le beau Conuent es freres Preſcheurs, iadis aſti par S. Louys; fut auſſi ruié, celui des Cordeliers, l'auitoire de la Iuſtice, le Collee, les priſons, & preſque toues les Egliſes de ce lieu.

Le 1. Eueſque de Maſcon fut lacidie, le 2. Nicier ou Nicee, & le 3. fut S. Iuſt.

Maſcon fut anciennement n des quatre premiers Bailages de France; duquel deendoient Lion & Chalon. ierre Tamiſier excellent oëte, de noſtre temps, y a esté President.

Guillaume l'Allemand Cō[te] de Mascon fut iadis empor[té] par le diable, en corps & e[n] ame, pour auoir affligé les Egl[i]ses: d'icelui Comte estoit sor[ti] vn fils nommé Regnard, le[quel voyant l'horrible & e[s]pouuentable fin de son pere, [se] rendit Religieux.

De la ville de Lyon & pays Lyonnois.

LYon fut anciennement de la contribution de Bourgoigne, maintenant du ressort de Paris, auec le païs de Forests & Beauioulois.

Le païs Lionnois est limité de la Bresse au Septentrion, a Leuant de la Sauoye, selon l[e] cours du Rhosne, au Midi du Dauphiné & Languedoc, & à l'Occident des pays de Fots & d'Auuergne.

Lyon est la capitale ville de [ce] pays, situee sur les côfluen[c]es & conionctions des deux [g]randes riuieres de Saone & du [R]hosne, sur vn mont; quoy[q]ue sa premiere fondation fust [i]nsulaire, au lieu qui est pres [d']Esnay, où il se void encor des [v]estiges de ceste antiquité. [C]este ville est des plus belles, [r]iches, grandes & marchan[d]es de la Gaule, renommee par [t]out le monde.

La riuiere de Saone ou Sago[n]e, s'appelle ainsi (car elle n'est [c]ogneuë par les anciens que [s]ous le nom d'*Arar*, ou *Araris*, [e]n latin) à cause de l'horrible & cruel martyre, lequel y fut [f]aict de dixhuict mille martyrs en la ville, sur vn costau dict la Croix Decole. L'effusion de sang fut si grande que la susdite riuiere de Saone deuint toute sanglante iusques à Mas-con. Le pont de Saone fut faict bastir par vn Archeuesque du lieu nommé Hubert.

Il y a plusieurs opinions sur la fondation de Lyon, mais la plus commune est que *Lugdu* Roy des Céltes, qui viuoit l'an du monde 2335. fut le premier fondateur d'icelle ville; long temps auant la naissance de Moyse. Mais ayant esté ruinee elle fut rebastie par Numatie Plance, Gētilhomme Romain, lequel n'en changea point le premier nom.

La place d'Esnay en Lisle Lionnoise, fut fondee par les Atheniens, au raport de quelques vns, d'où elle est encor dicte *Athenacū*, maintenāt il y a vne belle Abbaye, qui fut faict bastir par la Royne Bruneliaut.

Iadis

Iadis à Lyon y auoit vn Autel dedié à Minerue, duquel Iuuenal parle en ces termes.

Palleat ut nudis preßit qui calcibus anguem

Aut Lugdunensem Rhetor dicturus ad aram.

Deuant iceluy Autel les Orateurs plus fameux de la Gaule venoient declamer à l'enuy, pour y gaigner l'hôneur; mais le prix estoit fort dangereux pour les vaincus: car ils estoiét precipitez dans la riuiere prochaine, ou bien côtraints d'effacer tous leurs escrits declamez, auec la langue ou auec vne esponge.

Lyō fut iadis la capitale des Segusiens, & en icelle faisoient battre la monnoye d'or & d'argét les gouuerneurs Romains, comme en sa plus excellente & renommee de Gaule, où il y auoit aussi vn magnifique temple basti en l'honneur d'Auguste Cesar, des ruines duquel a esté faicte l'Eglise cathedrale dediee au nom de S. Iean Baptiste, laquelle est seruie des plus honorablement de tout le Royaume de France, par Gentils-hommes nobles, de sept races de pere & trois de mere. Elle fut bastie par S. Alpin 14. Euesque Lionnois, au nom de S. Estienne, depuis elle a changé, S. Photin disciple de S. Policarpe y apporta la Foy, & en fut le 1. Euesque, auquel succeda S. Irenee.

L'Eglise S. Irenee hors la ville de Lyon fut edifiee par le vingt-troisiesme Euesque du lieu nommé Pierre.

Sainct *Sacerdos* trentiesme Euesque de Lyon fonda l'Eglise collegiale S. Paul, & celle de S. Eulalie à present nommee S. George.

Le temple Conuentuel de S. Iust & l'Eglise S. Croix furent bastis par l'Euesque Arigié, auquel aiderent les Seigneurs de Tournon, à cause dequoy les aisnez de ceste maison portent le tiltre de S. Iust.

L'Eglise & Monastere des Dames dedié au nom de S. Pierre est de la fondation de sainct Annemonde martyr, les ossemens duquel reposent en l'Eglise S. Nicetie.

Le Roy Childebert feist bastir l'Hospital de S. Iust, dans lequel reposent les ossements dudict sainct.

Il y a plusieurs memoires de grande antiquité à Lyon, comme arcs trióphaux, aqueducts, & autres raretez, ainsi qu'est encor le lieu de Foruiere, ia dis apellé *Forum Veneris.*

Clemēt Pape 5. couronné à Lyō. Clement cinquiesme fut couronné Pape à Lyon, & iceluy Pape se nommoit Bertrand Delgel. Il auoit aussi esté Archeuesque de Bordeaux, & Primat des Aquitaines, & puis Cardinal, & en fin Pape.

Lyon est siege presidial auquel ressortissent les sieges de Forests, Mascon, & pais Beauioulois.

De plusieurs choses memorables aduenues à Lyon.

L'An mil deux cens cinq, Clement 5. fut creé Pape à Lyon, pour certains differents qui estoient entre les Cardinaux de Rome, touchant l'election. Et comme tout le monde estoit empesché & attentif à voir faire les ceremonies, il tomba vne grande longueur de muraille, au lieu où se faisoiét lesdictes ceremonies, qui tua plus de mille personnes. Entre lesquels estoit le Duc de Bretaigne, & plusieurs autres grāds Seigneurs. Et la foule du peuple qui s'enfuyoit feit tomber le Pape de dessus son cheual, & fut bien blessé, & en danger de perdre la vie.

L'an mil cinq cens septante, le deuxiesme iour de Decembre, sur les vnze heures de nuict, la riuiere du Rhosne commença à se desborder fort estrangement, & continua l'espace de deux iours; de sorte qu'elle renuersa plusieurs edifices, tant en la ville qu'aux enuirons, & submergea grand nombre de personnes & mesme de bestail: tellement que les habitās pensoiēt estre tous

Z iij

perdus, lesquels on voyoit par la ville, de tous costez espars, crians misericorde, ne sçachāt où se retirer, tāt ils se sentoiēt surpris, & si peu ils esperoient de salut en ceste misere.

L'an mil cinq cents septante huict, le vingt-vniesme iour de May, sur les quatre heures de soir arriva vn grād & espouuētable tremblement de terre à Lyon, & aux enuirons.

L'an 1584. arriua encor vn fort grand tremblement de terre à Lyon, Geneue, & Masçon.

DES VILLES ET PLAces voisines de Lyon, & du païs de Forests.

DOmbes est vne seigneurie voisine de Lyon, laquelle apartient à la Royale maison de Montpensier. Et est vn païs fort montaigneux.

DE LA FRANCE 535

Le païs de Forests voisin de Lyon, est dict de *Forum*, & non pas des bois ou Forests : & la ville de Feurs porte encor le nõ de *Forum* : iadis le marché des Segusiens, estoit situé sur Loyre où est encor S. Estienne de Furan.

Le païs de Forests côtiét quarante villes closes, & enuiron autant de gros bourgs.

Ce païs est limité au Leuant du Beauioulois, au Ponent de l'Auuergne, au Septentrion du Bourbonnoys, & au Midi du païs de Velay.

Les villes principales sont Mont-brisõ, où il y a Baillage ressortissant à Lyõ. Apres est S. Galmier, aux fauxbourgs delaquelle place y a vne fontaine allumineuse, dicte par ceux du païs la Font-forte. Puis est S. Germain Laual ville fertile &

Z iiij

recommandee pour les bons vins. En ce païs est aussi S. Bonet, le Chastel, où l'on faict des forces à drap, le trafic desquelles est fort grand par tout le Royaume.

Roanne est aussi vne bonne ville, sur le grand passage de Lyon sur Loire ; comme est aussi S. Rambert.

Les principales maisons de la Noblesse de Forest, sont celles d'Vrsé (où il y a vn tresancien chasteau, situé en vn haut lieu, d'où l'on void tout le païs) puis Cosan, appartenant à la tresancienne maison de Leui.

Du pays de Dauphiné.

LE païs de Dauphiné est diuisé en haut & bas, il fut le premier assailly par les Romains, d'autant qu'il est voisin des Alpes.

Les riuieres qui arrosent le Dauphiné sont le Rhosne, prenant sa source des Alpes Penines, par vne largesse abondante de fontaines.

Ce païs est limité du Lyonnois au Septentrion, & de costé est le bas Dauphiné (dont Vienne est la ville Metropolitaine) au Ponent luy gist le Rhosne, qui separe ce païs du Lyonnois, Viuarez & Velay : au Leuant la Sauoye, & au Midy la Prouence, & ceste partie est nómee le haut Dauphiné ; dont Embrun est la ville Archiepiscopale.

Fondation de la ville de Grenoble & autres du bas Dauphiné.

Grenoble s'appeloit iadis Accusion, iusques au tẽps

de Diocletian & Maximian, qu'on luy dóna le nom de Cullarone, mais ayant esté aggrandie par l'Empereur Gratian, elle fut apellee *Gratianopolis*, en François Grenoble.

Ceste ville est presqu'en figure d'ouale située en vne plaine des plus fertiles qu'on sçache voir, vn peu esloignee des mótaignes, & arrosee du fleuue d'Isere.

Du costé de Septentrion est le Pont sur Isere des plus magnifiques qu'on sçache voir.

Du costé de Midi passe le Drac, qui est vn torrent fascheux & violent; qui souuent par son desbordement, gaste tous les champs voisins; sans qu'on puisse aucunement empescher son rapide cours.

Non loin de Grenoble est aussi vne merueilleuse fontaine flamboyante & boüillante sans cesse, laquelle brusle & consomme tout ce qu'elle attouche.

Du costé du faux-bourg Sainct Laurens l'on void des montaignes & costaux esleuez vis à vis du soleil, sur lesquels il croist des meilleurs vins de la France.

Sur ces montaignes & precipices est bastie la fameuse & Religieuse maison des Chartreux, bastie par S. Bruno premier fondateur de cest ordre, lequel se vint retirer en ce lieu, pour fuir les fraudes & embusches du diable.

A Grenoble y a vn parlement pour le païs de Dauphiné, lequel y fut establi, l'an mil quatre cens cinquante trois, par le Roy Louys vnziesme. Auparauát n'y auoit qu'vne chábre de cõseil, instituee par Hubert Dauphin de Vienne. Lequel (comme nous auons dict cy deuant) vendit le Dauphiné à vn Roy de France, puis se rẽdit Religieux, & en fin fut Patriarche de Hierusalem.

Il y a Chambre de Comtes à Grenoble. Grenoble est siege Episcopal subiect au Metropolitain de Vienne.

Il y a de belles Eglises à Grenoble, comme nostre Dame Eglise cathedrale, S. André ou est vne tour pyramide fort haute, puis S. Laurens, la Magdeleine, les Iacobins, S. Cler, & autres.

Le Roy François 1. auoit proposé d'accreistre ceste ville, mais apres sa mort son dessein ne fut poursuiui.

L'an mil cinq cens cinquante neuf, vn Cõseiller du Parlement de Grenoble, fut telle- *Hiſtoire pitoya-* ment eſpris de l'amour d'vne *ble.* Damoyſelle, qu'il quitta ſon eſtat pour laſuiure, par tout où elle alloit, mais ſe voyant meſ- priſé d'elle, il ſe negligea telle- ment que les poux l'accueille- rent ſi eſtrangement qu'ils ſor- toient de ſon corps, comme d'vne charoigne pourrie. Fina- lement quelques iours deuant ſa mort, ſe voyant touché de la main de Dieu ; il entra en de- ſeſpoir & reſolut de ſe laiſſer mourir de faim, & finir ainſi malheureuſement ſes iours, comme vne beſte enragee, de la grande abondance des poux qui entrerent iuſques dans ſa gorge.

LA ville de Romans eſt auſſi du bas pays de Dauphiné, ſituee ſur le fleuue d'Iſere, &

nombree entre les plus belles & plus riches, & sont d'aduis quelques vns qu'elle est de la fondation des Romains. Il y auoit plusieurs belles Eglises en ceste ville, qui ont esté ruinees par les ennemis de l'Eglise, sçauoir celle de S. Bernard, S. Nicolas, S. Romain, saincte Foy, les Cordeliers, Iesus. Sur le pont est vne fort belle Eglise dediee à nostre Dame.

Ceste ville fut bastie par vn Roy des Gaules nommé Romus, fils d'Allobrox.

Du pays Viennois.

LE païs Viénois est proprement le bas Dauphiné, le long du Rhosne; c'est l'ancien heritage des Dauphins Viennois.

Le Viennois est limité de la Sauoye au Leuant, du Rhosne

païs Lyonnois au Ponent, u Midi du païs & Duché Valentinois, & au Septentrion lui gist encor le Lyonnois.

Fondation de la ville de Vienne.

Vienne est la capitale ville du pays Viēnois des plus anciennes de Gaule, situee sur le Rhosne, en laquelle fut iadis le souuerain siege de Gaule.

Ceste ville est Metropolitaine & cōtient sous soy les Eueschez de Geneue ('a present siege des Caluinistes) Grenoble, dont nous auons parlé, Maurienne, Die, Valence, le dernier suffragant est celui de Viuarez.

On tient que Vienne est de la fondation d'vn nommé *Veneri*, Affricain, fugitif & banni de sō pays, lequel la feit bastir en deux ans : à cause de quoy elle fut appellee Bienne, *quia Biennio confecta fuerit*, depuis elle a esté dicte Vienne.

Ce fut du temps de *Lycurgus* Legislateur de Lacedemone, & du téps du prophete Elisee.

Long temps apres ceste ville fut dicte Senatoire par les Romains l'ayans cóquise, lesquels y auoient vn Senat, auec cinq garnisons à l'ẽtour, qui estoiẽt de chacune vne legion. L'Empereur Tybere feit bastir le pont de Vienne, sur le Rhosne: & feit faire des chasteaux a chacun bout du pont, enuiron cent quatre vingts ans deuant la venue de Iesus Christ.

Les Romains y feirent faire plusieurs autres bastimẽs, comme l'on y void encor vne tour, où l'on dict que Pilate mourut, & vn Amphiteatre encor tout entier par dedans. Non loin de ceste e ceſte ville eſtoit ſa maiſon, y a encor'à preſent des Seigneurs en ce pays appellez de ſon nom les Seigneurs de pila, comme i'ay entendu d'vn ieune homme Viennois, qui eſtoit leur vaſſal.

Vienne pays n'a tal de Pilate.

S. Creſcont fut le premier qui apporta la parole diuine a Vienne, y ayant eſté enuoyé par ſainct Paul.

L'Abbaye de Vienne fut fondee par Robert Côte de Dreux fils de Louys le Gros, auquel lieu il giſt.

De la ville de Valence, & pays Valentinois.

CEſte ville n'eſt de la fondation de Valens ny de Valentinian (comme quelques vns ont voulu dire) car plus de 300. ans deuãt ces Empereurs, elle eſtoit recogneuë ſous ce nom, lequel toutesfois est Romain. Elle fut iadis appellee Durion & y auoit vne Collonie de Romains.

Plusieurs villes portent le nom de Valence, l'vne en Espaigne, l'autre en Gascoigne, pres de Códon, & puis celle ci.

Valence est Euesché fort ancien, dont les Euesques sont nommez Comtes du pays Valentinois. Le premier Euesque de ce lieu fut S. Felix.

Ceste ville est situee sur le long du Rhosne, en vn terroir fort abondant & fertil.

Non loin d'icelle sont les fontaines de Charan, faites en voûte, où vn homme peut aller debout, de l'vne desquelles on ne peut trouuer le bout ny la source.

Il y a siege Presidial à Valence, & vne belle vniuersité, où

orissent les loix, autant qu'en
ille de France. Iasques Cuias
a fleur des Iuris-consultes de
ostre temps, y a leu publi-
uement.

Les Eglises de Valence furent
outes ruinees par les Caluinistes, sçauoir S. Appolinard, S.
Iean, la ronde, qui s'appelloit
iadis le Pantheon, S. Martin, S.
Iacques, les Cordeliers, les Iacobins: Au cloistre desquels on
void le pourtraict d'vn grand
Geát qui auoit quinze coudees
de haut, & y a encor des ossemés
de cest homme monstrueux.
Hors la ville fut aussi ruinee
l'Eglise S. Pierre, & celle de S.
Felix, la Magdelaine, sainct
Vincent, S. Victor & le mót de
Caluaire. L'Abbaye de S. Rufs
fut aussi demolie, qui estoit
vne des belles du païs dont
les pilliers estoient de marbre.

Il y a plusieurs colomnes & restes de tombeaux, & autres pieces où l'on void l'escriture fort antique à Valence.

En l'Eglise S. Felix estoit le tombeau d'vn Cheualier Romain & de sa femme, auec leur Epitaphe,

Hors la ville vers la porte S. Felix, en vne vigne fut trouué vn sepulchre de pierre, il y a quelque temps, sur lequel estoient grauez ces mots.

D. IVSTINIAM.

Lequel estát ouuert, on y trouna le corps d'vne femme, ayát à chacune oreille vne bague d'or, en l'vne desquelles estoit enchassee vne emeraude ; & en l'autre vne tourquoise cassee, aussi tost que ce corps sētit l'air, il fut reduict en poudre.

Il y a encor plusieurs autres villes au bas Dauphiné, cóme

ie, & Gap, qui sont Eueschez, vers la riuiere de Drome, & de táde ancienneté. Apres sont ncor Crest, Briançon, Monthelimard (qui est vne ville fort marchande, & où l'on void des marques d'ancienneté.) Thin sur le Rhosne apartenant au sieur de Tournon, S. Anthoine de Viennois, S. Valier, la coste, le Monestier, & Chasteau Daufin, duquel on estime que ce pays est nommé Dausiné.

Fondation de la ville d'Embrun.

LA ville d'Embrun est la Metropolitaine du haut Dauphiné; ayant sous soy les Eueschez de Digne, Senez, Glandefue, Nice, Vence, & la Grasse, pas vn desquels n'est en Dauphiné, sin on la Metropolitaine. Gap est sous l'Archeuesché d'Aix, & S. Paul trois chasteaux soubs celui d'Arles.

Embrun dicte par les latins *Ebredunum*, est sur vne roche au milieu d'vne belle vallee, d'où l'on d'escouure tout le pays voisin, & est de tous costez enuironnee de môtaignes abondantes en bleds, bons vins, & fruicts. Ceste ville est des plus hautes de la France, & fut iadis Imperiale.

Manne d'Embrun. En plusieurs lieux l'air y est si doux & serain que la manne & rosee mielleuse y tôbe du Ciel, voire la meilleure de tout l'vniuers. Côme aussi ces monts portent l'agaric, & tormêtine, & autres simples aussi rares qu'on puisse trouuer.

Quelques vne veulent dire que ceste ville a pris son nom d'vne Idole nommé *Ebris*, qui fut anciennemêt adoree en ce

ieu. Les autres tiennēt qu'elle
st dicte *Embrū*, de la briſeure
u rupture du mont, qui eſt
lus vray sēblable, veu que le
mot latin *Dunū*, ſignifie en vieil-
e langue Françoiſe, mont &
our ceſte cauſe elle eſt appel-
ee *Ebredunum*, comme deſſus.

L'Egliſe cathedrale d'Embrū
eſt dediee à noſtre Dame au
deuant de laquellee eſt vn
Dome baſti depuis quelque
temps d'vne magnifique ſtature. Le premier Archeueſque
ou Prelat de ce lieu fut S. Na-
aire.

Il y a pluſieurs autres Egliſes
omme de S. Marcellin, Sainct
ierre, ſainct Donat, S. Hilaire,
. Vincent, S. Cecile, les Cor-
eliers.

Le reueſtement du maiſtre
utel de l'Egliſe cathedrale
'Embrun, eſt tout d'argent,

relevé en personnages de pri
inestimable.

Autel riche. La maison Archiepiscopa
le est fort belle, où l'on voi
vn puits taillé dedans le roc
fort profond, & y a vne bell
tour.

Les maisons anciennes & si
gnalees d'Embrun sont Bres
sieux, Bontieres, S. Valiers
Maugirons, Gordes, Claue
zons & autres.

Le peuple Embrunois e
doux & paisible, non remuant
ni cauteleux, aymant sa con
science, fort soigneux & adon
né à labourer la terre, & bons
Catholiques, n'ayans iamais
voulu receuoir les Caluinistes,
ny leur doctrine.

Du pays de Prouence.

LA Prouēce seule peut repre
senter toute la fertilité qui
est en

est en la Gaule Belgique & en la Celtique. Car en Prouence y a des contrees si abondantes en toutes choses, & mesme en bleds, que l'Isle de France ne les pourroit mesme surpasser, & sur tout la Carmagne d'Arles, qui est vne langue de terre plaine & champestre, enfermee entre deux bras & canaux de la riuiere du Rhosne, contenant sept grandes lieuës Prouencales, qui en valent plus de douze Françoises, & est ce lieu ainsi appellé à cause que Caie Marie s'y estoit campé & retranché, ayant le Rhosne pour sa deffence.

En la plusparr de la Prouence on void vne abondance infinie de fruicts & arbres odoriferás, comme orengers, citronniers, oliuiers, grenadiers, & figuiers; & le vignoble des plus beaux qu'on puisse souhaiter, & fermé en plusieurs endroits de hayes de grenadiers & coigners, afin que la clostures soit plus profitable que ce qui est dedans.

Les landes & autres terres vagues sont couuertes de rosmarins, myrthes, geneuriers, sauges, & autres arbres fort odoriferants, on y void aussi plusieurs palmiers fort excellens.

En Yeres y a maintenant des canes à sucre, le saffran, le ris, le pastel y abondent en plusieurs lieux. Les huiles d'oliues y sont meilleures qu'en ville de l'Europe. On y recueille la manne la plus singuliere que le Ciel puisse donner.

En quelques lieux de Prouence, comme à l'Escale, Semé, Calmars, Castelaume, & au-

DE LA FRANCE. 555

tres lieux voisins, n'y croist nullement de vin, mais le païs est couuert de vignes de haute branche, à la façon de Normandie, sçauoir poitiers, pommiers, noyers & chasteigniers. Ceste partie Prouencale est froide, à cause des môtaignes, qui toute l'annee sont couuertes de neiges.

Il y a fort peu de bois en Prouence. L'on y void neātmoins en quelques places des pins masles portans les pommes & pignets bons à manger auec leurs amandes.

En certains endroicts comme à Freius, & Antibe, on void des grands arbres portans le liege auec grand profit pour ceux du païs.

A Berres, Yeres, Lestan, de la Vallanch y a de belles & riches salines. En la saison qu'elles

Aa ij

ont cuit & caillé leur sel, cent mille hommes ne suffiroient à les espuiser.

Il y a encor des vestiges des anciennes salines que les Romains auoient faict bastir en ce païs.

De la ville de Nice

LA premiere ville de Prouence du costé du Leuant est Nices (quoy qu'elle ne soit de la successió des Rois de Fráce) elle sert de palais & citadelle aux Ducs de Sauoye.

Ce fut à Nice que se feit l'entreueuë du Pape Paul 3. de l'Empereur Charles cinquiesme, & du Roy François premier.

Ceste ville est posee sur la riuiere de Pallon tresforte, au païs iadis nommé des Saliers, qui la bastirent.

Ceste ville est Episcopale, & despend de l'Archeuesché d'Embrun. Les Eglises sont S. Reparade Euesché, puis sainct Dominique, sainct François & les Augustins.

Fondation de la ville d'Antibe, &c.

PAssant es terres Françoises la premiere place est ville de France, puis l'ancienne colonie Antibe, dicte par les Anciens *Antipolis*, de mesme fondation que Nice en la Prouince Narbonnoise, & est situee sur le bord de la mer en place tresforte, qui iadis seruoit de rempart aux Romains.

En ceste ville se trouuent de grandes antiquitez & entre autres fut trouuee vne pierre auec ces mots escrits.

Pueri Septentrionis annorum xij.
qui

Antipoli in theatro biduo saltauit & placuit.

Par là on peut voir qu'il y auoit vn theatre en ceste ville, & que c'estoit le siege du Preteur Romain.

On y trouua aussi soubs terre vne table de cuiure, où estoiēt grauez ces mots, & fut presentee au grand Roy François estant à Nice.

Viator intus adi.
Tabula est Anea
Quæ te cuncta perdocet.

Antibe fut autresfois ville Episcopale, mais les Antibois ayans mal-traicté leur Euesque, par ordonnāce du Sainct Siege cest honneur leur fut osté, & transporté à la ville de Grasse.

A l'obiect de ceste ville est ✝ l'Isle S. Honorat, iadis nommee Leron ou Lirins, & porte encor le nom de Lerins. De ceste place estoit natif Vincent Lirineen tres grand & insigne personnage en doctrine, duquel les escrits sont encor en lumiere; il viuoit l'an 450. soubs l'Empire de Martian.

De la Ville de Freius, &c.

LEs Massiliens bastirent ceste ville en premier lieu où il y à beau haure, & se nōmoit Placee, mais depuis elle fut appellee *Forum Iulium*, comme qui diroit le marché de Iules. Elle est maintenant Episcopale. L'on y void aussi des tesmoignages de grande antiquitez aux inscriptions de plusieurs pierres & tumbeaux,

Aux Isles d'Eres ou Yeres, soubs le promontoire de Gercel, se forme du plus beau cristal qui croisse en la

Aa iiij

mer Ligitique.

Tholon est aussi vn Euesché & s'appelloit iadis ceste ville *Trocentium*, ou *Thauruntium*. Elle est fameuse.

Fondation de la ville de Marseille.

Marseille est vne ville tresriche & tresancienne & cité Grecque, & la plus fameuse & sçauante qui fust en Gaule, où les lettres florissoiét anciennement comme en Athenes, & ou les Romains enuoyoient leurs enfans pour estudier.

Ceste ville est lauee par trois costez des eaux & ondes de la mer, situee sur vne valee pendante, tres-haute & longue, qui rend ceste place infiniement forte.

Ceste ville fut fondee par les Phoceens Asiatiques conduicts par Peranie leur general & capitaine, au mesme temps que Hierusalem fut ruinee par Nabuchodonosor Roy de Babilone, enuiron l'an du monde trois mil trois cents cinquante & vn, Tarquin le superbe regnant à Rome.

Ce fut a Marseille que les Phoceens aporterét la maniere abominable de sacrifier les hômes à Diane, que depuis les Druides imiterent: & pour laquelle cause l'on tiét que Tibere abolit les escoles des Gaules, qu'il blasmoit de Necromance, & de ces sacrifices detestables.

Les citoyens & habitans de Marseille furent conuertis à la foy Catholique par S. Lazare, frere de Marie Magdeleine, & Marie Marthe, lequel y fut le 1. Pasteur, & est son corps en l'Eglise cathedrale dediee au nom de la biēheureuse vierge Marie. On void encor les ornemens Sacerdotaux qui seruoient à ce sainct Euesque.

Ceste ville est siege ordinaire du general des galeres du Roy.

Du lieu de la S. Baulme, & autres places.

ENtre Aix & Marseille est la saincte Baulme ou oratoire de la Magdeleine, au pied d'vn mont solitaire, ayant trois cents pas de hauteur, & dedans ce hideux rocher est la grotesque pœnitentiale esleuee enuiron d'vn iect de pierre, ayant son ouuerture vers l'Occident, & faicte toute ainsi que l'ouuerture d'vne fournaise. Deuant l'entree de ceste spelonque n'y a que peu d'espace, & au dedans à main gauche, on void la pierre sur laquelle gisoit ceste saincte Dame, & vn de ses portraicts, qu'on tient y auoir esté mis par sainct Maximin.

Enuiron six lieuës d'Aix est vne ville portant le nom du susdict S. Maximin, où il gist, & le corps de la Magdeleine, de laquelle on monstre le chef, auec grands miracles.

Le iour de la passion de nostre Seigneur l'on y monstre tous les ans vne saincte Empoule ou phiole, dans laquelle y a de la terre, qui fut arrosé du sang de nostre Seigneur lors qu'il souffrit mort en la croix, que la saincte Magdeleine recuillit. Et se monstre ce petit vaisseau auec grand estonnement d'vn chacun : car la susdicte terre se conuertit en eau

S. Ampoule.

& sang & remplist tout le vaisseau. Ce sainct vase se garde en la maison des Iacobins de S. Maximin.

A S. Maximin y a vne pierre seruant d'Autel où il y a quelques inscriptions sepulchrales, engrauees, & sont fort antiques.

Fondation de la ville d'Aix.

A Six lieuës de S. Maximin est l'ancienne cité d'Aix, fondee enuiron cent vingt & vn an deuant que nostre Seigneur prit incarnation en la Vierge, pour nostre salut; six cens trente vn an apres Rome bastie. Et en fut le fondateur vn Consul Romain nommé Caie, Sextie, Domitie, Caluin, lequel deffeit vne grande armee de Gaulois, non loin du Rhosne.

Ceste cité est colonie Romaine, & fut dicte en latin *Aquæ sextiæ*, c'est à dire les eaux de Sextie, à cause des bains chauds qui estoient en plusieurs endroicts de ceste ville.

A Aix est le Parlement de Prouence, comme au lieu plus propre, & le milieu de ceste Prouince.

Ceste ville est vn Archeuesché contenant soubs soy les Eueschez de Ries, Apt, Gap, Cisteron & Freius.

Le 1. Euesque d'Aix fut sainct Maximin, qui y fut sacré l'an 46. de nostre salut, lequel estoit venu par mer auec S. Lazare, & ses sœurs ; & auec Cerdonie qu'on dict estre l'aueugle né que nostre Seigneur guerit, lequel Cerdonie ou Celidonie, succeda à sainct Maximin, & mourut bien tost apres luy, foubs l'Empereur Domitian.

En cefte ville y a plufieurs belles Eglifes, fçauoir la grande Eglife de S. Sauueur, l'Eglife de noftre Dame de Confolation, S. Laurens, le Monaftere des Religieufes de S. Claire, celles de S. Barthelemi, S. Sebaftien, les Iacobins, la Magdeleine, les Carmes, les Auguftins, les Cordeliers, la Commãderie S. Ieã, noftre Dame de Laffes (où eft le Conuent des hommes) noftre Dame d'Embrun, noftre Dame de la Nontiade, noftre Dame de Belvezer, faincte Catherine, l'Hofpital fainct Iacques, & celui du fainct Efprit & autres.

Il y a plufieurs remarques d'antiquité en vne infinité d'endroicts de cefte ville, comme tombeaux, infcriptions, colomnes & autres vestiges memorables.

Des villes Episcopales de Cisteron & Cauaillon.

CIsterõ est sur la riuiere de Durãce & fort proche du Dauphiné, laquelle est honoree du tiltre d'Euesché, & fut fort affligee du temps que les Caluinistes exerçoient leur rage. Ceste ville est soubs l'Archeuesché d'Aix.

Sur la mesme riuiere de Durance est Cauaillon, qui est aussi vn Euesché despendant d'Auignon, & se dict en latin *Cæbellio*; Les premiers citoyens de laditte ville fonderent Grenoble.

Non loin de Caluaire est lo Comté de Venissi, & terroir d'Auignon arrosé de trois riuieres, sçauoir, Rhosne, la Durance, & la Sorgue. Ie n'ay trouué autre chose des places cy dessus nommees, sinon que le Comté de Venissi fut confisqué au S. Siege l'an 1212. à cause que le Comte de Tholose nommé Raimond (auquel il appartenoit) estoit infecté de l'erreur des Albigeois.

De la Ville d'Aurenge.

Sortât du Comté de Venissi, & prenant le haut costé de Lyon le long du Rosne, l'on void le pót admirable dit S. Esprit, basti par vn prieur du chapitre dudit lieu, puis se void la principauté d'Aurenge, dont la ville principale donne le nó au païs, & est de la Seigneurie de l'illustre maison de Nansau.

A Aurēges on void encor les ruines du plus beau theatre qui soit au monde, & vne muraille

raille de pierre carree de la plus merueilleuse structure, qu'homme pourroit imaginer. Et à la porte de la ville, pour aller à Lyon, on void vn arc triomphal, auec des batailles à cheual representees, qui donnent vn contentement admirable à voir, & est cest arc enuironné d'vn mur, qui le deffend des iniures du temps, & des incommoditiez des vents & pluyes.

Fondation de la ville d'A-uignon, &c.

L'Ancienne cité d'Auignon, terre Papale, est situee sur le Rhosne, ayant des bastimés de l'vn & de l'autre costé de ceste grande riuiere. Et est vne ville tresriche, en draps, soyes & papiers. L'on y tainct les draps le plus parfaictement qu'on puisse dire.

Ceste ville fut fódee (au recit de quelque vns) par sort & sur le vol de certain nombre d'esperuiers (comme Rome sur le nombre des vautours) & mesmes pour ceste occasió l'on obserue encor en ceste ville, que ceux qui y apportẽt de tels oyseaux, sont francs & quittes de tout port, peage, & passages.

Auignõ siege Papal.

Le siege des Papes à esté en Auignon l'Espace de soixante ans, durant lequel temps y ont esté six Papes.

L'Eglise cathedrale d'Auignó est tressomptueusemẽt batie, & dediee au nom de la Vierge mere de nostre Seigneur.

Laure amie de Petrarque est enterree aux Cordeliers d'Auignon, où il y auoit mesme vne maison.

Chose de remarque en Auignon, c'est qu'il y a sept choses de chacunes d'icelles encor sept autres, sçauoir 7. Palais, sept Parroisses, sept Hospitaux, sept Monasteres de Dames, 7. Colleges, 7. Conuents & sept portes.

S. Rufs fut le premier Euesque d'Auignon, lequel auoit esté disciple de sainct Paul.

De plusieurs villes Episcopales, & autres contenus sous Auignon.

CArpentras est sur la riuiere de Sorgue, qui est encor vn Euesché d'Auignon, comme est aussi Vaison, & Tarascon, situee sur l'engoulphement de la Durance, dedans le Rhosne. Il y a encor d'autres villes en ceste Prouince cóme Salon de Craux, Marteque, & la villes des trois Maries, ainsi dicte, d'autát que les corps des trois sœurs de la vierge Marie y reposent.

Fondation de la ville d'Arles.

ARles fut iadis chef de Royaume, & depuis le siege des Comtes de Prouence, maintenant Archeuesché, contenant soubs soy les Eueschez de Marseille, & Aurenge (desquels nous auons parlé) Thollon, & S. Paul, S. Trophin en fut le 1. Euesque

La ville d'Arles fust bastie par les mesmes Phoceens, qui auoient edifié Marseille, & est situee pres le Rhosne, en pais marescageux & plein de paluds.

C'estoit en ce pais où estoit dressé ce grand & horrible Autel dedié à Cesar, ou tous les ans on immoloit deux ieunes hommes, & de leur sang ou

Autel horrible.

rrofoit le peuple. Cest Autel ftoit hors la ville, en vn lieu qu'on apelle maintenant Roquette. Et fe faifoit ce facrifice le premier iour de May.

Il y a des arenes & amphiteatres en cefte ville, qui font les marques de fon antiquité.

Des villes & places de fainct Gilles & Aigues Mortes.

SOrtant d'Arles, l'on void la foce & canal tiré du Rhofne, qu'on appelle Carmagne, lieu fertil, ainfi qu'il eft defia dict, & le long de ce canal eft lituee la ville fainct Gilles, chef de Comté, & dont les Seigneurs ont efté Comtes de Tholofe.

De fainct Gilles l'on vient à Aigues Mortes, ville fituee fur la mer en l'engolphement que

faict le fleuue de Vidourle &
eaux Neptuniennes, & ainsi
appellee à cause des eaux dor-
mantes.

DV PAYS DE LAN-
guedoc, & places de la Gaule Narbonnoise outre le Rhosne.

Les plus proches places du Rhosne dependantes des pays susnommez, sōt ceux de Viuarez, du Velay, Geuoudan, contenuës soubs le Parlement de Tholose. Viuiers est capitale de Viuarez, & le Puy du Velay, qui est vn Euesché, dōt l'Eglise cathedrale est dediee à nostre Dame. Tournon est aussi en Velay, où il y a vn fort ancien chasteau.

Le païs de Velay separe le res-sort de Paris, d'auec celui de Tholose, par les bornes & limites du Rhosne.

Mande est la capitale des peu-
les Gauaches ou Geuoudans,
jadis nommez Gaboles, ou
Gabalitans.

Fondation de la ville de Narbonne & païs Narbonnoys.

LA ville de Narbône a donné le nom à tout le païs. Le premier fondateur de laquelle fut vn Roy des Gaules nommé Narbon, qui viuoit enuiron l'an du monde deux mil trois cens quinze. Moyse estant encor en son enfance.

Narbône est la plus basse ville de Fráce, situee en vne fondriere, là où le fleuue Arax, à present Aude, s'engolphe en la mer Mediterranee.

Les Preteurs Romains y auoiẽt anciẽnemẽt leur siege. Ceste ville fut ruinee & brus-ée par Attile Roy des Huns,

Vigor, grand & insigne Docteur, fut Archeuesque d[e] Narbonne

La iurisdiction de Narbonn[e] s'estend iusqu'aux môts de Pyrenee, & à la riuiere de Garonne, les vns luy estans au Midi, les autres à l'Occident, ayan[t] au Midi la Prouence, & au Septentrion le païs Geuoudã, ou, plustost d'Auuergne, à cause que le Geuoudan & Gabalita[s] sont de ceste premiere Gaule Narbônoise. D'autãt que la seconde Narbonnoise est en Prouence, & contient l'Archeuesché d'Aix, & villes qui luy sôt suffragantes, & la premiere a soubs soy les Archeueschez de Narbonne, de Tholose, & les Eueschez qui ensuiuẽt premierement soubs Narbonne sont: Carcassonne, Besiers, Agde: Lodesue, Nimes, Manguelone.

ne, Vzez, Eaule, Alect, & S.
Ponts de Tonnerre. Et soubs
Tholose iadis Euesché subiect
à Narbône, & faict Archeuesché soubs le Pape Ieã 22. sont
les Eueschez suiuans, erigez
par le susdit Pape d'Abbayes &
autres Colleges en Eueschez,
sçauoir Montauban, Mirepoix,
Rieux, Lauaul, Lombers, S.
Papoul & Pamiers faict Euesché par Boniface 8. n'estant auparauant qu'vne Abbaye dediee à S. Anthonin.

De la Ville de Mompellier.

CEste ville fut premieremét appellee Agathé, dont elle est dicte *Agathopolis*, depuis elle à esté nommee Mompellier ou Môt-puillier, pour ce qu'aucuns l'ont nommee *Mons puellarum*, c'est à dire le mont des filles ou pucelles.

Bb

Mompellier est bastie non loin de la mer, au païs de Languedoc, en vn païs bon & salubre, sur vn caustau, lequel va pendant sur le Ponent, ayant à vn iect d'arc des murailles la riuiere de Lez.

La courtoisie des habitans, leurs richesses, la fertilité du païs, & bôté de l'air, à faict que les Medecins s'y sont retirez, & que la medecine y est aussi doctement traictee qu'en ville de l'vniuers.

En ceste ville y a chambre des comptes court des Aides, & chambre de Generaux.

Il y auoit de belles Eglises à Mompellier, telles qu'est la cathedrale dediee au nô de S. Pierre, Nostre Dame des Taules, S. Firmin, S. Holari, S. Magdeleine, S. Thomas, S. Sauuaire le grand, s. Iean &

S. Denis, auec plusieurs Conuents & Monasteres, qui furent ruinez par les Caluinistes l'an mil cinq cēts soixāte trois.

De plusieurs autres places & villes en general.

Apres Mompellier est Beaucaire, ville situee sur la riuiere de Rosne ; le terroir de laquelle auoisine l'Auignonnois d'vn costé, & le Viuarez de l'autre : apres est Alaiz, siege de Vicóté. Puis Vzez Euesché, qui n'estoit iadis qu'vn chasteau, honoré du tiltre de Duché, appartenant aux Seigneurs de Cursol.

Soubs Beauchaire est la cité Episcopale de Lodesue, iadis chasteau, situee sur la riuiere d'Orb, soubs l'Archeuesché de Narbonne.

A Lodesue estoit le corps de

Bb ij

S. Fulchran, auſſi entier que le premier iour qu'il fut enterré. Lequel fut taillé & dechiquetté par les Huguenots, auſſi menu que la chair des paſtez, voyans qu'ils ne l'auoient peu aucunemēt bruſler. Ce fut l'an mil cinq cēs ſeptante trois.

Entre Beauchaire, Vzez, & Lodeſue eſt le pont admirable du Gard, baſti par les Romains, & eſt à trois eſtages. Il leur ſeruoit d'aqueducts, pour faire venir l'eau à Niſmes, Ville fort ancienne, & fort aymee par les Seigneurs de Rome.

Fondation de la ville de Niſmes.

Niſmes eſt aſſiſe ſur le paſſage d'Italie en Eſpagne, & eſt de la fondation des Phoceens.

Ceſte ville fut iadis de beau

coup plus gràde estēdue qu'elle n'est de present, & ayant des bastiments des plus superbes & plus magnifiques.

Les marques d'antiquité de Nismes sont les arenes ou amphiteatre, lequel est encor tout entier par dehors, par apres le bastimēt admirable de Capdueil, & ores la maison carree, qu'on estime vn temple basti par l'Empereur Adrian, en faueur de son espouse Plotine, par le moyen de laquelle il estoit paruenu à l'Empire.

Il y a vne infinité d'autres antiquitez à Nismes, comme inscriptions, statuës, tombeaux, medailles, voustes soubsterraines, & autres choses fort memorables.

Domitie Asser, grand Orateur en son temps & fort estimé par les Romains, estoit natif de Nismes.

L'Eglise cathedrale est embellie de plusieurs ouurages magnifiques faicts à la Mosaïque.

En ceste ville se void vne statue antique à double corps, sans teste, qui est là des le temps des payens.

Il y a aussi la statue d'vn sauteur ou danseur de Moresque, accoustré à l'ancienne façon.

Hors la ville pres le Monastere S. Bauzille est vn costau de terre argilleuse, ou l'on enterroit autrefois les Iuifs ; lesquels pour ceste cause deuoiét certaine somme de poiure aux Moines de l'Abbaye susdicte. Ceux du pais appellent ce lieu Mont-Iouziou.

En vn autre lieu hors la ville est vne haute tour faicte par estages en forme de niches, bastie de pierres menuës carrees, si bien ioinctes & cimentees ensemble, qu'il n'y a homme si diligent soit il, qui puisse en vn iour en abatre seulement le quart d'vne toise.

De plusieurs villes & places de Languedoc.

APres Nismes s'offrent les villes de Somieres, sur les Vidourle, Castres Villemaps, Pezenaz, Agde (qui est vn Euesché) situee sur le fleuue d'Ethaud Cabestran, S. Nazare, Clermont de Lodesue, Carcassonne, maintenant ville Episcopale tresforte, sise sur le fleuue d'Aude; & premier siege de Seneschal du ressort de Tholose.

Laissant la Carcassonne, l'on entre en ceste belle plaine de Laguedoc, des plus fertiles de France, en laquelle sont comprises plusieurs belles côtrees, telles que sont l'Auraguez, le terroir Tholosain, & partie du comté de Foix, & tout le Quercy & Rouergue sont compris en l'Aquitaine; toutesfois du ressort de Tholose.

En ceste estenduë de païs sõt encor les villes de S. Ponts, de Tomieres, S. Papoul, & Lauaur, Eueschez modernes; erigez par le Pape Iean 22. lors qu'il erigea Tholose en Archeuesché, comme dict est.

Il y a encor Chastelnau d'Arry, chef du païs d'Auraguez, en aussi belle assiette que ville de ce Royaume, en vne plaine fertile en fruicts, legumes & autres commoditez.

Du pays de Rouergue.

LE païs de Rouergue est separé du Languedoc, par le

fleuue da Tarne.

La cité capitale de Rouuergue eſt Rhodes; des premieres conuerties à la foy par ſainct Martial, lequel dedia l'Egliſe cathedrale au nom de la vierge Marie, & par ainſi Rhodez eſt vn ancien Eueſché.

Il y a ſiege de Senechal en ceſte ville reſſortiſſant à Tholoſe.

Les ſieges d'Alby, Gaillac, & Caſtres d'Albigeois ſont du reſſort de la Seneſchauſſee de Rhodez. Au païs de Rouergue y auoit iadis des mines d'or.

Du pays Albigeois.

LE païs Albigeois abonde en bleds, vins, ſaffran, & autres grandes commoditez, & eſt bordé des riuieres du Loth, & du Tarn. Ces peuples sont appellez par Cesar *Heluii*.

Alby est la capitale de ce païs & siege Episcopal. L'Eglise cathedrale en est dediee au nom de S. Cecile, & y a vn des plus beaux & magnifiques Chœurs de la France, estant ceste Eglise toute doree & azuree, & le Chœur tout ouuragé & historié.

De ce païs Albigeois furent renomméz ces furieux Heretiques, lerreur desquels fut espandu presque par toute l'Aquitaine & nommément, és païs de Tholose, Foix, Querci, Albigeois, Agenois, Cominge, & terres voisines, mais ces Heretiques furēt deffaicts, comme nous declarons cy apres.

Du païs de Quercy.

LE païs de Quercy est renómé en l'Aquitaine pour vn des plus beaux, riche & fertile, & où l'on ne manque d'aucune chose pour la nourriture.

Le Quercy est limité à l'Orient de l'Auuergne à l'Occident & au Septentrion du Perigord, & au Midi du vray Languedoc & païs de Tholose, & contiét deux Eueschez scauoir Cahors & Montauban.

Cahors est la ville capitale du Quercy situee sur la riuiere de Loth, posee sur vn costau faict ainsi que la perspectiue d'vn theatre. Il y a siege d'Vniuersité & Seneschaussee. L'eglise cathedrale en est dediee à Sainct Pierre. Les Euesques de ce lieu sont Comtes, tellement que l'Euesque est Seigneur spirituel & temporel, si bien que celebrant la Messe solennellement il a l'estoc, les gantelets, bourguignotte sur l'Autel, & les botines en iambe à la Pontificale, par vn priuilege particulier. Cahors est dict en latin *Cadurcum*. Iean Pape vingt-deuxiesme du nom homme tres sçauant estoit natif de Cahors, lequel tint le siege en Auignon 19. ans quatre mois.

Pape natif de Quercy.

Clement Marot vn des premiers poëtes François du dernier siecle estoit aussi de Cahors.

Montauban est situee sur vne haute coline, & faicte en vn pendant vers le pont qui est sur le Tarn, flanquee de la riuiere & d'vn ancien chasteau du costé de Tholose.

Pres le pont de ceste ville sont des caues soubs terraines. Les glises de ceste ville ont esté uinces par les Caluinistes.

Les autres villes du Quercy sont Castel-Sarrazin, Moissac, situees sur la riuiere de Tarn; laquelle riuiere est de couleur rougeastre, parce que l'eau passe par terre argilleuse, puis est Monhec, d'où estoit natif M. Arnaul Sorbin, grand personnage, & Predicateur du Roy.

Moissac est situee en belle assiette plaisante & delectable, proche de montaignes fertiles en vignoble.

Ceste ville est fort marchande & principalement de bleds, vins, huiles, safran, laines, sel, poisson & autres denrees.

Le Roy Clouis fonda l'Eglise de sainct Pierre & sainct Paul à Moissac.

En ceste ville y a vn beau Monastere de sainct Benoist, dans lequel gist le corps de S. Cyprien Euesque de Carthage.

Non loin de Moissac est Lausette situee sur vn roc, où il y a des plus belles & meilleures caues de la Guyenne.

Fondation de la ville de Tholose.

LA ville de Tholose est d'ancienne fondation, & non par les Troyens, car elle estoit long temps deuant.

L'on tiét que Tholose fut bastie enuiron six cens ans deuant Rome, par vn certain *Tholus* sorti de Iaphet lequel y meit la premiere pierre & l'assist sur vn costau, loing du fleuue: mais ceste ville est à present posee au bas de la montagne, & selon la riuiere de Garonne.

Ceste ville est Metropolitaine, & y a vn Parlement institué

oubs le Roy Philippes le Bel, 'an mil trois cens vingt, & onfirmé par Louys 11. qui le endit stable, estant auparaant ambulatoire.

L'vniuersité de Tholose est fort ancienne, & authorisee de beaux priuileges, par le Pape Iean 22. & Innocent 6.

Vniuersité de Tholose.

Il y a vne Cour de Seneschal en ceste ville, & la Iustice de l'Hostel de ville, où president Messieurs les Capitouls, ainsi nommez à cause d'vn Capitole qui anciennement estoit en ce lieu.

Tholose fut cité des Tectosages, lesquels, côme quelques vns veulent dire, furent premiers fôdateurs de ceste ville, & ayans ouy dire que Hercules y venoit, feirent hausser les murs de la ville, & faire deux grosses tours de deffence.

Tholose est l'vne des plus grandes & plus fameuses villes de France apres Paris. Il y a vn Conuent de Iacobins fort magnifique.

En la rue de la Portarie à Tholose fut iadis vn temple d'Apollon, ores dedié au Martir sainct Quentin, & vn à Iupiter, où est de present l'Eglise & Monastere de nostre Dame de la Daurade.

Il y a encor quelques vestiges & enseignemés d'vn Theatre qui estoit en ceste ville anciennement.

Sainct Saturnin 1. Euesque de Tholose, sacré par S. Martial, fut precipité par les Payens du haut des degrez du Capitole & trainé hors la ville à la queuë d'vn taureau.

A S. Saturnin sont les plus belles reliques qu'on puisse desirer

ſirer, en l'Egliſe ſoubſterraine, & entre autres y ſont les corps de S. Iacques le Mineur (dont le chef eſt en Galice, au Royaume d'Eſpaigne) les corps de S. Iacques le Majeur, de S. Symon. & S. Iude, le corps & chef de S. Barnabé, le corps & chef de S. Saturnin 1. Eueſque de ce lieu, le corps de S. Papont Martyr & Eueſque de Tholoſe, le corps de S. Gregoire martir, les corps de quatre Martirs couronnez, Claudie, Nicoſtrate, Caſtorie & Symphoriẽ, les corps des Martirs S. Cyr & S. Iulite & ſa mere, de S. Gilles Abbé, de S. Aymõt Coufeſſeur du Roy d'Angleterre, le, corps de ſaincte Suſanne fille de Helchie de Babylonne, & pluſieurs autres corps ſaincts.

En outre y a vne chaſſe d'yuoire, dans laquelle sont plusieurs reliques des Apostres & autres saincts & sainctes, vne effigie de la vierge Marie, toute d'argent, en laquelle y a de ses cheueux.

A Tholose sont les Conuents des quatre ordres de Mandians, & autres Eglises & Monasteres.

Tholose fut vni à la couronne, par le decez de Raimond 5. qui le laissa au Roy S. Louys, mourant sans hoirs.

Du ressort de Tholose sont vne grande partie des monts de Pyrrenee; abondent en vne infinité de choses vtiles & profitables, commes poix, encens, liege, l'ytarge, marbre, iaspes, ardoises, lauassons, tuffes & grez.

Il y a des fontaines viues & perpetuelles, & des lacs mira-

[...]leux & effroyables.

Deux des plus hauts som‑ [m]ets des môts Pyrenees, sont [a]ppellez les pois de neuf heu‑ [r]es & de midi, l'vn en Bearn, l'autre es monts d'Aure : [e]t sont ces monts ainsi appel‑ ez par ce que le soleil ne faut [j]amais de luire sur l'vn à 9. [h]eures de matin, & sur l'autre [a]u Midi.

La Region plus proche de Tholose, vers les monts est le Comté de Foix iadis appellé Flussates, par Cesar.

Pamiers est vn Euesché de‑ pendant de Tholose, establi par Boniface 8. mais la Iustice est à Foix.

Outre Pamiers il y a encor six autres Eueschez du ressort de Tholose: sçauoir Montau‑ ban (deuant dict) Lauant Lôbers, S. Papoul, Mirepoix &

Rieux, qui eſt entre Tholoſe & Cominges, cóme auſſi celle de Caſcres.

Du pays Comingeois.

LE Comingeois eſt limité du Comté de Foix au Leuant, au Septentrion d'vne partie du Languedoc & des Comtez de l'Iſle & de Gaure, au Midi les monts Pyrenees, au Ponent le pais d'Eſtrac & Comté d'Auremagnoac.

Ce pais Comingeois eſt diuiſé en haut & bas. Le haut a pour villes S. Bertrand & Coſſerans Eueſchez, S. Beat, S. Fremeou, Monregeau, Saliers & autres.

Au bas eſt l'Eueſché moderne de Lombars, les villes de Samathan, l'Iſle en iordam, Muret, Riuſnes, & pluſieurs bourgades. En ce pais eſt vn

Iuge Mage, deuāt lequel tout le païs respond.

La principale ville du païs Comingeois se nommoit iadis Cominge ; maintenant elle s'apelle S. Bertrand, & mesme l'Eglise cathedrale.

Ceste ville est fort riche, & de grand reuenu, en laquelle on void d'aussi rares ioyaux, qu'en aucune de ce Royaume, & la figure d'vne belle Licorne, presque semblable à celle de Sainct Denys en France, le païs voisin est grandement fertile.

De la Ville de Cosserans, &c.

COsserãs est ville ancienne, situee sur la riuiere de Pamiers ; le premier qui y aporta la foy fut S. Valere. Au nom duquel est bastie l'Eglise de ce lieu, le corps d'icelui ayant esté trouué vn long tēps apres par vn bon Euesque de ce lieu nommé Theodore, qui feit bastir & embellir ladicte Eglise.

Sainct Fregeou est encor du Comingeois situee sur le haut du mont, autant que la veuë le peut estendre, en assiette si forte qu'on n'y peut aduenir qu'auec grāde difficulté. Au vallon y a de belles terres labourables & vignes.

Il y a eu plusieurs places remarquables ruinee en ce païs, où l'on void encor des vestiges.

L'Isle Dodon est vne ville situee en lieu fort haut, au bas ayant la Saue chastelenie Royale de Cominge, respondant à l'ancien chasteau de Samathan, où anciennement demeuroient les Comtes, & partant capitale.

Le long des vallons est Deze, maison qui fut aux Templiers, y ayant vne grosse tour fort ancienne.

Apres est Sauueterre, apartenant à l'illustre maison d'Aubigeon, & plusieurs autres maisons de remarque, comme de Môcorneil de Lamesan, Aulin, Roquette, Polausic, Saias, Sariac & autres. Au vallon de Sauez en vn bois, est l'Eglise solitaire de S. Sain, où il y a des reliques d'iceluy, & est vn lieu fort deuotieux & frequenté des Catholiques.

Des Villes de Lombers & Samathan.

Lombers ne fut iadis qu'vne Abbaye maintenāt euesché soubs Tholose, situee sur la riuiere de Saue, & quoy que le lieu soit petit, il est tres-fort.

Samathan est situee partie en vn costau, partie en vallō, sur la Saue, passant par le milieu d'icelle, la separant.

Le haut de ceste ville est effroyable & fort merueilleux, & s'apelle Chasteu, le bas est dit le Bourg. Elle estoit anciennement plus grande. Ceste ville fut autresfois ruinee par les Fraçois. L'on y void encor vn vieil chasteau couuert de ruines.

L'Eglise principale est Episcopale, dediee à nostre Dame. Il y a d'autres Eglises comme celle de S. Michel, Prieuré des Croisez, les Religieuses de S. Elisabet, hors la ville, S. Pierre ruinee, la Trinité, S. Marc, nostre Dame des Neges, celle de la Magdelaine & plusieurs autres Eglises & Conuents. Dans la ville la ville est aussi vn bel Hospital.

A cinq lieuës de Samathá est Muret, sise sur la Garóne ayāt vn costau qui lui commande.

Aupres d'icelle furent deffaicts les Heretiques Albigeois & leur chef iusques au nombre de plus de 20000. quoy que les Catholiques ne fussent qu'enuirō mille. Le Roy d'Arragon leur principal chef, fut enterré en vne chapelle sur vn mont proche de la ville: ce fut l'an de nostre salut mil deux cens treze.

Heretiques Albigeois deffaits.

Du pays de l'Isle & de Gaure.

LE pays de l'Isle est petit: Celui de Gaure est de plus belle estenduë, contenant plusieurs belles villes sous soy, comme Gimōt, Beaumont, & Grenade sise sur la Garonne.

Cc

A Gimont est vne somptueuse Chappelle de nostre dame dicte de Caular, où se sont faicts plusieurs miracles.

Gimont est situee sur vn mont difficile a monter par deux costez de la riuiere dicte de Gimoé, d'où l'on dict que ceste ville est appellee. Le chasteau est situé sur vn lieu vague nommé la Serre.

Il y a plusieurs belles Eglises en ceste ville, & vn Hospital auec vne Abbaye de Bernardins.

De la ville & pays d'Agen.

LE pais Agenois a plusieurs belles villes soubs sa iurisdiction, comme le port Saincte Marie, Villeneufue d'Agenois, Haute-faye, Clairac, Tornens, Narmande & autres comme celle d'Agen, capitale de ce pays, laquelle est de l'Archeuefché de Bordeaux.

Agen est en vn beau pais, bien fertil & fort riche. La ville fut iadis plus grande qu'elle n'est. S. Martial y consacra la premiere Eglise cathedrale au nõ de S. Estienne. Il y a encor les Eglises de S. Capraize Collegiale S. Foy, S. George, les Mendians, les Religieuses de l'Aue Maria, & autres.

Ceste cité est vne Seneschaussee de fort grande estenduë, il y auoit des Conseillers deuant que le Roy y eust institué le Presidial.

De la Ville & pays de Condon, & Comté d'Estrac.

La ville de Condon, capitale du Cõdonnois, est situee sur la riuiere de Baise, & fort grande, mais non si riche qu'Agen: elle est presque enuiron-

née de tous coſtez de colines
chargees de vignes.

L'Egliſe Cathedrale eſt dediee au nom de S. Pierre chef des Apoſtres. Ce fut iadis vne Abbaye de S. Benoiſt.

Il y a vn ſiege Preſidial pour le Roy, & vn Bailli pour l'Eueſque.

En outre l'Egliſe cathedrale ſont encor en ceſte ville les Egliſes S. Iacques, S. Hilare trois Conuents ſçauoir de Iacobins, Carmes & Cordeliers, vn Monaſtere de Dames de S. Clere, & hors la ville vn de S. Dominique.

La ville de Nerac appartient aux Seigneurs d'Albert. Eſtrac eſt vn petit Comté apartenant à la maiſon de Candale.

Mirande eſt la ville capitale du Comté d'Eſtrac, puis Pauie, à vne lieuë d'Auche, Caſtelnau de Barbarens, place forte & inaccessible, Suntelix, Cimorre & Saromon, qui sont deux belles Abbayes de Sainct Benoist.

Les Seigneurs plus remarquez de ce païs sont le Vicomte de Lupeyroux, les Sieurs de Maceube & Panesac, & la maison de Thermes.

De la ville d'Auchs, Archeuesché.

AVchs appellee Auguste *Nouem Populaniæ* (pource que neuf peuples ou petites Prouinces en dependent) est située sur la riuiere de Gers, dessus vne roche viue de difficile accez, sinó du costé qu'on va à Vic Fasensac.

Les Eueschez côtenus soubs Auchs sont Cominges, Coserans, Lectoure, Tarbe, Aire, Bazaz, Dax Bayonne, l'Escar,

Oleron. Et est sa figure vague, du costé nõmé la treille; mais au haut, qui est la cité bien peuplee.

En ceste ville est l'Eglise de S. Marie, des plus belles de toute l'Europe. En laquelle a presidé autrefois S. Oriens, au nom duquel y a Conuent de Moines de S. Benoist.

François de Tournon Cardinal du S. Siege y fonda le College.

Ceste ville a esté plusieurs fois ruinee, tant par les Sarrazins & Gots que François & Anglois.

Du pays d'Armaignac.

CE païs est de grande estenduë, comprenant la pluspart de la Gascongne, & est limité depuis Lectoure iusqu'à Nogaroul & limites de Bigotte qui est la longueur, du Septentrion au Midi, mais sa largeur n'est de moitié si grande, qui est depuis le pays de Magnoac, iusques en Bigorre, qui est du Leuant au ponent.

De la ville de Lectoure.

LEs villes principales d'Armaignac sót Lectoure, anciē Euesché, posee sur la croupe d'vn mont presque inaccessible de tous costez, sauf du costé de la porte des Iacobins. Il y a vn chasteau sur le roc, qui est de la fondation Romaine, qui ne peut estre pris par batterie, comme aussi ceste ville est des plus fortes du Royaume.

L'Eglise cathedrale de Lectoure est dediee au nom de S. Geruais.

Ceste ville s'appelloit anciennement *Tauropolium*, comme multitude de taureaux y repaiſſans.

En tout le pays d'Armignac on void vne infinité d'autres villes, comme Vic, Nogueró, Euſe, Barcelonne, Caſaubon, & autres,

Non loin de Lectoure eſt le Caſtera, ville appartenant aux Sieurs de Fonteuille.

Du pays de Bigorre & places y compriſes.

LE païs de Bigorre a pour limites l'Armaignac au Leuant, au ponent le Bearp, la Guyenne au Septentrion & pays d'Albret, & au Midi les monts Pyrenees. Bigorre eſt vn ancien Comté.

Tarbe eſt la capitale de Bigorre, ſiſe ſur le fleuue d'Adout, & diuiſée en quatre ou cinq corps, chacun ayant son ruisseau, pont, portail & closture, pour monstrer qu'elle a esté bastie à plusieurs fois. Mais la plus ancienne partie est du costé de l'Euesché, derriere lequel se voyent les ruines & vestiges d'vn ancien palais fort sóptueux; L'Eglise cathedrale est de petite structure, mais bien destruie. Il y a vne Eglise parochiale au milieu de la ville : puis sont encor deux Conuents.

Les autres villes de Bigorre sont Trie, Rauasteins, Maubourget, Baigneres où il y a des baings chauds fort salutaires & gracieux, les sources desquels viennēt des montaignes, iusques en la ville, sise au pied du mont contre les racines des rocs, où ruissellent ces sources sulphurees.

Cc y

La plufpart des coupeaux des montaignes font chargees de grands arbres, comme ifs, heftres, pins refineux, tilleux, lieges, fapins, chefnes & autres arbres.

La derniere ville de Bigorre du reffort Tholofain: eft Lourde-nifte iadis Lampurde, fondee des le temps des Romains.

La Bigorre l'aifné de chacune maifon en faict de fucceffion emporte l'heritage, foit gentilhomme ou roturier.

Au pais de Bearn, Bigorre & Gafcongne, y a certaine forte d'hommes nommez Capots ou Gahets, qui font tous charpentiers, ou tonneliers, tous punais de race, & ayant fi mauuaifes aleine qu'ils font fuis de tous. On tient que c'eft la malediction que donna Helifee à fon feruiteur, duquel on dit qu'ils sont descendus. Les autres tiennent que c'est vn reste de la race des Albigeois excōmuniez par censure Apostolique. Et pour en dire a la verité, ceste sorte de gēs n'ayme gueres l'Eglise, ny le seruice Diuin, que par acquit, aussi les met on en Cemitiere à part.

De la Guyenne & Gascoigne.

CE pays a pour villes principales Bordeaux, qui est vn parlement, où ressortissent le Bourdelois, Landes, Albier, Bazadois, haurre Gascoigne, partie de Biscaye & Medoc.

Au pays Bazadois sont les villes de Bazaz capitale de ce mesme pais, S. Basille, la Reole, où il y a vn beau Conuent de sainct Benoist, Monsegur, S. Ferme, Castel mouron, Geroude & Semet erre.

Entrant au Bourdelois l'on uoid S. Machaire, & le Comté de Benauges, puis suiuant le fleuue de Dordonne on vient à Larmont, Carbonnieres, la où se faict vn violent & aspre flux & reflux de la mer. Et de là à Libourne sur Dordonne, puis tirant vers Montaubã est Frõsac, de la fondation de Charles le Grand.

De la ville de Bordeaux.

LA ville de Bordeaux est située sur le bord de la Garonne, les flots de laquelle en plusieurs endroicts lauent les murs de la ville, & quelquesfois entrent mesme en la ville au croissant de la lune. Et est vn port de mer.

Ceste ville est de fort grande antiquité, ainsi qu'on void par les murs qui sont au milieu de à ville, par lesquels on conoist qu'elle n'estoit pas si rande qu'elle est.

Sainct Mertial fonda l'Eglise athedrale de sainct Aedré à Bordeaux.

Pour tesmoignages d'antiquité on void le palais de Tutele, peut estre iadis tēple des Dieux Tutelaires, dont il a ce nom. Il est de Pierre carree ayant quatre vingts sept pieds de long, & soixante trois de large, & vousté à l'antique.

Outre y a vn autre palais dict Gaüen hors la ville, lequel a 370. pieds de lōg, & deux cēts trente de large, qui estoit autres fois vn Amphiteatre en forme d'ouale.

Le Parlement de Bordeaux fut institué par le Roy Charles septiesme. Le Roy Louys 11. l'an mil quatre cens nouante neuf, y donna des beaux privileges. Il y a aussi vne celebre Vniuersité pour les Loix.

Au Cemetiere de S. Seuerin reposent la pluspart des Cheualiers occis soubs Charlemaigne, par la cóspiration de Gannelon.

En ceste ville est vn tombeau haut esleué sur des pierres, lequel est neātmoins plein d'eau quand la lune est en son plein, & qui diminue, quand la lune va en decroissant.

A Bordeaux outre le Parlement est le siege du Seneschal de Guyenne, & siege d'Amirauté, pour le faut de la marine.

Les Iurats (ainsi se nōment leus Escheuins) ont grande authorité, ayants de belles Baronnies subiectes au corps de leurs ville, & vsans de Iustice

haute, moyenne, basse, ayãs
en leurs mains les forteresses &
armes de la ville. A Bordeaux
croist d'excellent vin.

Le lõg de la mer au dessoubs
de Bordeaux est la ville de l'E-
parre, puis le Cap S. Marie, &
és entours des palluds est Me-
douc bas à merueilles & subiecte aux inondations.

Le long de ceste coste basse
est le chasteau de Blanquefort
apartenant aux Seigneurs de
Duras.

Non loin des landes de Bordeaux est la villes d'Albret,
d'où sont sortis plusieurs insignes & excellens personnages.

Le pays de Buschs, en ces
quartiers icy, est abondant en
resine: tellement que les maisons des pauures gens en sont
toutes noires, pour la fumee

que rend ce luminaire.

Du pays Bazadois.

LE pais Bazadois contient les villes qui ensuyuent, Bazaz capitale, & de laquelle le pais est nommé, & est vn Euesché, apres sont Montmatsan, Castet, Geloux, Aire Eueschéle Max d'Aire.

Bazaz est situee en vne place sablonneuse, & est Eueschéle plus ancien de Gascoigne, le terroir est vaque.

Ceste ville du costé de Septentrion à vn bon terroir fertil en bleds, vins, fruicts & bestail. Il y a siege de Seneschal en ceste ville.

L'Eglise cathedrale est dediee à S. Iean baptiste le iour de la feste duquel l'ó y faict de grãds triomphes, & auoit on de coustume d'y faire courir vn taureau

eau eschauffé, auec prix à celui qui le pourroit arrester.

De la ville de Dax.

CEste ville est situee sur la riuiere d'Adur, & est forte & en forme carree flanquee, & fossoyee autant que ville de France, ayant les eaux à souhait, & en son enclos des bains chauds guerissans de plusieurs maladies.

Dax est Episcopale soubs l'Archeuesché d'Auchs, & y a aussi siege de Seneschal, auquel ressortent les Landes, le Bayonnois, & la haute Gascoigne.

Ceste ville s'appelloit anciennement la Cité de Nobles, estant gouuernee par douze Seigneurs, auant la reduction de Guyéne. Chacun desquels y auoit vne tour qui portoit le

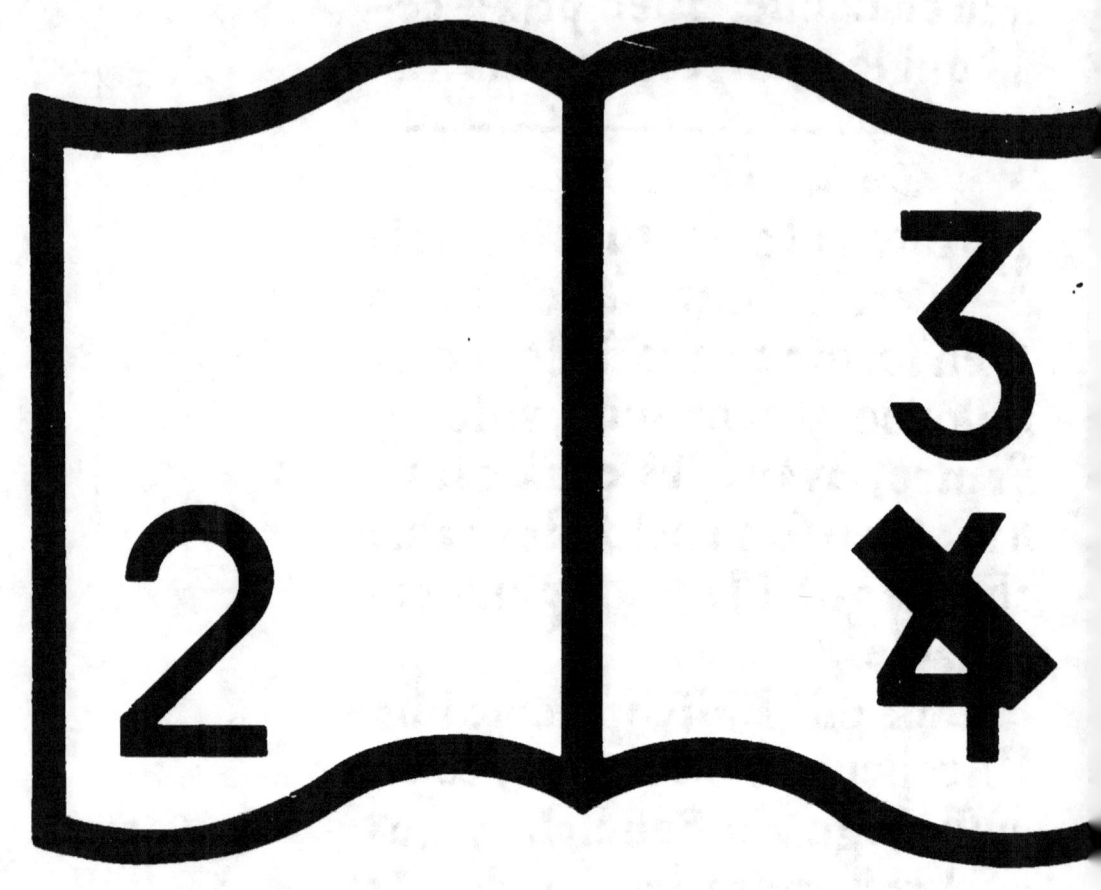

Pagination incorrecte — date incorrecte

NF Z 43-120-12

nom de sa famille.

Hors la ville, près le chasteau S. Panthaleon, est vne fontaine d'eau salée, d'où l'on tire grande quantité de sel tresbeau, mais vn peu corrosif estāt allumineux.

La riuiere de l'Adur passe à Dax, & y est vn fort beau pont auec vne tour qui porte de nó d'amours, où tous les ans à la S. Iean se font des combats & exercices ioyeux par ceux du pais.

Vn quart de lieuë loin de la ville on void vn autre pont dans lequel sont trois tōbeaux lesquels en pleine lune sont pleins d'eau, & la lune estant en son decours, il n'y en a vne seule goutte. Ils sont semblables à celui qui est à S. Seuerin.

De la ville de Bayonne.

Ceste ville est posee sur le bord de l'Ocean Occidental en l'emboucheure que font les rivieres de l'Adur, & du Gaue dedans les ondes de la mer & la plus forte du Royaume. Elle est capitale des Biscains & Cantabres subiects au Roy iusqu'au fleuve d'Iron, separant la France d'auec l'Espaigne.

Bayonne est Euesché dependãt de l'Archevesché d'Auchs. En icelle n'entre persõne auec les armes que le Roy & les Princes du sang, ains faut laisser l'espee, & les armes à la porte. Ce qui s'obserue de mesme en la forte place du mont S. Michel sur la mer pres Tombelaine, en le basse Normandie à trois lieuës d'Auranches.

Du pays de Bearn.

LE pays Bearnois est au pied des môts de Pyrenee, ayant sa longueur du Midi au Septentrion ayāt au Midi le Comté de Bigorre pour limites, & au Septentrion, la Biscaye Bayónoise, & Royale, de laquelle le Bearn est separé par les ondes impetueuses du Gaue; Sa largeur est du Leuāt au Ponēt, ayans à son Orient le pays des Landes & Chalosse, selon l'Adur, & au Ponent la Biscaye Nauarroise.

Le pays de Bearn est divisé en deux, d'vn costé sont les monts, & en ceste partie est Oloron, ville Episcopale, l'autre est és vallons, où est l'Escar pour Euesché, & Pan pour capitale de toute ceste principauté.

En outre y a d'autres villes sçauoir Dorthez, ancien seiour

des Comtes de Foix & Bearn, Morlats, où l'on battoit la mónoye. Apres est Nayuille fort marchande, laquelle fut toute bruslee & consommee du feu du Ciel, enuiron l'an mli cinq cents quarante cinq, Ponthac, Coderch, & Nauarreins, bastie par Henri 1. du nom Roy de Nauarre, & Seigneur souuerain de Nauarre.

Quant pour la ville d'Oloró, elle est situee sur le coupeau d'vn mont, entre Courde & Nay.

Lescar fut anciennement le siege des Princes, lesquels ont depuis choisi Pan cóme domicille plus plaisant & où le Roy Henri d'Albert feit commencer ce superbe edfiice qui est maintenant vn des plus beaux de l'Europe.

Serrances fut anciennement

une des plus notables ville de Bearn: Elle est situee sur la môtaigne, & est une des dernieres de la Gaule. Il y auoit une Abbaye de l'ordre de Premôstré, dont l'Eglise estoit dediee à la vierge Marie, où se sont faicts le temps passé de grands miracles, mais les Huguenots ont ruinee ceste place, auec la plus part des Eglises du pais Bearnois, & entre autres l'Abbaye de Saubalade.

En ce pais est encor la côtree de Inrançon renommé pour les bons vins.

Dauantage il y a des bains de Cauderets & d'Aigues caudes, les plus singuliers de l'Europe, & une infinité d'autres raretez, soit en mines, en simples, & autres dôs de la nature qui se trouuent en ce pais & en plusieurs lieux de la France, laquelle à toufiours efté vn des plus florifans Royaume du monde, & orné d'vne infinité de chofes rares & admirables. Et y ont toufiours flori dés hōmes infignes & illuftres de fiecle en fiecle, par fur toutes autres nations, tant pour le faict des lettres que des armes, & où il y à grāde quantité de Nobleffe ancienne & honorable, iufques au nōbre de deux mil neuf cens cinquante.

Nōbre de la Nobleffe de France.

Auquel Royaume le peuple à toufiours efté fort Catholique, & zelateur de l'honneur de Dieu, eu efgard qu'il y a dixfept Archeuefchez, ou Eglifes Metropolitaines, & cent quinze Euefchez ; cent trente deux mille clochers ou paroiffes ; Qui demonftrét que la France eft bien peuplee. Comme auffi l'on y a trouué trois millions cinq cés mille familles ou maisons, douze Paireries, douz Generalitez, soixante dix mille fiefs & arrierfiefs, ou enuiron.

Ce beau & incomprehensible Royaume est parcouru, & laué de cent quatrevingts trois tant fleuues que riuieres, qui apportent infinies commoditez & richesses pedans les villes contenues en son estenduë les rendant extremement marchandes & peuplees, à cause du grand & frequent trafic qui se fait, & ou l'on trouue tout ce que l'humain vsage sçauroit desirer. Si les Romains & les Anciens Cappitaines qui ont esprouué la resistance du courage des François eussent voulu, dire librement sans aucune retenue l'excellence de ce Royaume,

yaume & de ses peuples. Toutes les Monarchies precedentes luy seront secõdes & inferieures.

Sa Monarchie commença l'an de nostre salut 420. lors que Pharamond fils de Marcomire fut esleu Roy des François, qui de ce temps habitoient la basse Germanie, & à depuis de mieux en mieux cõtinué & prosperé iusques à LOVYS XIII. 64. Roy de France à present regnant, qui marchant dedans les sentiers des gestes & de la gloire de Henry le Grand son Pere, la conseruera dedans la mesme tranquilité & reputation qui la rend bien-heureuse, & redoutables à toutes les nations de l'vniuers: Dieu vueille couronner toutes ses entreprises de triomphantes issuës, & faire pour le soulagement de son peuple croistre l'Oliuier pacifique, parmy ses palmes & lauriers: qui ayant esté replantez & cultiuez par le plus grand & recommandable Monarque de la France ayt veu seront d'immortelle duree, sans que pour le reflus des affaires du monde, ils puissent estre effueillez.

TABLE DES VILLES PROVINCES, ET PLACES PLVS REmarquables, dont est faict mention en ce liure.

A

ABeuille, capitalle du païs de Ponthieu 193
Histoire estrange d'vn escolier d'Abeuille. 194
Agen 602
S. Aignen en Berry. 231
Aigues mortes. 573
Aigues caudes en Bearn. 622
Aire. 616
Aix en Prouence & autres villes. 564
Albert. 615
Albi capitalle du pays Albigeois. 686
Alençon. 326
Alluge ville. 114
Amboise. 243
Amyens. 189
Ancenis. 410
Andelou. 210
Angers 261
Angeuille. 111
Aultbe. 553

Anthon. 114
Nombre des Archeueschez de France. 627
Argenteul. 10
Argenton 229
Armignac. 604
Arles. 572
Arques. 322
Aras. 163
Artenay. 111
Aubigni 254
Auignon. 569
Aumale. 322
Auranches. 341
Des choses memorables aduenues à Auranches. 358
Aurenge. 568
Austrasie. 491
Authun. 510
Auuergne 480
Fontaines merueilleuses en Auuergne 481
Aux 65
Auxerre. 341
Auxois. 531

Dd ij

TABLES.

villes du pays d'Auxoïs 517

B

Barbefieux 441
Bar sur Aube. 145
Bar sur Seine. 154
Bayeux. 331
Bayonne. 618
Baſſigni. 148
La S. Baume où la Magdeleine feit pœnitence. 256
Bazaz & autres villes. 616
Aazoche Gouet. 124
Bearn. 619
Beaucaire 579
Beauce. 101
S. Beat 596
Beaulne. 507
Beaumont en Picardie. 186
Beaumont ſur Garonne 601
Beauuais en Picardie. 181
Beleſine au perche. 124
Berri. 216
des places remarquables du Berry. 239
S. Bertrand. 597
Beſſe. 485
Beziers. 577
Bigorre & villes en dependantes. 608
Blandy. 157
Blaye. 435
Bloys. 115
Boſgency. 131
S. Bouet le Chaſtel.
Bordeaux. 612
la Bouille en Normandie. 321
Boullongues. 200
du pays Bourbonnois. 490
Bourges. 210
Bourgongne. 500
Bray ſur Seine. 157
Bregerat. 460
Bretaigne. 389
S. Brieu. 396
Briue la Gaillarde. 469
Brou. 24
Bryc en Champaigne 156
Bulle. 185
Buſchs pres Bordeaux. 615

C

Cabeſtan. 583
Caen. 335
Cahors en Querci. 584
Carcaſſonne. 583
Carentem 364
Carpentras 571
Caſtelnau d'Arti. 584
Cauaillon. 557

TABLE.

Caudebec	324	Clermont en Beauuoisis	
Caus	321		
Villes du pays de Caux	321	Clermont en Lodunois	591
Chaalons sur Marne	165	Colomiers en Brie	15
		Cominge	596
Chalon	518	Compiegne	174
Chambort	119	Concreſſaut	219
Champaigne	143	Condé ſur Huiſne	124
Charrots	226		
Chartres	101	Corbeil	99
Chaſteaubriant	413	Corbie	180
Chaſteaudun en Dunois	112	Cornouaille	404
		Condom	605
Chaſteaulandon	135	Conſtances	363
Chaſteau neuf en Berry	231	Coſerans	579
		Coſne	219
Chaſteau meilland	231	Coſtentin	363
Chaſteau regnard	130	des iſles du Coſtentin & autres places en dependantes	384
Chaſteau roux	216		
Chaſteau Thierry	154		
Chaſtre	230	Creci	195
Chaumont en Baſſigni	148	**D**	
		D'Aubigni	254
Chaumont en Touraine	248	Daufiné	536
		Daix	617
Cherbourg	382	S. Denis en France	84
Chinon	253	Couronnemét de Marie de Medicis	95
Ciſteron	567		
Ciueray	417	Deol en Berri	228
Claye	143	S. Diſier	156
Cleri	131	Dieppe	322
Clermont en Auuergne	474	Digne	515
		Dijon	

Dd iij

TABLE.

Dinam	394
Dol	392
Dormant	144
Dombes	535
Doncenay	514
Doüay en Poictou	285
Dourdan	100
Dreux	123
Druides anciens Prestres de Gaule	15
Du pais Dunois	112
Durestal	282
Dye.	555

E
Embrun	549
Engoulesme	443
Des villes d'Engoulesme	344
Abisme admirable en Engoulesme	446
Eruille chastel	142
Esnay	528
Espernay	142
Espernon	108
Estampes	111
Estaples	202
Estrac	611
Nombre des Eueschez de France	622
Eureux	317
Ville dependantes d'Eureux	319

F
Falaise	237
Feuillet au Perche.	124
La Fere en Picardie.	167
La Ferté Gauchet.	159
Fescamp.	322
Fismes.	164
Flauigni.	324
La Flesche.	285
Fontainebleau.	136
Fontenay.	417
Forests pres Lyon.	534
Les villes principales de Forests.	524
Foulgeres	413
Fouille.	144
De la France & de son excellence.	1
Origine des François.	1
Freius.	559
S. Fregeou.	605
Fronsac.	612

G
Gandelu.	144
Gap.	549
Gascoigne ou Guyenne.	611
Gastinois.	134
De l'origine des Gaulois.	8
Limites de la Gaule.	11
Qui fut celuy qui planta le premier les lettres en Gaule.	14
Gaure, voisin du Comingeois.	601

TABLE.

enuille eu Beauce 111
Gergeau 134
S. German en Laye 97
Gien 301
Gimont 119
Isors 322
Gonneſſe. 101
Grand ville. 381
Grenoble 337
Fontaine merueilleuſe à Grenoble. 5.6
Hiſtoire admirable d'vn Conſeiller de Grenoble. 339
Guiſe 180
Guiſnes ville & Comté 204

H
Hailli Baronnie 351
Hambic 384
Harfleu. 324
Haure de grâce 324
Heſdin 195
Hieſmes 337
Honßeu 311
S. Honorat 558
Houdan 323

I
Ioigni. 211
Ioinuille 150
S. Iean d'Angeli 439

L
Lagni 161
La Lande d'Heroulu 379
Lambales 395
Langres 206
Lion 172
Languedoc 574
Larzicourt 553
Laual 409
Lauaur 595
Lauzette 590
Lectoure, &c. 607
Leſcar 619
Leuroux 237
Libourne 612
Le Liege ville de Bret 398
Limaigne 474
Limoges 461
Villes du haut Limoſin 465
Liſieux & les villes en dependantes 320
Liace ou noſtre Dame de Lieſle 175
Loches 246
Lodeſue 795
Lodun 253
Lombers 599
Sainct Lo. 367
Loris 133
Lourdes 618
Luçon 428
Lyon 516
Choſes memorables aduenues à Lon. 532

TABLE.

M

Maillezais	429
Le Maine	256
Nombre des maisons de France	236
S. Malo	239
Mande.	575
Marans	436
Marseille	561
Mascon	523
Histoire estrange d'vn Comte de Mascon	526
Maulnes	124
S. Maximin.	356
Meaux en Brie	359
Mehun sur Yeuure	233
Melun	134
S. Menehou.	144
Merenuille	109
Meri	114
Meun sur Loire	131
Mets	494
Milli en Gastinois	135
Mirande	614
Miraumont	345
Mirepoix	577
Moissac	197
Monceaux maison Royale	160
Montargis	113
Montauban	588
Monteclair	209
Montlheri	100
Mont regeau.	156
Montpellier	577
Mombrison	535
Mommiral.	124
Mommorenci	186
Mommorillon	83
Montdidier	183
Montrichard	245
Montereau	556
Montreul	195
Mont S. Michel	346
Moret	135
Mortaing.	357
Mort d'Henry IV.	81
Mortaigne au Perche	124
Moulins en Bourbonnois	490
Muret	601
Mussi l'Euesque	144

N

Nantes.	406
Narbonne	575
Nauarreins	620
Nemours	136
Neuers	212
Des villes du Niuernois	421
Neuf villes aux Loges	130
Nice	556
Nieullet	520
Nismes	588
Niort	418

TABLE.

Nombre des maisons nobles de France. 614
Nogent le Roy. 100
Nogent le Rotrou, 22
Nogent en Champaigne. 144
Normandie. 528
Noyon. 177

O
Oye 205
Oloron. 610
Orilhac. 348
Orleans. 125
Oye en Picardie. 20
S. Omer. 197

P
Pamiers. 595
Pau. 610
S. Papoul. 577
Paris. 19
Fondation des Colleges de Paris. 29
Fódatió des principalles Eglises de Paris 41
Choses memorables aduenuës à Paris. 71
Parlemēts de Fráce cōment instituez. 16
Nombre des Paroisses de France. 633
Pauie. 40
S. Paul. 402
Paumi. 251
Pecquigni. 134

Du pays du perche. 123
Peronne 181
Perouse. 230
Du pays de Perigord. 447
Des places & villes de Perigord. 459
Fontaines admirables en Perigord. 451
Perigueux. 455
Pezenaz. 583
S. Pierre le Mōstier. 214
Pluuiers. 190
Poictiers & autres villes du Poictou. 413
Poissi. 116
Ponthieu. 19
Ponthoise. 232
S. Ponts en Languedoc. 584
Ponts de l'arche. 321
Ponts, ville de Xaintonge. 436
Prouence 552
Villes de Prouence. 552
Prouins. 158

Q
S. Quentin le Vermandois. 176
Querci. 586
Quinpercorenti. 399
Quintin. 397

R
Rebel. 145

TABLE.

Renty	195	Somicies.	585
Rheims.	162	**T**	
Couronnement de Louys XIII.	165	Talland.	507
		Tallemond.	423
Rhennes.	405	Tarascon	572
Rhodez.	585	Terrouenne	196
Rieux	695	Tholon	560
Rimancourd	211	Tuolose.	590
Rio & autres villes	481	Thorci	159
Riusmes	396	Thorigni.	334
Rochelle	430	Tomieres	584
Rohan, maison fort ancienne	340	Tonnerre	211
		Toul	499
Romans	546	Tours	237
Rouën	296	Des choses memorables aduenues en Touraine	240
Du pays de Rouergue	585		
		Des villes de Touraine	239
Roux Maillard	120		
Nombre des Roys de France.	633	Tournon en Velay	574
S		Treues	492
Sainctes	433	Triguier	399
Salieres	596	Tournus.	526
Samatthe	590	Tulle	466
Sancerre	217	Troyes en Champaigne	146
Sarlat	459		
Saumur	427	**V**	
Sedane	144		
Sees	326	Vaizon	571
Semur.	514	Valence & païs, Valentinois	545
Senessey.	521		
Senlis.	185	S. Valeri	232
Sens	138	Vallougues.	436
Soissons.	170	Vassi	152
Solloigne	110	Vatan.	232

TABLE.

Vaudœuure	208	Vzerche.	467
Veudofme	120	Vzez	580
Veniffi	685	**X**	
Vennes	400	Xaintonge	432
Verdun.	497	Xaintes principale ville de Xaintonge	432
Vertus	555		
Vezelay.	211	Villes contenues fous Xaintonge	431
Victri le François	155		
Vienne	543	**Y**	
Vierzon	232	Venuille	130
Ville Dieu	378	Yeres en Prouence	559
Ville neufue S. George	100	Yeure le chaftel.	130
		Yffoudun en Berri	215
Vire	330	Les villes dependantes d'Yffoudun.	226
Vitré	413		

FIN.

www.ingramcontent.com/pod-product-compliance
Lightning Source LLC
Chambersburg PA
CBHW070837250426
43673CB00060B/1516